IDENTITETS-TYVERIET

IDENTITETS-TYVERIET

TILBAKEVENDINGEN
AV DET 1. ÅRHUNDRES MESSIAS

5 ÅRSAKER TIL AT VI HAR EN
ROMERSK KRISTUS I STEDET
FOR EN JØDISK MESSIAS

FORFATTEREN AV *RØTTENES HELBREDENDE KRAFT*
DOMINIQUAE BIERMAN, PHD

ZIONS GOSPEL
PRESS

Pocketbok ISBN: 978-1-953502-17-9
E-bok ISBN: 978-1-953502-18-6
Første papirtrykk utgave Juni 2020

Publisert av Zion's Gospel Press
shalom@zionsgospel.com
52 Tuscan Way, Ste 202-412,
St. Augustine, Florida 32092, USA
Første Trykk i Juni 2020
Publisert i USA

Oversatt av Hanne G. Hansen og Tove Kristin Solberg

ZIONS GOSPEL
PRESS

Kan en jomfru glemme smykket sitt eller en brud sitt belte?
Men folket mitt har glemt meg gjennom dager uten tall.

— *Jeremia 2,32*

Sannelig, du er en Gud som skjuler seg, Israels Gud og frelser.

— *Jesaja 45,15*

TILEGNET

Ved *Yad Vashem*, Holocaust-museet i Jerusalem, utendørs, er det en spesiell allè med trær. Under hvert tre er det et skilt med et navn og et land. Denne gangveien blir kalt De rettferdige av hedninge-nasjonenes allè. Hvert enkelt tre representerer en modig person i Europa som risikerte livet for å redde jøder fra nazistenes utryddelse. Blant dem er noen kristne av både katolsk og protestantisk tro.

Med sine rettferdige og rette handlinger overvant de de uhyrlige antisemittiske teologiene som var den fruktbare jorda for all forfølgelse, ydmykelse og drap på jøder i Kristi navn under nazi-Shoah (Holocaust).

Jeg tilegner denne boka til alle disse kjente og ukjente kristne som var større enn deres teologiske bakgrunn.

Jeg hilser dem alle. - Apostel Dr. Dominiquae Bierman,

President for *Kad-Esh MAP Ministries* og *De Forente Nasjoner for Israel.*

FORORD

Jeg har vært i heltidstjeneste i 54 år. Jeg har reist over hele verden og har lest det som virker som utallige bøker og studiekurs. Jeg har lest bøker med oppmuntrende historiske fakta, og mange, mange bøker om vårt elskede Israel, vårt folks situasjon og planene vår Yah har for Sitt folk. Når du leser denne utrolige boken av Apostel Bierman, vil du oppdage sjokkerende sannheter som har vært lukket og skjult av historikere og teologer i generasjoner. Hun har avdekket og erklærer dristig disse sannhetene som svært få forkynnere og lærde har vært redde og motvillige til å diskutere åpent, fordi de ikke ønsker å motta negative reaksjoner. Denne boken er en tsunami av åpenbaring av vår fortid, nåtid og fremtid for Yahs folk.

Sviket over minnet og den nåværende tilstanden til Guds utvalgte folk synes å bli oversett av og i det som kalles dagens menighet.

Man kan ikke lese gjennom denne boka og deretter legge den til side. Den er fengslende for de som har rene hjerter, og for de som så oppriktig ønsker å behage den himmelske Faderen.

Jeg applauderer deg Apostel for motet ditt, din utholdende tro og frimodighet som den profetinnen du er – som viser en så fast holdning historisk med en så levende åpenbarende skriving som kan og bør bli en studieguide for alle som søker ren sannhet.

Gjennom årene har jeg tjent med og til mengder av Yahs menn og kvinner. Tjenere som regnes som banebrytende, men jeg kan uten forbehold si at ingen hittil har prøvd å gjenvinne og gjenopprette vår sanne identitet uten kompromisser.

Apostel, profetinne, jeg er så veldig takknemlig for din dedikasjon og din lidenskap. Jeg er velsignet med å kunne kalle deg "venn" og medtjener i troen.

Måtte shalom multipliseres med uendelige velsignelser og gunst over deg;

— **Erkebiskop general Dr. Lawrence Langston, Th.D. Ph.D.**

INNHOLD

PROFETIEN OM ROSEN

Jeg mottok denne profetien i 1993. Mens jeg var om bord på et El Al-fly på vei fra Zürich til Tel Aviv, spurte jeg Den Hellige Ånd, "Så, hvorfor er det så viktig å bringe 'røttene' til menigheten?" Jeg ønsket å forstå formålet med å reise til så mange nasjoner. «Gud, hva sier du?"

Fortsatt veldig levende i sinnet mitt var vitnesbyrdene om mirakuløse helbredelser og utfrielser som ble delt etter at vi var ferdige med vårt første *Tilbake til røttene*-seminar i Herisau, Sveits. Hans Peter og Anita Vogt hadde tatt imot oss og alle jødene, med åpne armer. "Menigheten må omvende seg," sa de.

Et vitnesbyrd som ble delt av en ungdommelig kvinne var veldig rørende.

"Jeg hadde mentale problemer," sa hun, "jeg kunne ikke finne *identiteten* min. De hadde kastet mange demoner ut av meg, men jeg ble aldri fri. Da du forklarte om røttene for vår tro og den ubrytelige forbindelsen mellom jødene og hedningene, kom det fred inn i meg, og jeg ble forsonet med røttene mine. Jeg er fri nå!"

Jeg funderte på alle disse tingene på denne El Al-flyvningen fra Zürich til Tel Aviv. Da flyet landet, svarte Guds Ånd på det opprinnelige spørsmålet mitt: "Hvorfor er det så viktig å bringe røttene til menigheten?"

"*Det er et spørsmål om liv og død*," sa Han. "*Menigheten er som en vakker rose som er avskåret fra røttene sine i hagen. Den har overlevd i*

1

to dager i en vase med vann. Men på den tredje dagen vil den dø med mindre den er plantet og koblet tilbake til røttene sine. "

Jeg begynte å gråte. Det gjennomboret hjertet mitt igjen og igjen. Hvis det er et spørsmål om liv og død, vil jeg betale jeg prisen for HERRENS og Hans barns skyld. Skriften sier at en dag er som tusen år for HERREN. Det har allerede gått to tusen år siden HERREN Yeshua (Jesus) ble åpenbart for Israel, og menigheten ble til i Jerusalem. De var alle jødiske da. Nå går vi inn i en ny æra i historien. Å være koblet til røttene våre igjen er et spørsmål om liv og død!

Jeg vil at dere skal kjenne til en hemmelighet, søsken, så dere ikke skal ha for høye tanker om dere selv: En del av Israel er blitt forherdet, inntil hedningene er kommet inn i fullt tall.

— ROMERNE 11,25

Det guddommelige kallet til en menighet som Ester

"I 2016 liknet erkebiskopen av Canterbury, Justin Welby, antisemittisme med et virus`, og la til at `det er en skammelig sannhet at menigheten, som burde ha tilbudt en motgift, gjennom sin teologiske lære forsterket spredningen av dette viruset. " (Telegraph.co.uk)

Denne boken er en vekker til alle kristne, menigheter og kirkesamfunn om å reise seg som Ester i denne generasjonen. Antisemittismens nederlag i alle kristne rekker er avgjørende når vi forbereder oss på at den jødiske Messias skal komme tilbake til Jerusalem.

Han sa: «En hånd på Herrens banner (eng: Herren har sverget)! Herren skal kjempe mot amalekittene fra slekt til slekt.»

— 2.Mosebok 17,16

Antisemittisme er igjen økende!

WZO's (Verdens sionist-organisasjons) årsrapport om global antisemittisme utgitt på mandag finner at koronavirus-pandemien har ført til en gjenoppblomstring av antisemittisk aktivitet og tro:

Av Lauren Marcus, World Israel News, 20. april 2020:

På tampen av Holocaust Remembrance Day ga World Zionist Organization (WZO) ut sin årlige rapport om tilstanden av global antisemittisme. Årets rapport beskriver en stigning i global antisemittisme, delvis tilskrevet coronavirus-pandemien.

Rapporten fant en økning på 18 prosent i voldelige anti-semittiske hendelser over hele verden fra 2018 til 2019. Både Poway-synagoge-skytingen i California, der en kvinne ble drept og flere troende ble alvorlig såret, og forsøket på Halle-synagoge-angrepet i Berlin, som førte til dødsfallet til to tilskuere og to andre som ble såret, skjedde i 2019.

Siden utbruddet av coronavirus-pandemien i 2020 har antisemittisk aktivitet økt online, med "jøder, sionister og israelere, som enkeltpersoner og som et kollektiv, anklaget for å forårsake og spre korona-viruset." Imidlertid er praksisen med å skylde på jøder for spredning av verdens sykdommer neppe et nytt fenomen.

"Å skylde på jøder for `hvorfor ting går galt` er en vanlig praksis like gammel som anti-semittismen selv," heter det i rapporten, utarbeidet av veteran-antisemittisme-forsker Eli Nachum. (World Israel News)

For mange år siden sto jeg utenfor de massive veggene til en kirke nær Auschwitz-Birkenau dødsleirene i Polen, og spurte den Allmektige følgende spørsmål.

Hvordan kunne Shoah (nazi-Holocaust) ha blitt forhindret?

Svaret Hans til meg var: "Det fantes ingen Ester-menighet."

Hadde det vært en *Ester-menighet*, ville ikke seks millioner av folket mitt blitt utryddet.

Dette svaret la ansvaret for beskyttelse og velvære for hans jødiske folk på menigheten, en som blir kalt en *Ester-menighet*.

Historisk sett har ikke menigheten vært beskytteren av det jødiske folket, men forfølgeren. Hendelser som kidnappingen av jødiske barn for å oppdra dem som kristne, de kristne korstogene, spanske og andre inkvisisjoner, anti-jødiske draps-orgier holdt i påsken, nyttår og jul i Europa og Russland, og nazistenes massemord (Holocaust). De utførte disse forfølgelsene i navnet til kristendommen og Jesus Kristus: det syntes veldig tvilsomt at kirken noen gang kan ha vært beskytteren av det jødiske folket.

Jeg bestemte meg for å begynne å arbeide for dannelsen av en slik Ester-menighet for å forhindre et nytt antisemittisk, Amalek og Haman-utbrudd som vil myrde enda flere jøder˚. Denne tidsriktige boken er en del av denne bestrebelsen, ettersom antisemittisme

---

* Amalek i Bibelen, er en fiende av Israel (se 2.Mosebok 17,8-16 for et eksempel). Haman er en annen fiende av det jødiske folket, og han forsøkte å utrydde jødene i Esters bok (se Ester 3,6 for et eksempel)

har eskalert til proporsjoner som ligner det som skjedde før andre verdenskrig. Vi kan ikke, og *vi må ikke forbli stille*.

Til min glede finnes det i dag noen få kristne organisasjoner som viser merkene på en Ester-menighet, men det er ikke nok.

Så spør du kanskje: "Hva er en Ester-menighet?" og hva utmerket Ester slik at hun ble heltinnen i en hel bok i Bibelen?

Hvis jeg skulle oppsummere den avgjørende faktoren som gjorde dronning Ester til den ubestridte frelseren for sitt folk, ville det være *identitet*.

Da hun først ble kalt til oppgaven ved sin fetter og adoptivfar, Mordekai, sa hun 'nei' og var ikke villig til å risikere livet for det jødiske folket. Ester hadde glemt *identiteten* sin som en jøde. Hun var komfortabel og beskyttet i kongens harem*, og hun var villig til å se folket sitt drept heller enn å miste komforten sin.

Mordekai ga også Hatak (Esters evnukk-tjener) en skriftlig kopi av dekretet som ble distribuert i Susa for deres utslettelse, for at han skulle vise den til Ester og forklare det for henne. Mordekai påla Ester å gå til kongen for å be om hans gunst og bønnfalle ham på vegne av sitt folk. Hatak rapporterte til Ester hva Mordechai hadde sagt. Da talte Ester til Hatak og ga ham instruksjoner for Mordechai:

> «Alle kongens tjenere og folket i kongens provinser vet at om noen, mann eller kvinne, går inn til kongen i den indre slottsgården uten å være innkalt, så er det bare én lov som gjelder: døden. Bare den som kongen retter gullsepteret sitt

---

* Harem er den adskilte delen av et hushold som er reservert for koner, medhustruer og kvinnelige tjenere.

mot, får leve. Selv har jeg ikke blitt kalt inn til kongen på tretti dager.» De fortalte Mordekai hva Ester hadde sagt.

— ESTER 4,11–12

Det meste av menigheten har også glemt *identiteten* sin. Hun har sett på seg selv som en romanisert kristen med romerske høytider og tradisjoner, og hun er komfortabel med det. Antisemittisme stiger til de høyeste proporsjoner siden andre verdenskrig, men hun er komfortabel. Hun er ikke jødisk, eller er hun det?

Når hedninger mottar den nye pakt ved blodet til en jødisk Messias, blir de podet inn i et jødisk oliventre, og blir dermed *ett* med Israel.

Noen av greinene er nå brukket av, og du som var en vill oljekvist, er blitt podet inn blant greinene og har fått sevje fra roten sammen med dem. Men innbill deg ikke at du er bedre enn greinene! Gjør du det, så husk at det ikke er du som bærer roten, men roten som bærer deg.

— ROMERNE 11,17-18

Gud kaller ikke hedninger til å erstatte eller tilrive seg Israel, men til å gå sammen med Israel slik Rut sluttet seg til Naomi.

Men Rut svarte: «Ikke tving meg til å forlate deg og vende tilbake, for: Dit du går, vil jeg gå, og hvor du bor, vil jeg bo. Ditt folk er mitt folk, og din Gud er min Gud. Der du dør, vil jeg dø, og der vil jeg begraves. Måtte YHVH la det gå meg ille både nå og siden hvis noe annet enn døden skal skille meg fra deg!»

— RUT 1,16

Imidlertid er menigheten i dag (for det meste) ikke podet inn i oliventreet, men inn i et romersk, hedensk juletre. Dermed har hun mistet sin sanne identitet. Og det er ikke bare identiteten til den jødiske Messias som har blitt erstattet av en romanisert Kristus, men også menighetens identitet er blitt stjålet. Det var grunnen til at det ikke fantes noen Ester-menighet som forhindret at Shoah (nazi Holocaust) skjedde under andre verdenskrig.

Vil det finnes en i dag? Det avhenger av om vi gjenoppretter den sanne *identiteten* til den jødiske Messias, og med det *identiteten* til bruden Hans.

Gjenopprettelse fra dette eldgamle IDENTITETS-TYVERIET er dagens agenda; hvis ikke, vil det forløse en stor dom over menigheten og nasjonene - tegnene er allerede her!

Berg dem som føres til døden, hold igjen dem som vakler mot retterstedet! Om du sier: «Vi visste det ikke», så ser han det, han som prøver hjertene. Han som vokter ditt liv, vet det og gir enhver igjen etter det han har gjort.

— ORDSPRÅKENE 24,11-12

Mordekais svar til sin komfortable og kompromitterte kusine var,

For om du tier i denne tiden, vil hjelp og redning komme til jødene fra et annet sted, mens du og ditt farshus vil gå til grunne. Og hvem vet om det ikke er for en tid som denne at du har fått dronningrang?»

— ESTER 4,14

Legg merke til at Mordekai skilte Ester og hennes farshus fra resten av jødene, som ville bli reddet av YHVH på en annen måte. Hvis Ester forble taus, ville hun og farens hus ikke bli reddet, selv om alle de andre jødene ville bli reddet.

Ester var imidlertid en foreldreløs siden det babylonsk eksilet; Mordekai var den eneste faren hun hadde. Dømte Mordekai seg selv? Eller var Esters farshus et annet hus?

I borgen Susa var det en jødisk mann som het Mordekai. Han var sønn av Ja'ir, sønn av Sjimi, sønn av Kisj, en mann av Benjamins stamme. Han hørte til dem som var ført i eksil fra Jerusalem sammen med Jekonja, kongen i Juda. Det var han som Nebukadnesar, kongen i Babel, hadde ført i eksil. Mordekai var fosterfar til Hadassa, også kalt Ester. Hun var datter til onkelen hans og hadde verken far eller mor. Hun var en velskapt og vakker ung kvinne. Da faren og moren hennes døde, tok Mordekai henne til seg som sin egen datter.

— ESTER 2,5-7

Ester hadde ingen far, ingen mor og intet farshus. Hun var nå gift med kongen av Persia som hadde blitt mannen hennes, og derfor ble hele kongens farshus hennes farshus. Hvis kongens far var i live, kunne Ester ha hatt en svigerfar.

Kunne det være at Mordekai sa at hvis hun ikke hjalp sitt eget folk, ville Israels Gud dømme henne og hennes svigerfamilie, den persiske kongefamilien som hun tilhørte? De så på kongen av Persia som far til hans nasjon. Så han var også Esters far og mann.

Så Mordekais advarsel til henne kan parafraseres: Hvis du ikke kjemper for det jødiske folks pakt som fødte deg og oppdro deg, vil vi bli reddet uansett - for Gud har en pakt med oss. Men du, som ble *ett* med kongen av Persia og hans folk, vil gå til grunne. Og ikke bare vil du gå til grunne, men din konge, far og hele det persiske folket.

Ester så tilsynelatende tegningen. Hun omvendte seg og gikk inn i faste før hun gikk inn til sin konge. For første gang omfavnet hun sin glemte identitet som en jøde.

> **Da svarte dronning Ester: «Dersom kongen ser på meg med velvilje, og om han finner det for godt, så la meg få mitt eget liv, det er min bønn, og mitt eget folk, det er mitt ønske. For jeg og folket mitt er blitt solgt til utryddelse, drap og undergang. Om vi bare var blitt solgt som slaver og slavekvinner, ville jeg ha tiet. For en slik ulykke hadde ikke vært noe å bry kongen med.»**
>
> — ESTER 7,3-4

Hennes inngripen var risikabel, men hun grep ikke bare inn for den jødiske nasjonen. Nei! Hun reddet Persia fra utslettelse, siden hun nå var en perser. Dette er et prinsipp som gjentas gjennom hele Skriften: Enhver person eller nasjon som kommer mot Israel, vil pådra seg Israels Guds vrede.

> **For så sier YHVH over hærskarene, den herlige, etter at han sendte meg til folkeslagene som plyndret dere: Den som rører dere, rører ved min øyensten. For se, jeg løfter hånden mot dem, de skal bli til bytte for slavene sine. Da skal dere kjenne at YHVH over hærskarene har sendt meg.**
>
> — SAKARJA 2,12-13

Resten er *His-Story* (Hans-historie). Den onde Haman ble hengt i galgen han hadde forberedt for jøden Mordekai, og det samme skjedde også med hans ti sønner.

Så hengte de Haman i pålen som han selv hadde reist for Mordekai, og kongens sinne la seg.

— ESTER 7:10

Da de farlige "slangene" ble eliminert, kunne jødene nå forsvare seg og overvinne fiendene sine. De løftet frem dronning Ester med prominens, og Mordekai ble rådgiveren for kongen i stedet for den amalekittiske Haman.

Mordekai dro ut fra kongen i kongelige klær i purpurblått og hvitt. Han bar en stor gullkrone og en kappe av lin og rødt purpur. Og byen Susa jublet og gledet seg. Hos jødene var det lys og glede, fryd og herlighet. I hver provins og i hver by, så langt som kongens ord og befaling nådde, ble det glede og fryd blant jødene, en dag for fest og feiring. Og blant folkene i landet erklærte mange seg som jøder. For det hadde kommet over dem en redsel for jødene.

— ESTER 8,15-16

Dronning Esters identitet ble fullstendig gjenopprettet og navnet på hennes jødiske fars hus huskes nå. Hun ble igjen identifisert som datteren til Abihajil. På hebraisk betyr Abihajil "en mektig far." Hun var nå en full datter av den høyeste Gud. Hennes tilstand som foreldreløs og hennes feilplasserte identitet var ting fra fortiden.

Dronning Ester, datter av Abihajil, og jøden Mordekai skrev et offisielt brev for å stadfeste det andre brevet om purim.

— ESTER 9,29

Alt er bra når enden er god.

Spørsmålet er dette: Vil det ende bra for menigheten og nasjonene som menigheten representerer? Det vil bare ende godt hvis en Ester-menighet reiser seg for å gripe inn sammen med sine regjeringer og myndigheter for å knuse den forferdelige fremveksten av antisemittisme.

Jeg vil velsigne dem som velsigner deg, men den som forbanner deg, skal jeg forbanne. I deg skal alle slekter på jorden velsignes.»

— 1. MOSEBOK 12,3

For at en slik Ester-menighet skal reise seg, må hun gjenopprette sin identitet som en som er podet inn i det jødiske oliventreet og som en tilbeder av en jødisk Messias. Bare en jødisk Messias i henne kan velte antisemittismen og den forestående dommen over nasjonene på grunn av Sions sak (Jes. 34,8). En romersk Kristus vil ikke kunne gjøre det!

For at en Ester-menighet skal oppstå, må vi gjenvinne den stjålne identiteten til den jødiske Messias Yeshua, som i likhet med jøden Mordekai, banker på døren vår.

Dere tilber det dere ikke kjenner, men vi tilber det vi kjenner, for frelsen kommer fra jødene.

— JOHANNES 4,22

I dag er det ikke et øyeblikk for tidlig for at en Ester-menighet skal *reise seg*!

For YHVH er harm på alle folk, han er vred på hele deres hær. Han har slått dem med bann og gitt dem over til slakting. De drepte blir slengt til side, stank stiger fra likene, og blodet flyter på fjellene. Det er hevnens dag for YHVH, gjengjeldelsens år i striden om Sion (eng: for fiendtligheten mot Sion).

— Jesaja 34,2-3+8

Når du fortsetter å lese, vil du oppdage de fem viktigste årsakene til hvorfor menigheten har mistet sin jødiske identitet. Du vil også lære hvordan du kan ta det tilbake! I port 1 (kapittel 1) vil vi avduke frukten som har kommet på grunn av Identitets-Tyveriet fra Messias.

For løven av Juda - Apostel Dr. Dominiquae Bierman,

President for *Kad-Esh MAP Ministries* og *De Forente Nasjoner for Israel*

GIFTIG FRUKT FRA IDENTITETS-TYVERIET

Derfor skal dere kjenne dem på fruktene.
(eng, NLT: Ja, slik dere kan identifisere et tre ved dets frukt,
slik kan dere identifisere mennesker ved deres handlinger)

— MATTEUS 7,20

D et er en utbredt forståelse i kristne kretser at store deler av den jødiske nasjonen ikke har blitt kjent med sin Messias og frelser. Men hvor mange mennesker er klar over at de fleste kristne i verden heller ikke kjenner Ham? Kristendommen har i stor skala møtt en romersk Kristus - ikke en jødisk Messias. Utfallet av dette identitetstyveriet har vært avskyelige handlinger av ydmykelse, drap og utbredt antisemittisme i mange kristne kretser. Frukten av å formidle en romersk Kristus fremfor en jødisk Messias er blodsutgytelse og grusomhet.

Hendelser som kidnapping av jødiske barn for å oppdra dem som kristne; begrensende og diskriminerende lover mot jøder; de kristne korstogene, den spanske inkvisisjonen og andre inkvisisjoner, pogromer;*

---

* Definisjonen av *pogrom*: En organisert massakre av en bestemt etnisk gruppe, særlig mot jøder i Russland eller Øst-Europa."Oxford Dictionary Definition.

nazistenes Holocaust og store deler av anti-sionismen i dag er den forferdelige arven etter dette eldgamle IDENTITETS-TYVERIET som har vart i over 18 århundrer. Keiser Konstantin etablerte det gjennom kirkerådet i Nikea i 325 e.Kr. Han kalte på en fullstendig skilsmisse fra jødene - som inkluderte en adskillelse fra den jødiske Messias.

Følgende avsnitt er fra det jeg kaller Skilsmisse-handlingen fra det jødiske folket og alt jødisk. Denne adskillelsen har påvirket kristne frem til i dag, og har vært bakgrunnen for all kristen antisemittisme.

Kirkerådet i Nikea

Fra brevet fra keiseren (Konstantin), til alle de som ikke var til stede under kirkerådet. (Funnet i Eusebius, Vita Const., Lib III 18-20)

Da spørsmålet i forhold til den hellige påskefeiringen oppsto, ble det universelt tenkt at det ville være praktisk at alle skulle feire høytiden på en dag; for hva kan være vakrere og mer ønskelig enn å se denne feiringen, som vi mottar håpet om udødelighet gjennom, feiret av alle med enighet og på samme måte? Det ble erklært å være spesielt uverdig for denne, den helligste av alle høytider, å følge skikkene (beregningen) til jødene som hadde tilsmusset hendene sine med den mest fryktelige av alle forbrytelser, og hvis sinn var forblindet. Når vi avviser deres skikk, kan vi overføre til våre etterkommere den legitime måten å feire påske på; som vi har feiret siden tiden for Frelserens lidelse, etter ukedagene.

Vi burde derfor ikke ha noe til felles med jøden, for Frelseren har vist oss en annen vei; vår tilbedelse følger en mer legitim og mer praktisk kurs (rekkefølgen på ukedagene): Og *følgelig, når vi enstemmig følger denne vei, ønsker vi, kjære brødre å skille oss selv fra det avskyelige selskap av jøden.* For det er virkelig skammelig for oss å høre dem skryte av at vi ikke kan holde denne høytiden uten deres veiledning. Hvordan kan de ha rett, de som etter Frelserens død ikke lenger har blitt ledet av fornuft, men av vill vold, som deres vrangforestilling kan drive dem til? De har ikke sannheten i dette påskespørsmålet, for i sin blindhet og avsky mot alle forbedringer feirer de ofte påske to ganger på samme år. Vi kan ikke etterligne dem som så åpenbart tar feil.

Hvordan kunne vi da følge disse jødene som uten tvil er forblindet av denne feilen? For å feire påske to ganger i løpet av et år er totalt utillatelig. *Men selv om det ikke var det, ville det fremdeles være din plikt å ikke tilsmusse sjelen din ved kommunikasjon med slike onde mennesker (jødene).* Dere skulle ta med i vurderingen ikke bare at antallet kirker i disse provinsene utgjør et flertall, men også at det er rett å kreve hva vår fornuft tilsier oss, at vi ikke skulle ha noe til felles med jødene. (Percival)

Fra da av adopterte de den romerske Kristus som den eneste frelser for de kristne. Denne romerske Kristus kom med et romersk navn, romerske hedenske høytider og tradisjoner, og romersk hat mot alt jødisk. Resultatet av dette er intet mindre enn ødeleggende. I dag står de yngre generasjonene ved et veiskille for hva de skal tro, og millioner forlater menighetene og føler seg tomme og bedratte. Den Hellige Ånd har banket på dørene til alle menigheter for at de skal omvende seg og gjenopprette identiteten til Hans jødiske Sønn, som er verdens eneste Frelser.

Før jeg skrev min første bok om emnet (kjent over hele verden som *Røttenes helbredende kraft*), spurte jeg den Allmektige: "Hvorfor er det så viktig å formidle de jødiske røttene til menigheten?" Han svarte meg høyt og tydelig, og det fått meg til å løpe med dette budskapet i nesten tre tiår: *"Det er et spørsmål om liv og død. Menigheten har vært som en rose som er kuttet fra røttene og plassert i en vase med vann i to dager. Men på den tredje dagen, hvis hun ikke blir plantet tilbake igjen, vil hun helt sikkert dø."* En dag er som tusen år for HERREN (2. Pet. 3,8). Dette er den tredje dagen, det tredje årtusen - og rosen dør.

Nylig deltok teamet mitt og jeg på National Religious Broadcasters Convention (NRB) som ble holdt i Nashville, Tennessee, for amerikanere og andre nasjoner i media. Dette var tredje gang jeg deltok på stevnet sammen med dem.

Denne viktige foreningen ble opprettet i 1944. De har kjempet som en løve for frihetene til kristen radio, TV og media. Foreningen har påvirket mange fremtredende tjenester og til og med regjeringer, og de er en stor opplæringsressurs for alle medie-tjenester. Da vi ankom, la jeg merke til at oppmøtet, i motsetning til tidligere år, var veldig lite, og samlingene var halvtomme. Jeg la også merke til at mange av stedene som var tildelt for betalt reklame for media-tjenestene var tomme. Jeg følte at NRB var involvert i alvorlig krigføring. På toppen av det måtte Dr. Ravi Zacharias, som skulle gi åpnings-hilsningen, bli ført i hast til akuttkirurgi. Tre måneder senere, 19. mai 2020 døde dessverre Ravi, en åndelig mentor for mange og en strålende leder, av kreft i ryggraden som ble oppdaget under operasjonen. Lauren Green fra Fox News skrev: «Ravi Zacharias` død er slutten på en epoke.»Mange ba for hans velvære, inkludert teamet vårt.

På den siste dagen for stevnet deltok vi på et åpent møte i det rådgivende TV-styret til NRB. Alle deltakerne kunne uttrykke sin mening og komme med forslag for å forbedre neste års stevne. Det var da styrelederen betrodde oss at NRB nærmest hadde opphørt å eksistere i år 2020, og det enkle faktum at stevnet i det hele tatt fant sted var et rent mirakel! Jeg visste i min ånd at denne mektige foreningen, en veteran fra mange kriger siden 1944, nå sto overfor et monster de ikke hadde møtt før.

Jeg talte følgende ord til dem:

"Jeg foreslår at for at NRB skal oppleve oppstandelseskraft og ha en fremtid, må den bringe Israels budskap og troens jødiske røtter til forreste linje og midt i sentrum. Dette vil også bringe salvelsen tilbake. Vi må utdanne kringkasterne om at uvitenheten på gata er rystende, og antisemittisme stiger til farlige nivåer. Nøkkelen for den kommende vekkelsen er i Romerne 11,15, *'Mottagelsen av jødene er liv fra de døde.'* "

Det ble en tykk stillhet etter ordene mine. Men reaksjonen fra dette viktige styret var å invitere meg til å bli styremedlem i TV Advisory Board. Jeg ville ha tilsluttet meg villig; men på grunn av en teknisk feil hadde jeg imidlertid ikke mottatt medlemskapet mitt i NRB - jeg var bare gjest. De uttrykte håp om at det kunne skje innen neste år. Jeg ber imidlertid om at de vil følge ordene mine, ettersom fremtiden til NRB og alle dens medlemmer er avhengig av det.

Denne boken handler om det monsteret som nærmest drepte NRB, og som dreper mange gode kristne, og gir oss strategien for hvordan vi skal beseire det.

Spørsmålet er ikke om noe *kan* gjøres, men vi må innse at det *må* gjøres, selv mot alle odds, for å gjenopprette Messias` identitet. Ofrene for denne sataniske planen er ikke bare jødene, men utallige bedratte kristne som lider av forferdelig religiøs forvirring som fører til det jeg kaller *åndelig schizofreni.*

Synd utbrer seg med voldsom fart: homoseksualitet er akseptabel selv blant presteskapet; mental sykdom og selvmord er på et rekordhøyt nivå; pornografi er populært blant en betydelig del av kristne; utroskap og utukt er blitt normalt selv på prekestolen; grådighet og jakten på mammon over jakten på Gud er dagens orden. Utvandringen fra mange menigheter har eskalert til en hastighet man aldri før har sett, og alt dette på grunn av et ødelagt felleskap med En Jøde - En som døde for oss.

Når du leser denne boken vil du gå gjennom en åndelig reise, omtrent som den israelittene gjorde da de ble løst fra slaveriet i Egypt etter 430 år. Din reise innebærer imidlertid å avslutte et nøye utformet bedrag som har foregått i nesten 1 800 år, som slo rot i det fjerde århundre da det ble etablert som kirke-doktrine. I dag kalles det i teologiske kretser for erstatnings-teologi. Det er imidlertid ikke alt det du kanskje tror det er. Selv om du har hørt om det før og tror du ikke har noe av det, fortsett å lese - ettersom det er mye mer utbredt enn du vet, og det gjemmer seg på steder du kanskje ikke er klar over.

Selv om du er en som elsker Israel, er denne boka noe for deg.

Selv om du er messiansk, er denne boka noe for deg.

Den som har stjålet Messias` identitet er et fem-hodet monster: Den demoniske åndsfyrsten som jeg kaller,

Anti-MESITOJUZ

Hvert av hodene har et fokus på å lure Hans brud til å bli svak, og ha "en form for gudsfrykt, men fornekte kraften» (2. Tim. 3,5) som Yeshua's offerdød gir oss. Strategien er å vri og vende på skriftene for å overbevise oss om å bli lik dette monsteret, i ord og gjerning. De fem områdene av bedrag er:

- Anti-Messias
- Anti-Israel
- Anti-Torah
- Anti-jødiske
- Anti-Zion

Den er slu, sofistikert, brutal og blodtørstig. Den har prøvd å utrydde jødene, og nå kommer den etter de kristne, med planer om å kaste hele nasjoner inn i ødeleggelse.

Følg meg når vi avslører dette monsteret og demonterer det med kraften av sannhetens Ånd, Guds ord, vitnesbyrd og historiske fakta. Da vil vi gjenopprette den stjålne identiteten til vår jødiske Messias, med Hans salvelse, sanne åndelige helse, hellighet og guddommelige autoritet.

Om kristen antisemittisme fra forskjellige kilder

Kristen retorikk og antipati mot jøder utviklet seg i de første årene av kristendommen, og det ble forsterket av troen på at jøder hadde drept Kristus og stadig økende antijødiske tiltak gjennom de påfølgende århundrene. Handlingene som ble utført av kristne mot jøder, omfattet handlinger av utfrysing, ydmykelse, vold og drap, og kulminerte med Holocaust. (Harries)

Kristen antisemittisme har blitt tilskrevet flere faktorer, inkludert teologiske forskjeller, konkurranse mellom kirke og synagoge, den kristne drivkraften for å vinne konvertitter, misforståelse av jødisk tro og praksis og oppfatningen om at jødedommen var fiendtlig mot kristendommen. I to årtusener ble disse holdningene forsterket i kristen forkynnelse, kunst og folkelære, som alle ga uttrykk for forakt for jøder* samt vedtekter som var ment å ydmyke og stigmatisere jøder. (Koyzis; Gerstenfeld)

Moderne antisemittisme er først og fremst blitt beskrevet som hat mot jøder som en rase, og dets nyeste uttrykk er forankret i det 18.århundres rase-teorier, mens anti-jødedom er forankret i fiendtlighet mot den jødiske religionen. I vestlig kristendom ble

anti-jødedommen effektivt slått sammen med antisemittisme
i løpet av det 12.århundre. Forskere har diskutert hvordan*
kristen antisemittisme spilte en rolle i nazistenes tredje rike, andre
verdenskrig og Holocaust. Holocaust har tvunget mange kristne til
å reflektere over forholdet mellom kristen teologi, kristen praksis og
*hvordan de bidro til det.*** (Harries; Heschel)

Kirkefedrene forbandt jøder og jødedom med kjetteri og erklærte
Israels folk for å være ekstra Deum (lat. «Utenfor Gud»). St. Peter
av Antiokia omtalte kristne som nektet å tilbe religiøse bilder
som å ha "jødiske sinn."* På begynnelsen av det andre århundre
e.Kr. erklærte den kjetterske Marcion fra Sinope (ca. 85 - ca. 160
e.Kr.) at den jødiske guden var en annerledes Gud, dårligere enn
den kristne, og avviste de jødiske skriftene som et produkt av en
mindre guddom.** Marcions lære, som var ekstremt populær,
avviste jødedommen ikke bare som en ufullstendig åpenbaring,
men også som en falsk åpenbaring. Samtidig tillot han mindre
skyld å bli plassert på jødene personlig for ikke å ha anerkjent
Jesus, siden, i Marcions verdensbilde ble Jesus ikke sendt av den
mindre jødiske Gud, men av den øverste kristne Gud, som jødene
ikke hadde noen grunn til å gjenkjenne. (Michael)

I kampen mot Marcion innrømmet ortodokse apologeter at
jødedommen var en ufullstendig og underordnet religion til
kristendommen, mens de også forsvarte de jødiske skriftene
som kanoniske. Kirkens far Tertullian (ca. 155 - ca. 240 e.Kr.)
hadde en særlig intens personlig motvilje mot jødene og hevdet
at hedningene var blitt valgt av Gud til å erstatte jødene, fordi de
var verdigere og mer ærefulle. (Nicholls)

Patristiske biskoper fra patrist-tiden som Augustine hevdet at jødene skulle forbli levende og lidende som en evig påminnelse om deres drap på Kristus. I likhet med sin antijødiske lærer, Ambrose fra Milano, definerte han jøder som en spesiell undergruppe av dem som er fordømt til helvete. Som "vitnemennesker" helliget han kollektiv straff for jødisk deizid og slaveri av jøder under katolikker: "Ikke ved kroppslig død skal den ugudelige rasen av kjødelige jøder forgå ... 'Spre dem i utlandet, fjern deres styrke. Og før dem ned, Herre.'" Augustinus hevdet å "elske" jødene, men som et middel til å konvertere dem til kristendommen. Noen ganger identifiserte han alle jøder med den onde Judas, og utviklet læren (sammen med St. Cyprian) om at det var "ingen frelse utenfor kirken." (Michael)

Den fruktbare jorden for Hitler og nazistenes Holocaust

Andre kirkefedre, som John Chrysostom, gikk videre i sin fordømmelse. Den katolske redaktøren Paul Harkins skrev at St. John Chrysostoms anti-jødiske teologi "ikke lenger er holdbar (..) For disse objektivt ukristelige handlingene kan han ikke unnskyldes, selv om han er et produkt av sin tid." John Chrysostom mente, som de fleste kirkefedre gjorde, at alle jøders synder var felles og uendelige. For ham var hans jødiske naboer den kollektive representasjonen av alle påståtte forbrytelser hos alle jøder som hadde eksistert før. Alle kirkefedre brukte avsnittene i Det nye testamente der de påsto at jødene var talsmenn for korsfestelsen av Kristus, og overførte de til alle jøder på deres tid, jødene var det ytterste onde. Imidlertid gikk John Chrysostom så langt som til å si at fordi jøder avviste den kristne

Gud i menneskelig kjød, Kristus, fortjente de derfor å bli drept: "var skikket til slakt." Da han siterte Det nye testamente (Luk 19,27), hevdet han at Jesus snakket om jøder da han sa: "Når det gjelder disse fiendene mine som ikke ville at jeg skulle regjere over dem, ta dem hit og *drep dem* foran meg."

St. Jerome forbandt jøder med Judas Iskariot og den umoralske bruken av penger («Judas er forbannet, så i Judas kan jødene være forbannet ... deres bønner blir til synder"). Jerome sine homiletiske overgrep, som kan ha fungert som grunnlag for den anti-jødiske langfredags-liturgien, sammenligner jøder med djevelen og at «jødenes seremonier er skadelige og dødelige for kristne", den som holder dem var dømt til djevelen: "Mine fiender er jødene; de har konspirert i hat mot Meg, korsfestet Meg, hopet alle slags ondskaper over Meg, spottet Meg. " (Michael)

Noe av frukten av kristen antisemittisme

Det følgende er historiske kristne hendelser som viser hat og antisemittisme. Kristen historie er så blodig at det er umulig å være uttømmende om den i en bok. Jeg kunne ha skrevet mange bind med alt for mange sanne grusomme historier til å trykke dem. Men dette er bare en delvis oversikt til din informasjon.

Jøder var underlagt en lang rekke juridiske handikap og begrensninger i middelalderens Europa. De ble ekskludert fra mange bransjer. Yrkene varierte med sted og tid, og ble avgjort ved innflytelsen fra ulike ikke-jødiske konkurrerende interesser. Ofte ble jøder sperret fra alle yrker, bortsett fra pengeutlån og handel som kramkar (dørsalg), der til og med dette til tider ble forbudt. Jødenes tilknytning til pengeutlån fortsatte gjennom historien i stereotypen av at jøder er grådige og forsterker kapitalismen.

I den senere middelalderen var antallet jøder som fikk lov til å oppholde seg på visse steder, begrenset; de var konsentrert i ghettoer, og fikk ikke lov til å eie land; de var underlagt diskriminerende skatter når de kom inn i andre byer eller distrikter enn deres egne. *Oath More Judaico*, den formen for ed som ble krevd av jødiske vitner, utviklet seg noen steder til bisarre eller ydmykende former (f.eks. i svabisk lov på 1200-tallet, der jøden ville bli pålagt å stå på skinnet av en purke eller et blodig lam). (Wikipedia-bidragsytere)

Det fjerde Lateranrådet i 1215 var de første som forkynte kravet om at jøder skulle ha på seg noe som atskilte dem som jøder (og muslimer det samme). Ved mange anledninger ble jøder beskyldt for blod injurier (blood libel), antatt å drikke blod av kristne barn i hån mot den kristne eukaristien. (Avrutin, Dekel-Chen og Weinburg)

Antisemittisme i populær europeisk kristen kultur eskalerte fra 1200-tallet. Blod injurier* og verts skjending** vakte oppmerksomhet, og førte til mange tilfeller av forfølgelse mot jøder. Mange trodde jøder forgiftet brønner for å forårsake pest. I tilfellet med blod injurier var det en utbredt tro at jødene ville drepe et barn før påske fordi de behøvde kristent blod for å bake matzo.

Gjennom historien, hvis et kristent barn ble myrdet, ville det oppstå anklager om blod-offer, uansett hvor liten den jødiske befolkningen var.

---

* "Blod injurier (blood libels)" er den falske og ondsinnet forevigede beskyldningen om at jøder har myrdet ikke-jøder (for eksempel kristne barn) for å bruke blodet deres i ritualer.

** "Verts skjending" er en form for helligbrøde i kristne kirkesamfunn som følger læren om Kristi virkelige tilstedeværelse i eukaristien. Det innebærer mishandlingen eller ondsinnet bruk av en innviet vert - brødet som ble brukt i den eukaristiske tjenesten til den guddommelige liturgi eller messen.

Kirken la ofte ekstra ved til ilden ved å fremstille det døde barnet som en martyr som hadde blitt torturert, og barnet hadde krefter slik Jesus antas å ha. Noen ganger ble barna til og med gjort til helgener (The Butcher's Tale).

Antisemittiske bilder som *Judensau* (jødisk gris) og *Ecclesia et Synagoga* (statuer av den triumferende kirke og den beseirede synagoge) ble gjentatt i kristen kunst og arkitektur.

Anti-jødiske påske skikker som «Brenning av Judas» har fortsatt helt til i dag. (I Bachner; polsk folkemengde slår og brenner Judas-dukke som forestiller ultra-ortodokse jøder med hatt og sidelocks [hårlokker foran ørene])

Det **første korstoget** (1096–1099) var det første av en rekke religiøse kriger som ble initiert, støttet og noen ganger i regi av Latinerkirken i middelalderen. Det opprinnelige målet var gjenoppretting av Det hellige land fra islamsk styre. Folkemengder bestående av overveiende fattige kristne i tusentall gjensvarte først, ledet av Peter eremitten, en fransk prest. Det som har blitt kjent som People's Crusade (folkets korstog), gikk gjennom Tyskland og henga seg til omfattende antijødiske aktiviteter og massakrer. (Wikipedia-bidragsytere)

Rheinland-massakrene, også kjent som **forfølgelsene av 1096** eller **Gzerot Tatnó**, var en serie av massemord på jøder som ble begått av mobber av tyske kristne fra folke-korsfarerne i år 1096, eller 4856 i henhold til den jødiske kalenderen. Noen forskere anser massakrene for å være den tidligste kjente hendelsen av antisemittisme. (Nirenburg)

Mange jøder ble utvist fra de fleste land og de fleste byer i det kristne Europa.

I Edict of Expulsion (utvisnings-forordningen) utviste kong Edward I alle jødene fra England i 1290 (etter først å ha mottatt løsepenger fra rundt 3000 av de mest velstående av dem), på grunn av anklager om åger og undergravd lojalitet mot dynastiet. I 1306 var det en bølge av forfølgelse i Frankrike, og det var utbredte svartedøds-forfølgelser ettersom jødene ble beskyldt av mange kristne for pesten eller at de spredte den. * Så sent som i 1519 benyttet den keiserlige byen Regensburg seg av anledningen av det nylige dødsfallet til keiser Maximilian I for å bortvise sine 500 jøder**. (Keter Books; Florida Center for Instructions Technology; Wood)

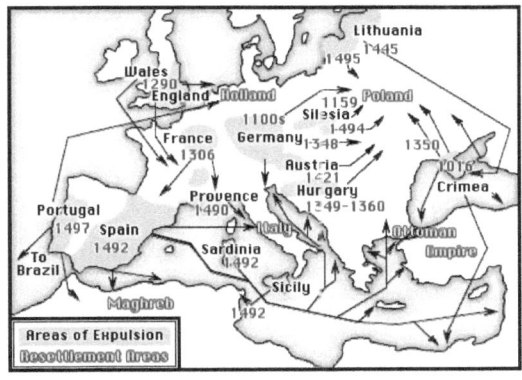

Over: Kart over jødiske utvisninger og gjenbosettings-områder i Europa.

Den spanske inkvisisjonen

I løpet av århundrer hadde det jødiske samfunnet i Spania blomstret og vokst i antall og innflytelse, selv om antisemittisme hadde dukket opp fra tid til annen. Under regjeringen til Henry III av Castilla og Leon (1390–1406) sto jøder overfor økt forfølgelse, og ble presset til å konvertere til kristendommen. Pogromene i 1391 var spesielt brutale, og trusselen om vold hang over det jødiske samfunnet i Spania. Overfor valget mellom dåp og død, ble antallet nominelle konvertitter til den kristne tro snart veldig stort. Mange jøder ble drept, og de som mottok kristen tro - de såkalte *conversos* (spansk: "konverterte") - møtte fortsatt mistenksomhet og fordommer. I tillegg var det fortsatt en betydelig befolkning av jøder som hadde bekjent omvendelse, men fortsatte å utøve sin tro i det skjulte. Disse nominelle konvertittene fra jødedommen ble kjent som Marranos, og de ble oppfattet som en enda større trussel mot den sosiale ordenen enn de som hadde avvist tvungen konvertering. Etter at Aragon og Castile ble forent ved det kongelige ekteskapet til Ferdinand og Isabella (1469), ble marranene fordømt som en fare for eksistensen til det kristne Spania. I 1478 utstedte pave Sixtus IV et pavelig lovforslag som ga de katolske monarkene lov til å navngi inkvisitorer som ville ta opp problemet. Dette betydde ikke at de spanske herskerne overlot kampen for enhet til kirken; tvert imot, de søkte å bruke inkvisisjonen for å støtte sitt absolutte og sentraliserte regime - og særlig for å øke den kongelige makten i Aragon. De første spanske inkvisitorene, som opererte i Sevilla, viste seg å gjøre dette så nidkjært at Sixtus IV forsøkte å gripe inn. Den spanske kronen hadde nå et våpen for dyrebart til at de ville oppgi det, og pavenes anstrengelser for å begrense inkvisisjonens krefter var nytteløse. ("Spansk inkvisisjon | Definisjon, historie og fakta | Britannica")

En sjefinkvisitor som ble fryktet av alle jødene, ble nominert av de spanske monarkene - Tomás de Torquemada.

Ved oppfordring fra Torquemada utstedte Ferdinand og Isabella 31. mars 1492 et edikt som ga spanske jøder valget om eksil eller dåp; som et resultat ble mer enn 160 000 jøder utvist fra Spania - inkludert min jødiske familie.

La oss møtes

Jeg er en israelsk jøde, og også en amerikansk statsborger, men jeg ble født i Chile. Jeg har vært i fulltids tjeneste siden 1988, ble gift og sendt ut fra Jerusalem i 1990. I 1991 ble min ektemann Baruch og jeg ordinert ved *Christ For The Nations* i Dallas, Texas, og ble sendt ut til misjonsfeltet for nasjonene med ett profetisk ord fra den anerkjente profeten på CFNI-fakultetet: "Gå videre, gå videre, gå videre." Siden da har vi dratt videre ut til mer enn 50 land som jødiske apostler til nasjonene. Vi har hatt privilegiet å helbrede de syke, kaste ut demoner og se tusenvis frelste. Jeg har vært en TV-kringkaster siden 2015, det året da Faderen i Himmelen sendte oss for å flytte fra Israel til St. Augustine, Florida, som er USAs første kyst og port. Vi er her for å stå i gapet og kjempe for livet og sjelen til Amerika.

Jeg ble født på ny i et dramatisk møte med Messias på stranden ved Kinneret (Galileasjøen), da Han kom for å snakke med meg personlig. Han slo meg av "hesten" min - som den jødiske apostelen Shaul / Paulus - bortsett fra at det ikke var en faktisk hest, men en turistbuss (siden jeg da var, og fortsatt i dag er en registrert israelsk turguide). Ingen forkynte evangeliet for meg; dette var et guddommelig møte som rystet meg inn i dypet av mitt indre. Det skjedde inne i den bysantinske kirken, «the Primacy of St. Peter» ved Galileasjøen mens jeg guidet katolsk-meksikanske turister. Som deres guide hadde jeg organisert messen deres.

Da Messias begynte å snakke til meg, kjente jeg en kraft som forsøkte å sette meg ned på knærne foran korset på veggen i den gamle kirken. Jeg prøvde å motsette meg det, fullstendig i panikk, men endte på knærne. Så hørte jeg en stemme som sa: "Dominiquae, løp for livet, bli døpt og bli frelst." Dette sjokkerte meg! Jeg er en sefardisk jødinne; kristne utviste mine jødiske forfedre fra Spania i 1492 gjennom sjefs-inkvisitor Torquemada som løftet Jesu Kristi kors høyt - og her er jeg på knærne foran korset?

Mitt første svar på stemmen som snakket til meg var: "Hva gjør du med meg, en jøde, hvis du er de kristnes Gud?" Jeg kunne ikke gjenkjenne min jødiske Messias i Jesus Kristus og kristendommen. Men noe sterkere enn meg fikk meg til å løpe for å bli døpt og bli frelst. Jeg visste at jeg var en synder, og at jeg hadde brutt Guds bud; Jeg behøvde tilgivelse og frelse.

Bare 24 timer tidligere, etter en fem måneders periode med personlig- og familietragedie, hadde jeg "angrepet" et lerret med fargestifter som skrev følgende ord:

"Lys hvor har du forsvunnet, kom til meg!"

24 timer senere var jeg på knærne foran korset og løp deretter for livet for å bli frelst av Verdens Lys. Spørsmålet som ringte i ørene mine var: "Hva har Israels Gud, som jeg kalte på, å gjøre med den kristne Jesus Kristus?" Min reise for å oppdage det største identitetstyveriet i menneskehetens historie hadde begynt.

For videre lesing anbefaler jeg boken min, *Yes!*[*]

---

[*] www.kad-esh.org/shop/yes

DRAP I KRISTI NAVN

Tyven kommer bare for å stjele, drepe og ødelegge.
Jeg er kommet for at dere skal ha liv og overflod.

— JOHANNES 10,10

H vis det skjer et tyveri, kan en trekke slutningen at det må finnes en tyv. I henhold til bibelsk definisjon er Satan tyven over alle tyver. Kan det være slik at det har vært et satanisk komplott helt fra begynnelsen av for å stjele og erstatte identiteten til den jødiske Messias med identiteten til en romersk Kristus for å ødelegge alle nasjonene? Ja, og til og med din nasjon!

Jeg vil forsøke å bevise i denne boken at hvis vi ikke gjenoppretter den jødiske identiteten til Messias, vil hele verden være på vei til fullstendig ødeleggelse. Vi kan se det skje allerede nå med naturkatastrofer, stormer, pest (som ebola og korona-viruset) - men den største pesten er den åndelige døden hos millioner i menighetene, både katolikker og protestantiske evangeliske. Der ser vi faren ved den økende antisemittismen i Europa, og også både i Nord- og Sør-Amerika. I

USA var det en 57% økning i antisemittisme fra 2016 til 2017! (Anti-Defamation League)

Å vinne tilbake Messias` identitet vil føre til verdens-omspennende opplysning, vekkelse og utgytelse av kraft som aldri før, som lovet i Romerne 11:15, *«For hvis deres (jødenes) avvisning fører til forsoning av verden, hva vil deres mottagelse være om ikke liv fra de døde?»* Forsoningen av jødene med Messias vil bringe liv fra de døde til menigheten og til nasjonene. Men jødene vil aldri forsone seg med en romersk Jesus Kristus i hvis navn millioner av jøder ble myrdet. De vil bare bli forsonet ved en jødisk Messias, og ved Hans navn Yeshua har ingen noen gang blitt drept.

Antisemittismen vil aldri avta så lenge kristne forkynner en romersk Kristus. Den har bare økt siden den romerske Kristus offisielt erstattet den jødiske Messias i det fjerde århundre. Men hvis alle kristne evangelister, pastorer og profeter begynner å forkynne i navnet til den jødiske Messias, vil antisemittisme bli brutt i menighetene, og mange jøder vil finne sin Messias. Da vil det bli liv fra de døde, eller det jeg kaller "den tredje dags vekkelse." Det tredje årtusenet vil seire.

Å avvise den jødiske identiteten til Messias vil føre til en forferdelig dom som begynner med Guds hus. En lojal sønn eller datter av den levende Gud må elske Ham som Han er, og Han er en jøde. Hans navn er *Yeshua*, som betyr "frelse" på hebraisk. Hvordan kan en person som påstår at han tilhører Ham, avvise Ham som en jøde? Han kalles fremdeles Løven av Juda hele vegen til Åpenbarings-boken, og denne jøden er den eneste som er verdig til å åpne dommens bøker.

Men en av de eldste sa til meg: «Gråt ikke! For løven av Judas stamme, Davids rotskudd, har seiret og kan åpne boken og de sju seglene.»

— JOHANNES ÅPENBARING 5,5

For nå er tiden kommet da dommen skal begynne, og den skal begynne med Guds hus. Men kommer dommen over oss først, hvordan går det da til slutt med dem som er ulydige mot Guds evangelium?

— 1 PETER 4,17

En dag hvisket hans Ånd i ørene mine: *"Min brud vil elske Mitt (hebraiske) navn (og dermed Min jødiske identitet)."*

Hans navn er Yeshua, og Han er jødenes Konge - gå og fortell.

Fakta om identitetstyveri

Identitetstyveri er tilsiktet bruk av andres identitet, vanligvis som en metode for å oppnå en økonomisk fordel eller oppnå kreditt og andre fordeler i den andre personens navn, og kanskje til den annen persons ulempe eller tap. *Personen hvis identitet er stjålet kan lide uheldige konsekvenser, spesielt hvis de holdes ansvarlig for gjerningsmannens handlinger.* (Wikipedia-bidragsytere)

Det jødiske folket går ut ifra at deres Messias helt sikkert ikke er Jesus Kristus fordi de i Hans navn er blitt ydmyket, plyndret, plaget og myrdet. Den fantastiske nyheten er at ingen er blitt drept i Hans pakts navn, Yeshua.

Når identitet er stjålet, kan tyven opptre som offeret for tyveriet og late som om han er den personen. Millioner av kristne tror på en romersk Kristus, selv om de kanskje innerst inne vet at Han er en jøde. Imidlertid har de blitt opplært til å avfeie, mistenke og til og med hate alt jødisk. Det enkle faktum at folk fortsatt kaller Ham Jesus Kristus er det største «røykteppet», slik at ingen vil forholde seg til Ham som jøde. Det trosser Faderens vilje i himmelen som valgte å gi Ham navnet Yeshua, et navn som er hebraisk. Ingen som kaller Ham Yeshua kan ignorere det faktum at Han er en jøde. Navne-endringer er veldig alvorlige, da det betyr en identitets-endring. Det første som har stjålet Messias` identitet for millioner av troende er translitterasjonen av Navnet Hans, som ikke er en oversettelse. Navnet ble romanisert til *Iesous Christos* fordi det var mer velsmakende for massene, men dette forårsaket at det hebraiske paktnavnet gitt av Faderen gikk tapt.

Noen forskere mener at selve navnet lignet navnet Zeus eller Jupiter, solguden. Det hørtes ut som *Ye-Zeus*, og ettersom de fleste ikke kunne lese, *hørte* de bare navnet - det lignet Zeus, den guden de tilbad. Det ville være lett å overbevise dem om at en slik gud døde for dem. Dette var spesielt enkelt da hedenske romerske høytider ble tilpasset den kristne kalenderen. Fester som tilbad Zeus, solguden, erstattet de opprinnelige bibelske messianske høytidene som ble gitt til Israels folk.

Legg også merke til hvilken programvare som har blitt brukt i det 21. århundre for identitetstyveri.

En artikkel fra oktober 2010 med tittelen "Cyber Crime Made Easy" forklarte nivået som hackere bruker skadelig programvare på. Som Gunter Ollmann, teknologisjef for sikkerhet hos Microsoft, sa: "Interessert i kredittkort-tyveri? Det finnes en app for det. " Denne uttalelsen oppsummerte hvor enkelt disse hackerne får tilgang til all slags informasjon på nettet. <u>Det nye</u> <u>programmet for å infisere brukernes datamaskiner ble kalt Zeus;</u> og programmet er så hacker-vennlig at til og med en uerfaren hacker kan betjene det. Selv om hacking-programmet er enkelt å bruke, reduserer ikke dette faktum de ødeleggende effektene som Zeus (eller annen programvare som Zeus) kan gjøre for en datamaskin og brukeren. For eksempel erklærte artikkelen at programmer som Zeus kan stjele kredittkort-informasjon, viktige dokumenter og til og med dokumenter som er nødvendige for <u>landets sikkerhet.</u> Hvis hackeren skulle få denne informasjonen, ville det bety identitetstyveri eller til og med et mulig terrorangrep. Det integrerte trusselvurderings-senteret (ITAC) sier at i 2012 har rundt 15 millioner amerikanere fått sin identitet stjålet. (Wikipedia bidragsytere)

Zevs har også infisert kristendommen ved å erstatte det jødiske navnet, bibelske høytider og den jødiske identiteten til den jødiske Messias med en romersk Kristus.

Da navnet ble omskrevet fra Yeshua til *Iesous* (eller Jesus), mistet det betydningen som er "frelse", noe som innebærer den fulle forløsnings-pakken inkludert helbredelse og befrielse. Ettersom navnet mistet sin hebraiske karakter, var det mye lettere for hedenske kristne å forholde seg til en romersk Jesus enn til en jødisk Yeshua, og dermed ble det også lettere å hate og forfølge jødene i Kristi navn.

Det følgende er antisemittiske sitater om jødene fra de allment kjente kirkefedrene.

Origen av Alexandria (185 - 254 e.Kr.)

Origen av Alexandria var en kirkelig forfatter og lærer som bidro til den tidlige dannelsen av kristne læresetninger.

Vi kan dermed hevde i full tillit til at jødene ikke vil vende tilbake til deres tidligere situasjon, for de har begått den mest avskyelige av forbrytelser ved å danne denne konspirasjonen mot menneskehetens frelser ... derav ble byen der Jesus led nødvendigvis ødelagt, den jødiske nasjonen ble drevet fra sitt land, og et annet folk ble kalt av Gud for den velsignede utvelgelsen. (Seltman; YashaNet)

John Chrysostom (344 - 407 e.Kr.)

John Chrysostom var en av de "største" kirkefedrene; kjent som "gull-munnen." En misjonær-forkynner kjent for sine prekener og taler, som uttalte det følgende.

Synagogen er verre enn et bordell ... den er et hi for kjeltringer og et verksted for ville dyr ... tempelet for demoner som er viet til avgudsdyrkende kulter ... et tilfluktsted for røvere og svirebrødre, og djevelens huler. Den er en kriminell forsamling av jøder ... et sted for møte for morderne til Kristus ... et hus som er verre enn en butikk som selger alkohol ... et rom for tyver, et hus med dårlig rykte, en bolig for misgjerning, djevlers tilfluktsted, en kløft og en avgrunn av fortapelse. "..." Jeg vil si de samme tingene om deres sjeler ... Når det gjelder meg, jeg hater synagogen ... Jeg hater jødene av samme grunn. (YashaNet; Hay)

St. Augustine (AD 354 - AD 430)

I St. Augustines Confessions, (bekjennelser) 12.14, er det erklært:

Hvor hatsk mot meg er fiendene av dine Skrifter! Hvor jeg skulle ønske at du ville drepe dem (jødene) med ditt to-eggede sverd, slik at det ikke skulle være noen som ville motsette seg ditt ord! Jeg ville gjerne at de skulle dø seg selv og leve for deg! (YashaNet; Outler)

Peter den ærverdige

Peter den ærverdige var kjent som "den ydmykeste av menn, et forbilde for kristen veldedighet."

> Ja, dere jøder. Jeg sier: henvender jeg meg til dere; dere som helt inntil denne dag fornekter Guds Sønn. Hvor lenge, stakkars elendige, vil dere nekte å tro sannheten? Jeg tviler virkelig på om en jøde virkelig kan være menneskelig... Jeg fører ut av dens hule et uhyrlig dyr, og viser det fram til offentlig latterliggjøring i verdens amfiteater, for alle menneskers åsyn. Jeg fører deg frem, du jøde, du villdyr, for alle mennesker åsyn. (YashaNet; Hay)

Adolf Hitler erklærte jødene for å være undermenneskelige og skadedyr, og derfor verdige til utryddelse basert på hva alle kristne hadde blitt omskolert til å tro av sine kirkefedre.

Vi har studert de ovennevnte teologene i mange generasjoner i alle teologiske seminarer og bibelskoler over hele Amerika og nasjonene. Disse teologene etterlot seg en arv av hat mot jødene som påvirker kristendommen helt til i dag. Den som etterlot seg den verste arven, er den berømte kirke-reformatoren Martin Luther selv. Han skrev detaljer i sin bok *Om jødene og deres løgner* som vi nå vet ble til "den endelige løsningen." Hitler siterte Luthers veldige plan i sin bok *Mein Kampf*, som han ville følge for å utrydde alle jødene under andre verdenskrig

Martin Luther – 1543: Om jødene og deres løgner (utdrag)

Hva da skal vi kristne gjøre med denne forbannede, forkastede rase av jøder? Siden de bor blant oss og vi vet om deres løgn og blasfemi og forbannelse, kan vi ikke tolerere dem hvis vi ikke ønsker å ta del i deres løgner, forbannelser og blasfemi. På denne måten kan vi ikke slukke den uslokkelige ilden av guddommelig raseri, og heller ikke konvertere jødene. Vi må under bønn og ærbødigst praktisere et barmhjertig alvor. Kanskje kan vi redde noen få fra ilden og flammene [i helvete]. Vi må ikke søke hevn. De blir sikkert straffet tusen ganger mer enn vi måtte ønske dem. La meg gi dere mine ærlige råd.

For det første skal synagogene deres settes i brann, og det som ikke brenner opp, skal tildekkes eller spres over med skitt, slik at ingen noen gang kan se noe slagg eller noen steiner fra dem. Og dette burde gjøres til Guds og kristendommens ære, for at Gud kan se at vi er kristne, og at vi ikke med vilje har tålt eller godkjent en slik offentlig løgn, forbannelse og bespottelse av Hans Sønn og Hans kristne.

For det andre bør hjemmene deres også brytes ned og ødelegges. For de begår de samme tingene der som de gjør i synagogene. Av denne grunn burde de plasseres under ett tak eller i en stall, som sigøynere, for at de kan innse at de ikke er herrer i landet vårt, som de skryter av, men elendige fanger, mens de klager uavbrutt overfor Gud med bitter gråt.

For det tredje bør de bli fratatt bønnebøkene og talmudene der slik avgudsdyrkelse, løgn, forbannelse og blasfemi læres.

For det fjerde må rabbinerne deres bli forbudt under trussel om død fra å undervise.

For det femte bør pass og reiseprivilegier være absolutt forbudt for jødene. For de har ingen virksomhet i distriktene siden de ikke er adelige, heller ikke embetsmenr., heller ikke kjøpmenn eller lignende. La dem bli hjemme ... Hvis dere fyrster og adelsmenn ikke stenger veien lovlig for slike utbyttere, burde noen tropper ri mot dem, for de vil lære av denne løpeseddelen hva jødene er og hvordan de skal håndtere dem og at de ikke burde beskyttes. Dere burde ikke, dere kan ikke beskytte dem, med mindre dere i Guds øyne vil dele all deres styggedom ...

For å oppsummere, kjære fyrster og adelsmenn som har jøder i deres områder. Hvis dette rådet fra meg ikke passer dere, så finn en bedre slik at du og vi alle kan være fri fra denne uutholdelige djevelske byrden - jødene ...

La regjeringen håndtere dem i denne forbindelse, slik jeg har antydet. Men uansett om regjeringen handler eller ikke, la i det minste alle bli styrt av sin egen samvittighet og selv danne seg en definisjon eller et bilde av en jøde. Når du ser på eller tenker på en jøde, må du si til deg selv: Akk, den munnen som jeg ser der har hver lørdag forbannet og fordømt og baktalt min kjære Herre Jesus Kristus, som har forløst meg med sitt dyrebare blod; I tillegg har han bedt foran Gud om at jeg, min kone og barn, og alle kristne måtte bli knivstukket i hjel og forgå elendig. Og selv ville han gjerne gjort dette hvis han var i stand til det, for å tilegne seg varene våre ...

Et så desperat, grundig ondt, giftig og djevelsk parti er disse jødene, som i disse fjorten hundre årene har vært og fremdeles er vår pest, vår plage og vår ulykke. (Luther, Om jødene og deres løgner, Luthers verker; YashaNet)

Historisk sett vet vi at tyske nazi-tropper kjørte over halvdøde kropper av jøder og kjørte dem i hjel, mens den kristne befolkningen i Nazi-Europa ignorerte utryddelsen eller samarbeidet med den - siden faderen til nasjonen Tyskland og faderen til alle protestantiske og evangeliske kristne befalte *å ikke beskytte dem*. Ifølge Luther ville det å beskytte jøder mot elendighet, død eller ødeleggelse pådra seg Guds vrede. Det var protestantiske kristne sin plikt å *ikke* beskytte jødene. Det var noen få som risikerte livene sine, som Oskar Schindler fra Tysklan og Corrie Ten Boom fra Holland samt et antall andre som vi gir stor heder, men langt de fleste ble opplært av sin egen kirkefar til å la dem bli til rov og myrdet.

Hitler sa også at han fulgte Guds vilje som beskrevet ved den største reformatoren gjennom alle tider. Han satte seg fore å utrydde jødene og kalte dem, som Luther gjorde, for en pest, plage og ulykke. Skrevne medlemmer av protestantiske og katolske menigheter ble nå opplært av alle sine kirkefedre til å se på jødene som undermenneskelige skadedyr som måtte utryddes med alle tilgjengelige midler.

Intet identitetstyveri, intet Holocaust

Hvis identitetstyveriet ikke hadde skjedd, ville ikke nazistenes Holocaust hatt et ben å stå på! Hitler myrdet mennesker som var en tredjedel eller en fjerdedel jødiske. Hvis alle kristne fullt ut hadde visst at deres frelser var en jøde som døde for dem, ville de ikke ha samarbeidet med Hitler. I Tyskland ga både katolsk og protestantisk presteskap fellesskapets høyre hånd til Hitler da han kom til makten. Skrevne medlemmer i både lutherske og katolske kirker var blant nazistene, og til og med SS-offiserer. Kirker i Polen og Tyskland som holdt gudstjenester nær konsentrasjons- og dødsleire "sang bare litt høyere" for å drukne ropene fra jødene som ble transportert til sin død i krøtter-vogner på jernbanelinjene nær dem. Kirker i byer i nærheten av dødsleire, som i *Oswiecim* nær Auschwitz-Birkenau, kunne angivelig til og med lukte det brennende kjøttet av jøder som kom fra skorsteinene - fremdeles samarbeidet de enten med nazistene, eller gjorde ingenting for å stoppe massemordet.

Og likevel var det den jødiske Messias Selv som de brant i Jesu Kristi navn. Han ble også brent på pålen på inkvisisjonens bål, der mange jøder som ble tvunget til å omvende seg til katolisisme ble brent levende etter fryktelig tortur. De gjorde dette mot dem fordi de hadde beholdt bibelske jødiske tradisjoner som sabbaten eller Pesach (påske). De kristne ridderne brente også den jødiske Messias, Yeshua, i Jerusalem under korstogene. De brente hele den jødiske befolkningen i Jerusalem i 1099 e.Kr., med bannere høyt hevet mens de sang "Kristus, vi elsker deg."

Så lenge vi fortsetter å kalle Ham ved dette romerske navnet, og feirer de romerske hedenske høytidene jul og påske (Easter), finnes det ingen måte vi kan gjenvinne den jødiske identiteten til Messias på, og antisemittisme, inkludert anti-sionisme, vil spre seg voldsomt i kristne menigheter som vil pådra seg stor dom fra Israels Gud, som er veldig følsom overfor "Hans øyenstein."

> For så sier HERREN over hærskarene (YHVH-Tzva`ot), den herlige, etter at han sendte meg til folkeslagene som plyndret dere: Den som rører dere, rører ved min øyensten.
>
> — SAKARJA 2,12

Vi kan ikke behandle antisemittisme overfladisk; vi må gå til selve roten og eliminere den. Hvis de som tror på Messias er fri fra den romaniserte identiteten til Messias, bare da vil de ha kraften og autoriteten til å kjempe mot den og seire.

> **Et godt tre bærer god frukt, et dårlig tre bærer dårlig frukt. Et godt tre kan ikke gi dårlig frukt, og et dårlig tre kan ikke gi god frukt. Hvert tre som ikke bærer god frukt, blir hugget ned og kastet på ilden.**
>
> — MATTEUS 7,17-19

Selv om du er en kristen som elsker Israel, er det obligatorisk at du også er villig til å ta tilbake Hans fulle jødiske identitet, inkludert Hans paktnavn og Hans pakts sabbat og høytider. Det er ikke nok å elske Israel "romantisk"; det er ikke engang nok å kjempe for Israels skyld i media. Vi må elske Ham som en jøde, inkludert Hans navn, Hans Torah, Hans folk og Hans land. Dette vil forløse det jeg kaller "Den tredje dags vekkelse", og *Chabod*: Guds tunge herlighet gitt uten mål. Vi vil få tilbake den messianske apostoliske, profetiske kraften og autoriteten til de jødiske disiplene i det første århundre. Det vil gjenopprette alle ting slik det er lovet, for å forberede for Messias` tilbakekomst.

> **Angre derfor og vend om, så syndene deres blir strøket ut. Da skal det komme tider med lindring fra YHVH, og han skal sende den Messias som er bestemt for dere, Yeshua. Han må være i himmelen til tiden kommer da alt det blir gjenopprettet som Gud har talt om fra eldgamle dager ved sine hellige profeters munn.**
>
> — APOSTLENES GJERNINGER 3,19-21

Vi må takle og beseire det fem-hodede monsteret som har regjert i høyeste grad og nesten ubestridt, i stort sett alle kirkesamfunn og ikke-kirkesamfunn i det som vanligvis kalles *menigheten*. For å lykkes, må vi først fikse identiteten Hans i oss - deretter vil vi være Ett, og ingenting vil være umulig.

Jeg anbefaler deg å lese boken min, *MAP Revolusjonen:*

Å TAKLE DET FEM-HODEDE MONSTERET

De har seiret over ham ved Lammets blod og ved det ordet de
vitnet,og de hadde ikke livet så kjært at de ikke ville gå i døden.

— JOHANNES ÅPENEARING 12,11

Tyven utgav seg for å være Frelseren og Messias ved å erstatte kjernen
av hvem Han er:

- Den jødiske frelser
- Løven av Juda
- Torah inkarnert
- Jødenes Konge
- Guds Salvede

Denne etterligningen minner meg om historien, *Rødhette og ulven*.
Hun trodde ulven var bestemoren fordi ulven kledde seg i bestemors
nattkjole og den hadde bestemors briller. Men det var faktisk den Store
Stygge Ulven som hadde stjålet bestemors identitet. Det forårsaket
nesten den lille jentas død, hadde det ikke vært for jeger-frelseren som
reddet henne i siste øyeblikk! Det er en Stor Stygg Ulv som er utkledd
som en kristen gud, men den er mer som en drage. Den har utryddet

43

jøder i årtusener, og den har forårsaket åndelig død hos millioner av kristne siden det fjerde århundre, og til og med enda tidligere. Alle nasjoner vil bli dømt fordi denne "ulven i fåreklær" har lurt alle nasjoner, og det begynner med de kristne.

For YHVH er harm på alle folk, han er vred på hele deres hær. Han har slått dem med bann og gitt dem over til slakting. Det er hevnens dag for YHVH, gjengjeldelsens år i striden om Sion.

— JESAJA 34,2+8

For å vinne dette slaget om Messias` identitets-tyveri, må vi kjenne fienden vår. I motsetning til hva folk flest tror, er fienden ikke av kjøtt og blod, men en demonisk åndsfyrste som jeg kaller:

Anti-MESITOJUZ

Anti-MESITOJUZ består av:

- Anti-**Me**ssias - Den står imot Den Hellige Ånds salvelse
- Anti-**I**srael - Den hevder at menigheten erstatter Israel
- Anti-**To**rah - Den hevder at Torahen slik den ble gitt til Israel er foreldet (lovløshet)
- Anti-**J**ødisk (eller antisemittisme) —Den vil kvitte seg med alle slags jøder
- Anti-**S**ionist - Den motsetter seg det jødiske folks tilbakevending til landet Israel ogangriper staten Israels eksistens; denne ånden refererer til sionismen som "rasisme."

Beseire fienden med våre vitnesbyrd

I de neste kapitlene vil vi demontere dette femhodede monsteret i dets fem komponenter for å beseire det. Men før vi gjør dette, la meg introdusere for deg noen få vitnesbyrd fra kristne som allerede har beseiret monsteret, hovedsakelig etter å ha lest bøkene våre og studert i vår GRM (Global Revival MAP - Messiansk, apostolisk, profetisk) online bibelskole. Du vil se at de er fra hele verden og fra forskjellige kirkesamfunn og bakgrunner. Dette er bare noen få av vitnesbyrdene som er blitt sendt til oss, men det viser at demontering av IDENTITETS-TYVERIET og gjenoppretting av sannheten om den jødiske Messias har vekket en global bevegelse av Gud. Igjen kaller vi det, "Den tredje dags vekkelse."

Psykisk helbredelse

Jeg dro hjemmefra da jeg var 16 år gammel. Jeg var skuffet over Gud og foreldrene mine, og jeg tok en avgjørelse om å forlate dem og alt som var relatert til tro og religion. Jeg flyttet til Helsingfors og forsøkte alt jeg kunne for å finne en mening med livet mitt. Om sommeren reiste jeg rundt i Europa, og jeg fylte hodet med all slags narkotika og alkohol. Midt i alt dette følte jeg meg veldig ensom, og mange ganger mens jeg var full, forkynte jeg for vennene mine om Gud.

Jeg kunne aldri glemme hvordan Hans nærvær føltes. Da jeg var barn, pleide jeg å be i timevis i Den Hellige Ånd. Nå var livet mitt et rot av ødelagte forhold og avhengighet.

Som 26-åring befant jeg meg på den lukkede avdelingen på et psykiatrisk sykehus. Jeg hadde slitt med panikk-lidelse, angst og depresjon i flere måneder, helt til jeg kollapset fullstendig. Det ble etterfulgt av syv år av helvete. Jeg lette etter hjelp overalt: terapi, medisiner, sykehus, rådgivere og menigheter. Til slutt ga en venn meg en bok: *Røttenes helbredende kraft* av Apostel Dr. Dominiquae Bierman, og gjennom denne boken lærte jeg å kjenne Gud på en helt ny måte.

Jeg fikk vite at Jesus` virkelige navn er *Yeshua*, som betyr "frelse, utfrielse og helbredelse": Jeg lengtet etter disse tingene mer enn noe annet! Jeg visste at jeg snart kom til å dø hvis jeg ikke kunne finne ekte hjelp. Jeg ga livet mitt til Yeshua som en jødisk Messias, og Han helbredet meg! Jeg begynte å holde Guds bud og ble fylt av Den Hellige Ånd. Det renset sinnet mitt, og satte meg fri fra avhengighet, negative tanker og ønsket om å dø. Jeg tok GRM Bibelskole, og den ga et nytt grunnlag for livet mitt.

—Hadassah Danielsbacka, Finland / USA

Ekte seier

Mitt engasjement i GRM Bibelskole var et monumentalt vendepunkt i livet mitt. Etter mange års vandring i kristendommen, spurte jeg hvorfor jeg ikke så mer seier i livet til de rundt meg. Jeg leste i Bibelen om hva som var mulig gjennom troen, men så lite av det.

Så ble øynene mine åpnet gjennom bøkene og GRM Bibelskoles undervisning av Apostel Dr. Dominiquae Bierman. Da jeg fortsatte videre til uteksamineringen (graduation), forsto jeg at min frihet fra erstatningsteologi var nødvendig for at jeg skulle kunne glede meg over det rene fellesskapet med min Skaper, min Far. Dette er veien til seier!

Jeg takker Yahveh for at Han tillot meg å bli koblet sammen med dette tjeneste-redskapet som virkelig setter fangene fri ved sannheten! Vi deler denne samme friheten over hele verden gjennom vårt tjenesteteam - men det ville ikke være mulig uten lederskapet ved dette dedikerte paret som helt ubetinget elsker oss kristne.

—Pastor Debra Barnes, Alabama, USA

Åndelig vekst

Apostel Dr. Dominiquae Bierman har spilt en avgjørende rolle i min åndelige vekst. Hennes lære er ekstraordinær, og hennes iherdighet når hun avslører erstatningsteologi er en av de sjeldneste velsignelsene til Messias legeme.

Hun har personlig hjulpet meg i tider av behov, og viser stor medfølelse og gir av sin tid. GRM Bibelskole er av høyeste utdanningskvalitet.

Bierman er en ressurs for Messias legeme, som vil berøre kommende generasjoner.

—Pastor Esther, New York, USA

Gjenopprettet identitet

Jeg fant *min* identitet i Yeshua. I Ham har jeg indre shalom (fred), og jeg behøver ikke verden for å finne min sanne identitet.

Jeg er en tilbeder. Hvis angst eller depresjon prøver å ta over, legger jeg fingrene på pianotangentene og priser Ham for å komme inn i Hans nærvær. Da forsvinner all angst.

Hensikten med livet mitt har blitt klart når jeg har forstått hvem Israels Hellige er. Jeg har også opplevd en ny dybde og kraft i tilbedelsen når jeg velsigner Israel. Jeg får alltid en velsignelse tilbake!

—David Tuominen, Finland

Fri fra lunkenhet og umoral

Budskap og undervisning fra Apostel Dominiquae har satt meg fri fra en lunken kristen tro, utroskap, utukt og opprør som kommer fra religiøse, anti-israelske systemer som er forgiftet av erstatningsteologi.

Min reise de siste syv årene, som er blitt ledet av visjonen og oppdraget til den jødiske Apostelen Dominiquae Bierman, har bokstavelig talt vært liv fra de døde (Romerne 11,15).

—Eicha Lohmus, Estland

Helbredelse gjennom lydighet

Jeg har blitt sterkere i HERREN ved å studere Guds ord gjennom bøkene til Apostel Dr. Dominiquae Bierman. Jeg har lest *Røttenes helbredende kraft*, *The Key of Abraham (Abrahams nøkkel)* og *Grafted In (podet inn)*, som ble gitt til meg av en venn da jeg begynte å lære om sannheten. Jeg har fått mye utbytte av Guds veiledning gjennom disse bøkene. Jeg er ny-omvendt - jeg var opprinnelig romersk-katolsk, men nå har jeg tilbedt på sabbaten og har fått vite sannheten siden i fjor, den 18. november 2018.

Fantastiske mirakler har skjedd og øyeblikkelige mirakelbønner er blitt besvart. Jeg har glede i HERREN og ble øyeblikkelig helbredet fra osteomyelitt i hodeskallen i november i fjor, da jeg sa "ja" til sabbaten og begynte å gå igjennom prosessen av omvendelse, tilgivelse og total overgivelse til HERREN.

Jeg er en anestesi-sykepleier eller en anestesi-forsker ved Arawa District Hospital i Bougainville, Papua Ny-Guinea. Jeg er interessert i å søke Gud og forkynne Guds Ord. Jeg har vært vitne til og har skapt en kraftig voksende atmosfære når jeg utbrer Guds ord. Folk vil ha flere av bøkene til Apostel Dominiquae. Sammen kan vi spre Guds ord med åndelig ild. Jeg er veldig takknemlig for Apostel Dr. Dominiquae Bierman.

—Alex Kehono, Papua Ny-Guinea

Fra mørke til lys

I juni 2010, da jeg bare var seks måneder gammel i Jesus, på et barnehjem i India, leste jeg boken *Yeshua er navnet* skrevet av en jøde ved navn Dominiquae Bierman. Det var mitt første møte med en jøde, det jødiske navnet Yeshua, og med Dominiquae Bierman, som jeg knapt visste hvordan jeg skulle uttale. Skamfullt og beklagelig, sier jeg deg nå; jeg ante ikke at det eksisterte slike mennesker som jødene.

Jeg kommer fra et land som fullstendig har lukket døren for Israel og jødene. Jeg levde i uvitenhet i 42 år av mitt liv, selv om jeg bodde i utlandet i USA i fem år og India i ni år. Mitt hjemland er et komplett eksempel på Konstantins dekret, "Vi burde derfor ikke ha noe til felles med jøden."

HaleluYah! Jeg takker ADONAI, for Han er god. Hans nåde varer for evig (Salme 106,1). Selv om jeg var blind i 42 år, er jeg takknemlig i dag og for evig for denne jødiske kvinnen, Apostel Dr. Dominiquae Bierman, og for boken *Yeshua er navnet* som hun skrev. Jeg er også veldig takknemlig for den personen som lånte ut boka til meg for at jeg kunne lese den i to dager i 2010.

I dag har jeg lest alle de 19 bøkene som er skrevet av Apostel Dominiquae, inkludert *Kvinne Faktoren* skrevet ved henne av hennes ektemann, Rabbi Baruch Bierman. Min familie og jeg er evig takknemlig for denne jødiske kvinnen og mannen hennes, for at de har lagt sine liv på YHVHs alter, og måtte hun fortsette å bringe mange nasjoner inn som sauer nasjoner!

-Ps. Dawid Yosef Lee, Asia

Sannheten gjør meg fri!

Gud har koblet meg sammen med Kad-Esh MAP Ministries siden 2011, og jeg er nå norsk delegat for *De Forente Nasjoner for Israel*. I flere år har jeg vært nært knyttet til tjenesten, og jeg er stolt av deres helhjertede arbeid for Guds rike, noe de utfører med integritet. De taler alltid sannheten i kjærlighet, også direkte inn i menneskers liv, fordi kun sannheten gjør mennesker frie. Jeg er så lykkelig over å ha funnet en «åndelig familie» som tror på troens jødiske røtter. Denne enheten og kjærligheten som vi får erfare i Kad-Esh MAP Ministries, hvor jøde og hedning er sammen, podet inn på det israelske oliventreet, har den enheten som er beskrevet i Johannes 17:17, 20-21. Dette er noe jeg aldri har opplevd noe annet sted enn med disse brødrene og søstrene som har tatt imot sannheten i Evangeliet fra Sion, og som er villige til å betale en høy pris for denne sannheten, om nødvendig.

—Pastor Hanne G. Hansen, Norge

Dramatisk økning av salvelse

Jeg har mottatt et stort åndelig gjennombrudd gjennom GRM Bibelskole som har forandret mitt liv og min tjeneste. Det rene, opprinnelige evangeliet fra Sion førte meg inn i det Lovede Landet. Erstatningsteologiens stygge hud og struktur forlot meg, og i dag er jeg et renset kar fylt av ild. Min salvelse og autoritet har vokst voldsomt. Jeg er evig takknemlig til Apostel Dr. Dominiquae for hennes åndelige skarphet! Hun irettesatte meg til mitt eget beste og avslørte min blinde flekk, noe som reddet livet mitt og førte meg inn i ekte ydmykhet. Jeg kaller dette ekte kjærlighet!

—Apostel & profet Sana Enroos, Sverige

Erfarte mirakler

Jeg studerte Apostel Dominiquaes GRM Bibelskole og ble uteksaminert under Sukkot 5780. Jeg har opplevd tegn, under, mirakler og helbredelse som aldri før. Sannheten har satt meg fri.

"Dere skal kjenne sannheten, og sannheten skal sette dere fri" (Joh. 8,32). "Jeg er den gode hyrde; jeg kjenner mine, og mine kjenner meg." (Joh. 10,14). I tillegg hjalp Apostel Dominiquae meg til å forstå troens jødiske røtter, og nå er jeg podet inn på Israels oliventre og har blitt en pakts-datter av Abraham.

—D'vora Cheung, Hong Kong

Et ødelagt hjerte helbredet

I 2017 deltok jeg på Apostel Dominiquaes Israel Sukkot Tour, og livet mitt ble forandret. Sannheten sto foran meg. Det var så tydelig at erstatningsteologien hadde blitt avslørt. Det var utrolig at Konstantin har bedratt verden i over 1.600 år.

Jeg ser ofte Apostel Dominiquae forkynne, tjene og be full av salvelse, entusiasme og tjeneste til det maksimale av hva en ekte Guds tjener kan gjøre. Hvem kan lede en slik tjeneste i over tretti år? Noen ganger avvist og forrådt, men hun er fremdeles villig til å adlyde Gud og "gi slipp" på sine egne barn for å tjene nasjonene.

Jeg vil ikke glemme Apostel Dominiquaes hjerte for kineserne da hun ba helhjertet i dyp tilbedelse i HERREN under Hong Kong Passover Special Conference i 2018, da hun salvet alle som var til stede. Flasken med salveolje var gått tom, men Yah (Gud) utførte et overnaturlig mirakel som lot salveoljen i flasken multiplisere seg. ADONAI sendte Apostel Dominiquae som Eliyahu (Elia) blant oss for å vende fedrenes hjerter til barna og barnas hjerter til fedrene (Malaki 4:,6); og det helbredet den som hadde et knust hjerte. Hun hjalp meg med å finne lys i livet mitt.

—Serena Yang, Taiwan

De jødiske røttene setter fangene fri

I 2014 og 2015 dannet vi et team for å besøke kvinne-fengselet i Lima, Peru. Vi underviste de innsatte om det sanne evangeliet som kom fra Sion til nasjonene - det samme budskapet som ble forkynt av de jødiske apostlene, de opprinnelige etterfølgerne av Yeshua. Vi baserte undervisningen vår på GRM Bibelskole og de salvede bøkene til Apostel Dr. Dominiquae Bierman. Vi lærte dem om *teshuva* (hebraisk ord for "omvendelse") for å ha brutt Yahwehs bud, og om sabbaten som er en dag som er adskilt og velsignet av Ham.

En fange oppdaget sine hebraiske røtter; hun begynte å adlyde budene og holde sabbaten. Fengselet ga henne tillatelse til å bruke et stort hageområde for å holde sabbaten, og mange andre fanger ble med henne. De ba om hjelp med deres behov, og om hjelp til å slutte å gjøre umoral i cellene sine.

Over tid kunne vi se hvordan kvinnene endret oppførsel og holdning ovenfor autoriteter, og hvordan de fant favør i sine rettslige forhandlinger. Mange fikk tidlig løslatelse for sin gode oppførsel!

—Pastor Sonia Gotelli Gonzalez, Peru

Fra tomhet til fylde

Jeg har trodd på Jesus siden barndommen. En dag da jeg hørte på en preken i menigheten, følte jeg en stor tomhet og tenkte at dette kan ikke være alt. Jeg lette etter noe mer, men visste ikke hva. Jeg dro til forskjellige menigheter, men jeg følte meg usikker og som en foreldreløs. Jeg var på jakt etter Ordets sannhet blant all den åndelige blandingen.

Til slutt fant jeg GRM Bibelskole. Jeg forsto hvor langt erstatningsteologien førte oss fra de jødiske røttene for troen og det opprinnelige evangeliet. Jeg lærte at det opprinnelige navnet til Jesus er Yeshua, og jeg møtte Ham som en jødisk Messias. Jeg ble kjent med røttene for min tro. Tomheten var borte, og jeg var ikke foreldreløs lenger - jeg hadde funnet veien hjem igjen!

—Pastor Terhi Laine, Finland

Fra lovløshet til lydighet

Selv om jeg hadde vært i en utmerket tros-grunnlagt menighet i mange år, satt mitt åndelige liv fast. Jeg strevde og ble sliten. Jeg skylder livet mitt til denne jødiske kvinnen: All undervisningen jeg har fått fra henne gjennom GRM Bibelskole, bøker, turer til Israel osv. har renset meg fra all Torah-løshet (Lovløshet) og ført meg til lydighet. Jeg har funnet de hebraiske røttene for troen - veien til ekte glede, frimodighet, hellighet og etterlevelse.

Vi er takknemlige for Yeshua og hans brødre, Biermans!

Takk apostel Dominiquae. Jeg elsker, setter pris på og ærer deg som mor. Du er en pakts-kvinne, og jeg er en finsk kvinne som har forpliktet meg til å stå sammen med deg slik Rut moabitten var forpliktet ovenfor sin jødiske svigermor.

—Sinikka Bäcklund, Finland

Omvendelse og forsoning

Jeg ble en troende for over 40 år siden, i 1978. Jeg var en "god kristen" mens jeg ofte leste Det nye testamente, men mine nærmeste relasjoner var vanskelige. Jeg forsto ingenting om betydningen av Israel, og mange avsnitt i Det gamle testamente, som likevel var fascinerende, forvirret meg - jeg kunne ikke forstå hvorfor. Det var så mange løfter, men for hvem?

Den Hellige Ånd ledet meg til å studere GRM Bibelskole i 2014. Det første nivået handlet om Israel, og snart forsto jeg hvordan jeg hadde foraktet Guds eget land og folk, Hans øyensten. Så dro jeg til *Bibelskole på hjul* Sukkot Tur i Israel, og der gråt jeg og omvendte meg fra mine holdninger mot nasjonenes mor, Israel.

Senere ba jeg også om tilgivelse fra foreldrene mine for å ha vanæret dem med min holdning til dem. Som et resultat av dette begynte også barna mine å respektere meg og mannen min, deres foreldre. Det gjenopprettet mine nærmeste relasjoner. HalleluYah, Yeshua er mektig!

—Erja Lastunen, Finland

En ny lov i livet

Jeg har vært en "vanlig troende" siden jeg var ti år gammel. I de senere år spurte jeg ofte Faderen: "Når skal livet mitt virkelig begynne?"

Pris til Israels Hellige, som allerede for lenge siden forberedte meg på å motta evangeliet fra Sion ved å be meg om å erklære høyt daglig: "Jeg vandrer i sannheten, og intet bedrag har makt over meg."

Da jeg mottok Apostel Dr. Dominiquae Biermans bok *Røttenes helbredende kraft*, minnet Den Hellige Ånd meg om den erklæringen. Mens jeg leste boka, føltes det som om alt den inneholdt ble utøst inn i hjertet mitt. Jeg leste, gråt og omvendte meg. Som sannheten velsigner og frigjør!

Da visste jeg at min frelser var den jødiske Messias Yeshua. Sammen med Ham inn i livet mitt kom sabbaten, de bibelske høytidene, Faderens bud og kostholds-lovene, etter hvert som Den Hellige Ånd skrev dem i mitt hjerte og sinn. GRM Bibelskole styrket vandringen min og ga meg et stabilt fundament.

—Anneli Seppälä, Finland

> **Og jeg hørte en høy røst i himmelen som sa: «Nå er seieren og makten og riket fra vår Gud kommet, nå har hans Salvede herredømmet. For anklageren er styrtet, han som dag og natt anklaget våre søsken for vår Guds ansikt. De har seiret over ham ved Lammets blod og ved det ordet de vitnet, og de hadde ikke livet så kjært at de ikke ville gå i døden.**
>
> **— JOHANNES ÅPENBARING 12,10-11**

For videre lesing anbefaler jeg at du leser boken min *Eradicating the Cancer of Religion.*

* www.kad-esh.org/shop/eradicating-the-cancer-of-religigion

TAPET AV SALVELSEN

Hode nummer 1: Anti-Messias

Men dere skal få kraft når Den hellige ånd (Ruach HaKodesh*)
kommer over dere, og dere skal være mine vitner i Jerusalem og
hele Judea, i Samaria og helt til jordens ende.»

— APOSTLENES GJERNINGER 1, 8

D a menigheten i det fjerde århundre avviste jødene og alt det
jødiske, avviste den også den jødiske Messias, den Salvede
med Sin salvelse. Den Hellige Ånd trakk seg tilbake fra den frafalne
menigheten som sakte men sikkert kom inn i den mørke middelalderen.
Anti-Messias eller anti-*Mashiach* betyr "å erstatte den Salvede og
salvelsen med forfalskninger."

Betydningen av en faktisk identitet

Ved å ha all informasjon, ID-nummer og detaljer, kan tyven komme
seg inn i kontoen til offeret sitt og stjele alle pengene og varene hans.

* *Ruach HaKodesh* er det hebraiske ordet for Den Hellige Ånd

Det første som ble stjålet ved å erstatte en jødisk Messias, Yeshua, med en romersk Kristus, Jesus, var salvelsen og den apostoliske autoriteten.

Salvelsen, eller på hebraisk, *meshicha* (som betyr "Den Hellige Ånds kraft") trakk seg tilbake. Profetier, tegn og under opphørte da Konstantin skilte menigheten fra jødene og fra alle dens jødiske røtter. Siden Messias er jødisk, trakk Han seg tilbake fra den frafalne kirken. Messias eller *Mashiach* betyr "den Salvede", og det betyr "gitt kraft ved Den Hellige Ånds olje til å herske." Da Han var i Israel, sa Han "Mitt rike er ikke av denne verden"

(Johannes 18,36), og "hvis Jeg driver ut demoner med Guds finger, så har Guds rike kommet til dere" (Lukas 11,20). Gud salvet Ham til å herske over de demoniske kreftene og åndsfyrstene, å helbrede de syke og å kaste ut demoner. Han oppfylte Jesaja 61, 1, «ADONAI ELOHIMS Ruach (Ånd) er over meg, for ADONAI har salvet meg. Han har sendt meg for å forkynne et godt budskap for hjelpeløse, for å forbinde dem som har et knust hjerte, rope ut frihet for dem som er i fangenskap, og frigjøring for dem som er bundet.»

Han overførte den samme salvelsen til Sine jødiske disipler:

Han kalte til seg de tolv disiplene sine og ga dem makt til å drive ut urene ånder og helbrede all sykdom og plage.

— **MATTEUS 10,1**

Men det stoppet ikke med de tolv:

Siden utpekte HERREN syttito andre og sendte dem ut foran seg, to og to, til hver by og hvert sted som han selv skulle besøke.Og han sa til dem: «Høsten er stor, men arbeiderne få. Be derfor høstens herre sende ut arbeidere for å høste inn

grøden hans. De syttito kom glade tilbake og sa: «Herre, til og med de onde åndene er lydige når vi nevner ditt navn!»

— Lukas 10,1–2, 17

Han hadde ikke til hensikt at vi skulle samle inn sjelenes innhøsting uten den Hellige Ånds salvelse og kraft til å helbrede syke og til å kaste ut demoner.

Det følgende er de siste ordene fra Mesteren før Han ble tatt opp. Dette er Hans vilje og vitnesbyrd for alle troende, både jøder og hedninger!

Men dere skal få kraft idet Den Hellige Ånd (Ruach HaKodesh) kommer over dere, og dere skal være mine vitner i Jerusalem og hele Judea, i Samaria og helt til jordens ende.» Da han hadde sagt dette, ble han løftet opp mens de så på, og en sky tok ham bort foran øynene deres.

— Apostlenes Gjerninger 1,8-9

Etter at Han sto opp fra de døde, instruerte han disiplene Sine om ikke å gjøre noe før de ble fylt av kraft ved Den Hellige Ånd. Ingen gode religiøse gjerninger holder, men bare de som blir utført ved salvelsen og kraften fra Den Hellige Ånd.

Da pinsedagen (Shavuot) kom, var de alle samlet på ett sted. Plutselig lød det fra himmelen som når en kraftig vind blåser, og lyden fylte hele huset hvor de satt. Tunger som av ild viste seg for dem, delte seg og satte seg på hver enkelt av dem.Da ble de alle fylt av Den hellige ånd (Ruach HaKodesh), og de

begynte å tale på andre språk etter som Ånden (Ruach) ga dem å forkynne.

— APOSTLENES GJERNINGER 2,1-4

Den Hellige Ånd falt på de jødiske disiplene, omtrent ett hundre og tjue av dem, i et øvre rom i tempelområdet, hvor de ba og søkte Gud. De var alle samlet i enhet, og feiret den bibelske festen *Shavuot* (pinse). De var alle på den "samme siden" læremessig, og de hadde ett formål: å få kraften fra Faderen gjennom Ånden til å bli vitner om den Salvede, fra Jerusalem til Judea, til Samaria og til jordens ender. Det følgende var merkene som fulgte alle de jødiske troende som fulgte en jødisk Messias:

> Og han sa til dem: «Gå ut i hele verden og forkynn evangeliet for alt som Gud har skapt! Den som tror og blir døpt, skal bli frelst. Men den som ikke tror, skal bli fordømt. Og disse tegnene skal følge dem som tror: I mitt navn skal de drive ut onde ånder, de skal tale nye tungemål, og de skal ta slanger i hendene. Om de drikker dødelig gift, skal det ikke skade dem, og når de legger hendene på syke, skal de bli friske.» Etter at HERREN Yeshua hadde talt med dem, ble han tatt opp til himmelen og satte seg ved Guds høyre hånd. Men de gikk ut og forkynte overalt, og HERREN virket med og stadfestet Ordet gjennom de tegn som fulgte.

— MARKUS 16,15-20

Dette skulle ikke stoppe før tidsalderens ende.

Gå derfor ut og gjør alle folkeslag til Mine disipler: Dykk dem ned i mitt navn˙ og lær dem å holde alt det jeg har befalt dere. Og se, jeg er med dere alle dager inntil verdens ende.»

— MATTEUS 28,19-20

Disiplene Hans behøvde å bære salvelsens merker og Hans kraft non-stopp, og overalt hvor de gikk, i enhver generasjon.

Erstatningsteologi, gjennom Messias` identitets-tyveri, stjal evangeliets jødiskhet og den kraftige salvelsen som går med Hans sanne identitet som den salvede jødenes Konge. Vi alle, både jøder og hedninger, podet inn i oliventreet (Rom 11, 11-24) er kalt til å være messianske, salvede troende for å vise Hans rike i hellighet og kraft.

Han ga dem autoritet til å gjøre disipler av hele nasjoner, til å helbrede de syke, å drive ut demoner og å lære dem å holde alt det Han hadde lært dem. Han lærte disiplene sine Torah hele tiden. Han forklarte alt som hadde blitt lastet ned gjennom Moses og gjorde det herlig, inkludert alle sosiale og moralske lover (rettferdighetslover for folket). Han brakte fylden av profetisk forståelse til hver eneste av Israels høytider, og Han feiret dem alle. Han holdt sabbaten i Den Hellige Ånds frihet til å gjøre godt, å helbrede og å sette i frihet. Han konfronterte de religiøse lederne på Sin tid. Han veltet bordene til de grådige pengevekslerne, og mer.

Dette var den jødiske Messias som åpenbarte Seg for Sitt jødiske folk. Og Han ba dem om å gjøre det samme, og å lære andre å gjøre det samme inntil tidens ende.

---

* I henhold til den originale hebraiske tekster i Matteus, står det «neddykkelse i Mitt navn», referert til Yeshua.

Det 21. århundre, som det første århundre!

Så før Han dro for å oppfylle Sitt kall om å gi Sitt liv på våre vegne, ba Han ut Sin vilje til Faderen i Johannes 17. Han sa at andre vil komme til tro på grunn av deres budskap, budskapet de jødiske disiplene skal bringe. Han ba om at de "andre" som kommer, skal være ett med de troende jødene, slik at verden kan tro at Faderen hadde sendt Ham.

> **Jeg ber ikke bare for dem (jødiske troende), men også for dem som gjennom deres ord kommer til tro på meg (andre jøder og mange hedninger). Må de alle være ett, slik du, Far, er i meg og jeg i deg. Slik skal også de være i oss, for at verden skal tro at du har sendt meg. Den herligheten du har gitt meg, har jeg gitt dem, for at de skal være ett, slik vi er ett: jeg i dem og du i meg, så de helt og fullt kan være ett. Da skal verden skjønne at du har sendt meg, og at du elsker dem slik du har elsket meg.**
>
> **— JOHANNES 17, 20–23**

Den eneste forutsetningen for at verden skal tro, er at jøder og hedninger i Messias, den Salvede, skal bli *echad*, som er det hebraiske ordet for «ett». Dette ble umulig da Konstantin, støttet av alle hedninge-biskopene i det fjerde århundre, signerte skilsmisse-papiret kalt Kirkerådet i Nikea, som befalte alle kristne å "skille seg fra det avskyelige selskap av jødene, for Frelseren har vist oss en annen vei" (Percival). Den "frelseren" som Konstantin nevnte, var en bedrager, og han hadde stjålet identiteten og tilrevet seg kallet til den jødiske Messias. Den «andre veien» som bedrageren «frelser» viste, er intet mindre enn et annet evangelium eller frafall.

Men om vi selv, ja, om en engel fra himmelen skulle forkynne dere et annet evangelium enn det vi forkynte dere, forbannet være han!

— GALATERNE 1, 8

Yeshua, den jødiske Messias, fikk ikke lov til å komme inn i menigheten lengre. De som ønsket å følge Ham, måtte gå utenfor leiren av «hovedstrøm-menigheten» og gjemme seg, ofte under jorden. Ettersom antisemittisme og hat mot jødene og alt jødisk var utfallet, var det ikke trygt å være jøde i menigheten lenger. Den dyrebare Hellige Ånd trakk seg tilbake fra dette bedratte religiøse systemet av kristendom. Tegn, under og mirakler opphørte. Menigheten drev sakte, men sikkert inn i den mørke middelalderen. Så kom korstogene, inkvisisjonene, pogromene og nazi Holocaust. Alt sammen i kristendommens navn, i navnet til Jesus Kristus, og de etterlot seg et spor av jødisk blod som roper fra jorden.

Da sa ELOHIM: «Hva har du gjort? Din brors blod roper til meg fra jorden.»

— 1.MOSEBOK 4,10

Verdens Lys, Løven av Juda og Hans salvelse var blitt forkastet, og mørket hersket i mange generasjoner. Dypt mørke dekket jorden gjennom kristendommen. Menigheten i det 21. århundre er fortsatt i ferd med å komme seg etter dette dype mørket, ettersom mennesker i mange kristne kretser fortsatt er skilt fra jødiskheten til Messias og salvelsen og kraften av Hans Hellige Ånd. Det hersker fortsatt splittelse i menigheten, og kampen mellom de som tror på dåpen i Den Hellige

Ånd og de som fremdeles ikke tror på den, eksisterer fortsatt. Faktisk er det veldig få som selv i det 21. århundre vet at Den Hellige Ånds kraft smertelig mangler i våre gudstjenester, uansett hvor profesjonelle de fremstår.

Dette er det første resultatet av å kaste ut jødene, kutte de jødiske røttene og dermed eliminere den jødiske Messias fra menighetene våre - Den Hellige Ånd og salvelsen forsvinner.

Du kan ikke skille den jødiske Messias fra Hans salvelse. På den annen side har troende i mange messianske kretser falt i fellen av selv-rettferdighet og religiøsitet. Uten å vite det, har de omfavnet erstatnings-teologi ved å erstatte Den Hellige Ånd med liturgier og tradisjoner. Fra begynnelsen av vår livsreise sammen, lovet mannen min og jeg (vi er begge jøder) foran den Allmektige at alt det som er salvet, det vil vi gjøre, og det som ikke er salvet, vil vi unngå. Uten Hans Hellige Ånd, salvelse og nærvær er vi ingen ting. Alle våre religiøse handlinger er som urene filler foran Ham.

«Alle ble vi som urene, all vår rettferdighet er som urent tøy.˙ Vi visnet alle som løv, vår skyld tar oss bort som en vind.» (Jesaja 64,5) Religiøse tradisjoner og gode gjerninger uten ekte hellighet og rettferdighet er ekkelt for Ham.

Når vi gjenoppretter Messias' sanne identitet, begynner det med at Han er Messias, den Salvede, og at vi blir salvet ved Hans Hellige Ånd og ild.

I det 21. århundre, akkurat som i det fjerde århundre, har religion og profesjonalitet erstattet Guds kraft. De fleste ganger har tjenesten blitt en virksomhet, en karriere som skal forfølges for penger eller berømmelse (eller til og med for å gjøre noe godt), men ikke på grunn av et guddommelig kall, åndelige gaver og den Hellige Ånds kraft.

* Henviser til tøy forurenset med menstruasjons-blod

Shofar-lyden til omvendelse har lydt siden Israel ble en stat i 1948, og erklærte at det er på tide å bli kjent på nytt med Yeshua som en jødisk Messias. Det er også på tide å bli kjent med Faderens hjerte for Israel, og samarbeide med Ham for hennes gjenopprettelse.

Kallet lyder også til å gi godtgjøring til det jødiske folket for alle synder begått mot dem i kristendommens navn. Men dette kan bare skje fullt ut når vi gjenvinner identiteten til den jødiske Messias. Hvis ikke, vil salvelsen forlate oss, og det vil være *ichabod* som på hebraisk betyr, "herligheten forsvinner." Dette skjedde i det gamle Israel da prestene syndet, og de elsket offeret, men ikke folket. De hadde forlatt Toraen og tilba en egen gud.

> **Hun kalte gutten Ikabod og sa: «Herligheten er veket fra Israel!» For Guds paktkiste var tatt, og hennes svigerfar og hennes mann var døde.**
>
> **— 1. SAMUEL 4,21**

Ønsker du å være populær blant Gud eller mennesker?

I dag er mange forkynnere redde for at de skal miste tiendene, gavene og populariteten hvis de begynner å forkynne om Messias jødiskhet. De som allerede er opplyst, minimerer det noen ganger for å passe inn og ikke lage for mange "bølger." Men hvis vi skal ha kraften og autoriteten som disiplene hadde for 2000 år siden, må vi komme tilbake til det samme evangeliet som kommer fra Sion, og til den samme jødiske Messias, Yeshua, og vi må omfavne Hans livsstil av hellighet og rettferdighet. Den Hellige Ånd styrket og salvet disse disiplene, akkurat slik den gjorde med deres jødiske Mester. Ingenting kan erstatte salvelsen - ingen penger, religiøse tradisjoner eller profesjonalitet kan sammenlignes med en dråpe av Hans kraft og et øyeblikk i Hans nærvær.

La oss huske at Den Hellige Ånd forsvant etter menighetens skilsmisse fra jødiskheten til Messias og fra de jødiske troende på den tiden. Hver eneste bevegelse av Ånden siden den gang har gjenopprettet det som IDENTITETS-TYVERIET og erstatnings-teologien stjal.

Kampen står ikke mellom kristenhetens forskjellige kirkesamfunn: Kampen står mellom hver enkelt troende og anti-MESITOJUZ åndsfyrsten.

For vår kamp er ikke mot kjøtt og blod, men mot makter og åndskrefter, mot verdens herskere i dette mørket, mot ondskapens åndehær i himmelrommet.

— EFESERNE 6,12

Kampen er ikke mot dine brødre og søstre: den er mot Satan selv, som søker å holde menigheten splittet og svak. Anti-messias eller anti-salvelse hodet til dette fem-hodede monsteret må kuttes av fra menigheten, og den eneste måten å gjøre det på er gjennom omvendelse. Ordet for omvendelse på hebraisk er *teshuva*, som betyr "å vende tilbake for å bli gjenopprettet." Denne reisen av tilbakevending kan begynne med en enkel bønn.

En bønn om gjenopprettelse

Fader Gud i Himmelen, tilgi meg for å ha forkastet Messias jødiskhet, og Den Hellige Ånds salvelse og kraft. Jeg åpner mitt hjerte for Deg, Yeshua, som min jødiske Messias og Frelser. Jeg ber Deg om å fylle meg med Din Hellige Ånd og ild, akkurat slik Du fylte disiplene før Messias identitets-tyveri. Takk for at du gjenoppretter meg til det opprinnelige evangeliet fra Sion, i Yeshuas navn. Amen!

SALVELSENS TILBAKEKOMST

Ingen kan legge noen annen grunnvoll enn den som alt er lagt,
Yeshua Messias.

— 1.KORINTERBREV 3,11

———————

Messias er Israels Konge. Alle Israels konger måtte bli salvet med olje av Guds profet for å herske. Da ville Den Hellige Ånds kraft falle på kongen og han ville bli "et annet menneske."

> Samuel tok en oljekrukke og helte oljen over Sauls hode. Han kysset ham og sa: «Nå har YHVH salvet deg til fyrste over sin eiendom. Så kommer du til Guds Gibea, der filisterne har vaktpostene sine. Når du kommer til byen, treffer du på en flokk profeter som kommer ned fra offerhaugen. Foran dem går det noen som slår på tromme og spiller på harpe, fløyte og lyre, og selv er de grepet av profetisk henrykkelse. Da kommer YHVHs ånd (Ruach) over deg så du kommer i profetisk henrykkelse sammen med dem og blir et annet menneske.
>
> — 1.SAMUEL 10,1+5-6

Saul ble full av kraft og guddommelig autoritet til å herske.

Ingen politisk konge-skole kunne styrke Israels salvede konger eller lære dem å styre ved egen kraft. De måtte være overnaturlig utrustet ved YHVH, Israels Gud. Da ville kongen bli kalt Mashiach ADONAI eller "Messias, den som er salvet av YHVH."

Herre, min Gud (YHVH ELOHIM), vis ikke fra deg dem du har salvet *(Mashiach* eller Messias), men husk din troskap mot David, din tjener!

— 2.KRØNIKEBOK 6,42

Guds Ånd salvet Yeshua til konge etter Hans *mikveh* (dåp) i Jordan-elven ved Yochanan, som er Johannes. «Og se, himmelen åpnet seg, og han så Guds Ånd komme ned over seg som en due. Og det lød en røst fra himmelen: «Dette er min Sønn, den elskede, i ham har jeg min glede.» (Mat. 3, 16-17).

Den Hellige Ånd velsignet alltid kongen, Mashiach ADONAI. Dette skjedde med Yeshua; Hans utvelgelse ble tydelig på grunn av salvelsen av Den Hellige Ånd.

Yeshua fra Nasaret ble salvet av Gud med Ruach HaKodesh (Hellig Ånd) og kraft, og han gikk omkring overalt og gjorde vel og helbredet alle som var underkuet av djevelen, for Gud var med ham.

— APOSTLENES GJERNINGER 10,38

Å være *messiansk* betyr å *være salvet* når vi blir *ett* med jødenes Salvede Konge og med Hans salvelse til å herske og å avsette demoniske åndsfyrster.

Men de gikk ut og forkynte overalt, og HERREN virket med og stadfestet Ordet gjennom de tegn som fulgte.

— MARKUS 16,20

Er vi egentlig messianske eller kristne?

Den opphøyde tittelen messiansk bæres av mange som har avvist Den Hellige Ånds salvelse ved å dømme og forkaste dem som bærer salvelsen. Skeptisisme, dømmende holdninger, selvrettferdighet og helt enkelt vantro frarøver noen messianske kretser den mektige salvelsen av Den Hellige Ånd. Det er identitets-tyveri - ettersom anti-messias' åndsfyrsten fortsatt hersker, både i noen messianske menigheter og i mange kristne menigheter.

Ingen er en ekte "messiansk" med mindre vi omfavner, elsker og viser salvelsen. Å være messiansk i dag betyr i mange kretser å være en del av et annet religiøst kirkesamfunn som har noen jødiske liturgier og hebraisk terminologi. Mange som kalles messianske er fremdeles dypt forankret i erstatningsteologien, ettersom de har erstattet Den Hellige Ånds kraft og ild med menneskers tradisjoner.

De har omfavnet bare en del av den jødiske Messias, nemlig at Han er jødisk og at sabbaten, bibelske høytider og Toraen ikke er tatt bort, slik som Yeshua sterkt formanet oss (Matteus 5, 17-22).

Tro ikke at jeg er kommet for å oppheve loven (Torah) eller profetene! Jeg er ikke kommet for å oppheve, men for å oppfylle. Sannelig, jeg sier dere: Før himmel og jord forgår, skal ikke den minste bokstav eller en eneste prikk i loven forgå – før alt er skjedd. Den som opphever et eneste av disse minste budene og lærer menneskene å gjøre dette, skal regnes som

den minste i himmelriket. Men den som holder dem og lærer andre å gjøre det samme, skal regnes som stor i himmelriket.

— MATTEUS 5,17-19

Men mange, selv om de kaller seg messianske, har avvist Den Hellige Ånds kraft, ild og manifestasjoner. Slik blir salvelsen gjort sorg i mange messianske menigheter - synden løper ukontrollert, akkurat som i mange kristne menigheter, og det er ingen åndelig vekst.

Å være utvalgt som Hans messianske, salvede etterfølgere blir tydelig når Hans Ruach (Ånd) fyller oss og kommer over oss. Det er grunnen til at Han sa at vi *ikke skulle gjøre noe* før vi mottar Den Hellige Ånd. Vi blir da annerledes – og det gir oss kraft til å utføre overnaturlige bragder og til å herske slik Han hersket over demoner.

Yeshua sa: "Mitt rike er ikke av denne verden" (Johannes 18,36). Ikke en eneste gang oppfordret Han sine etterfølgere til å følge et religiøst system av noe slag, selv om Han var veldig tydelig på lydighet mot Hans bud.

Hvis dere holder mine bud, blir dere i min kjærlighet, slik jeg har holdt min Fars bud og blir i hans kjærlighet.

— JOHANNES 15,10

Han snakket bare om Riket. For at vi skal være Hans kongelige presteskap, må vi være kongelige. Den Hellige Ånd må salve all pakt og bibelsk kongeverdighet til å styre; hvis ikke blir det hele politikk, religiøs politikk.

Noe av salvingsoljen helte han ut over Arons hode og salvet og helliget ham.

— 3.MOSEBOK 8,12

Akkurat slik som kongene ble salvet med olje for å herske, så ble prestene salvet med olje for å tjenestegjøre. Faktisk så behøvde alt i Tabernaklet å bli salvet med olje. Ingen tjeneste for YHVH kunne utføres uten salvelsen.

Så skal du ta salvingsoljen og salve tabernaklet og alt som hører til i det. Du skal hellige det og alt utstyret i det, så det blir hellig.

— 2. MOSEBOK 40,9

Vi skal være salvede konger og prester for vår Gud. Vi har også blitt Tabernaklet for Hans nærvær, og Hans kar for tilbedelse. Han må salve oss. Det er salvelsen av Den Hellige Ånd som innvier oss til tjeneste, slik at den kan adskille oss fra skitten i denne verden og vi kan forbli rene. Ingen menneskelige påfunn, ingen religiøse tradisjoner, intet annet enn Hans Hellige Ånds salvelse gir oss kraft og autoritet til å tjene og vandre med Ham.

Menigheten i det fjerde århundre etablerte et ikke-salvet, erstatnings religiøst kristendoms-system fordi de forkastet den jødiske Messias, de jødiske røttene, sabbaten, de bibelske høytidene og alle jøder. Alle må omfavne Messias, nemlig den Salvede *med Hans salvelse*, inkludert messianske grupper som har omfavnet Messias jødiskhet. Navnene våre definerer oss ikke - frukten vår gjør det.

Gå til høyere mark

Salvelsen kaller oss til høyere mark av lydighet og ansvarlighet overfor den Høyeste, og også til et dypere nivå av intimitet og offer. Selv om mange mennesker prøver å etterligne salvelsen med åndelig manipulasjon og profesjonalitet, kan ikke salvelsen etterlignes eller kjøpes. Gud kan bare gi den til hjerter som har omvendt seg.

> **Men da Simon så at Ruach HaKodesh (Ånden) ble gitt ved at apostlene la hendene på dem, tilbød han dem penger og sa: «Gi meg også en slik makt, så den jeg legger hendene på, kan få Ruach HaKodesh (Den hellige ånd)!» Men Peter sa til ham: «Måtte pengene dine gå til grunne sammen med deg, du som tror at du kan kjøpe Guds gave for penger! Du har ingen arvelodd eller del i dette, for ditt hjerte er ikke oppriktig mot Gud. Omvend deg fra denne ondskapen din, og be til HERREN, så kanskje han vil tilgi deg det du tenker i hjertet. For jeg ser at du er full av bitter galle og lenket til ondskap.» Da sa Simon: «Dere må be til HERREN for meg, så jeg ikke skal bli rammet av det dere har sagt.»**
>
> **— Apostlenes Gjerninger 8,18-24**

Vantro er også et biprodukt av å erstatte den jødiske Messias med et religiøst system. Der det er vantro og vanære blir den Hellige Ånd gjort sorg - og selv de største forkynnere kan ikke vise Guds kraft. Yeshua selv kunne ikke gjøre noen mirakler i Nasaret.

> **Og de (folket i Nasaret) ble forarget og avviste ham. Men Yeshua sa til dem: «En profet blir ikke foraktet noe annet**

sted enn på hjemstedet og i sitt eget hus.» Og han gjorde ikke mange mektige gjerninger der på grunn av vantroen deres.

— MATTEUS 13,57-58

Familiaritet og vanære dreper salvelsen. Jødene, som var troens fedre og mødre, ble *vanæret* og *erstattet* av andre kirkefedre som sammen med keiser Konstantin laget et religiøst system som *vanærer jødene og alt jødisk.* Som et resultat av dette forsvant salvelsen, og mirakler opphørte. Dette forvrengte religiøse systemet påvirker kristne helt frem til i dag når de fortsetter å vanære det jødiske folket.

Mitt ønske er å velsigne dem som velsigne deg, men den som forbanner deg, jeg vil forbanne, og i deg skal alle jordens familier bli velsignet.

— 1. MOSEBOK 12,3

Hver gang det er noe vi ikke forstår, bør vi være som Miriam (Maria), Yeshuas jødiske mor, da hun fikk besøk av engelen Gabriel. I stedet for å avvise det som er nytt eller synes fremmed for oss, må vi si som Miriam, "la det skje meg etter Ditt ord."

Engelen svarte: «Den hellige ånd skal komme over deg, og Den Høyestes kraft skal overskygge deg. Derfor skal barnet som blir født, være hellig og kalles Guds Sønn. Og hør: Din slektning Elisabet venter en sønn, hun også, på sine gamle dager. Hun som de sa ikke kunne få barn, er allerede i sjette måned. For ingen ting er umulig for Gud.» Da sa Miriam

(Maria): «Se, jeg er HERRENS tjenestekvinne. La det skje med meg som du har sagt.» Så forlot engelen henne.

— LUKAS 1, 35–38

Årsaken til at mange ikke blir salvet, er at det krever alt av oss; det krever en fullstendig overgivelse til Mesteren. Selv om salvelsen gis fritt til Hans lojale etterfølgere, er den ikke billig. Vi må dø fra oss selv og vår egen agenda for å vandre i salvelsen. Hvis vi ikke gjør det, mister vi den slik kong Saul mistet den på grunn av egoistiske ambisjoner, menneskefrykt og misunnelse over Davids salvelse.

Ruach ADONAI (HERRENS ånd) forlot Saul, og en ond ånd fra YHVH skremte ham.

— 1. SAMUEL 16,14

På samme måte mistet menigheten ADONAI`s Ånd fra det fjerde århundre på grunn av selviske ambisjoner, menneskefrykt (på grunn av den romerske forfølgelsen) og sjalusi mot jødene som var de naturlige arvingene til den nye pakt. Da inntok en ond ånd av antisemittisme denne menigheten.

Konstantin sa, "vi trenger ikke disse jødene, vi vet bedre." Ved å kaste ut jødene, kastet han også ut salvelsen. Men vi kan bli gjenopprettet, nå som Gud har avslørt denne overtredelsen.

En viktig bønn mot uvitenhet

Far i himmelen, jeg lengter etter mer av Deg. Tilgi meg for min uvitenhet om Din salvelse og Din Hellige Ånds kraft. Jeg ber om Din tilgivelse for enhver fordømmende holdning, sjalusi eller hat mot jødene. Til tross for alle teologier som jeg kan ha arvet som motsetter seg Din ære, ber jeg Deg om å fylle meg med Din Hellige Ånd og ild, så jeg kan vandre i Din salvelse alle mine livs dager. I Yeshua's navn, amen.

JEG ELSKER DIN ÅND SÅ MYE

De 3 «ikke`r»

Utslukk ikke Ånden, forakt ikke profetord,
men prøv alt og hold fast på det gode.

—1. TESSALONIKERBREV 5,19-21

1: Utslukk ikke Ånden (1 Tess. 5,19)

Vi utslukker, krymper og reduserer Den Hellige Ånd i oss når profetiske budskap blir foraktet, hånet, avvist eller tatt lett på. Profetiske budskap passer ikke alltid innenfor våre læresetninger. Når det skjer, avviser folk dem vanligvis. Noen ganger blir et profetisk budskap bragt frem av usannsynlige kar. Dette kan fornærme vår stolthet, og vi kan avvise dem som ingenting. Det er veldig viktig at vi tester profetiene, før vi avviser dem som latterlige, "bommet på målet" eller uviktige. En måte å teste dem på er ved å be og be Faderen om å avsløre for oss hva som virkelig kommer fra Ham. En annen måte er å vente for å se om det profetiske ordet går i oppfyllelse.

I 1993 mottok jeg for eksempel profetien om rosen beskrevet i begynnelsen av denne boken, fra Den Hellige Ånd. Denne profetien publiserte jeg i boken min *Røttenes helbredende kraft*. De som ga gjensvar på den, gikk inn i omvendelse og ble kraftig forvandlet. Men mange sa at det «bommet på målet», og livene deres tørket ut. 27 år senere har denne profetien blitt oppfylt, ettersom det er mange tegn på frafall og åndelig død i mange menigheter. Denne generasjonen vil ikke engang gå i kirken. Synd florerer like mye inne i menigheten som utenfor - dette inkluderer abort, incest, skilsmisser, seksuelle overgrep, pornografi, utroskap (også på prekestolen), narkotika, sigarett- og alkohol-avhengighet, og listen fortsetter. Og de fleste pastorer irettesetter ikke fårene, fordi de selv er umodne og trenger å bli korrigert. Kjærligheten til mammon og selviske ambisjoner hersker. Det er sjelden å finne virkelig salvede, overgitte og lydige troende.

Husker du profetien om rosen?

Før jeg skrev min første bok om emnet (kjent verden over som *Røttenes helbredende kraft*), spurte jeg den Allmektige, "hvorfor er det så viktig å forkynne de jødiske røttene til menigheten?" Svaret Hans til meg var høyt og tydelig, og det har holdt meg løpende med dette budskapet i nesten tre tiår: *"Det er et spørsmål om liv og død. Menigheten har vært som en rose som er kuttet fra røttene og plassert i en vase med vann i to dager. Men på den tredje dagen, hvis hun ikke blir plantet tilbake igjen, vil hun helt sikkert dø."* En dag er som tusen år for HERREN. Dette er den tredje dagen, det tredje årtusenet - og rosen dør.

2: Gjør ikke Den Hellige Ånd sorg (Ef 4,30)

Gjør ikke Ruach HaKodesh (Guds Hellige Ånd) sorg, for Ånden er det segl dere er merket med helt til frihetens dag. Slutt med all hardhet og hissighet, med sinne, bråk, spott og

all annen ondskap. Vær gode mot hverandre, vis medfølelse
og tilgi hverandre, slik Gud har tilgitt dere i Messias.

— EFESERNE 4,30–32

Dette er dypere enn å utslukke Ånden. Har du noen gang følt at du gav
Ånden sorg? Det har jeg, og det er så smertefullt at det får meg til å
ville dø. Ingenting er mer smertefullt enn å gjøre den Hellige Ånd i oss,
sorg. Faktisk så er mange plagede, deprimerte og suicidale på grunn av
at de gjør Den Hellige Ånd sorg. Ulydighet, synd, utilgivelse, vantro,
avvisning av Åndens gaver, salvelse og avvisning av Guds Ord og Hans
instruksjoner, gir Ham sorg. Denne sorgen får oss til å føle det som om
det er en gift i vårt innerste vesen.

*Jeg tror at mange er fysisk og mentalt syke fordi de gjør den Hellige Ånd
sorg. Teshuvah (inderlig omvendelse)* ville kurert de fleste sykdommer
som vi troende har.

Mange har gitt Ånden sorg ved å avvise følgende ting: Jødene,
evangeliets jødiskhet, Davidisk tilbedelse og Toraen (sier at loven er
tatt bort). Ofte antas det at Israel bare er et blant andre land i Midt-
Østen. På grunn av at de gjør Den Hellige Ånd sorg, ender mange opp
med å forakte jødene og alt det jødiske.

Å gjøre Den Hellige Ånd sorg er verre enn å utslukke Den Hellige
Ånd, og det kan føre til alvorlige problemer – til og med stenging av
hele menigheter. Jeg har sett to menigheter som opplevde at vekkelsen
ble fullstendig demontert fordi pastorene gav Den Hellige Ånd sorg.

På 90-tallet var vi pastorer ved en menighet i Dallas, Texas. Faktisk
så plantet vi den. Noen venner vi møtte på Bibelskolen, var pastorer i
en annen liten menighet. De ba oss om å bli med dem og slå sammen
de to gruppene. Årsaken til dette var det faktum at Gud hadde brukt

meg til å bringe vekkelse til dem. Jeg kom dem til unnsetning og hjalp dem i lovsangen da deres lovsangsleder plutselig sluttet. Etter at pastoren forkynte, begynte hendene mine å "prikke", og Gud forløste hele Himmelen. Den Hellige Ånd falt på det stedet på en enestående måte - mennesker ble frelst og helbredet på mirakuløst vis. Det var første gang jeg forsto hva "holy rollers" (hellige rullere) var, da folk var "beruset" under Den Hellige Ånds kraft, og bokstavelig talt rullet i midtgangene. Det som skjedde var fantastisk!

Mannen min var ikke sammen med meg der, da han hadde adskilt seg for å be i syv dager inne i et skap, og avsto fra all mat og vann. Han ønsket at den Allmektige skulle gi ham veiledning angående "hans tjeneste." Imidlertid falt universet Gud som ikke tar hensyn til personer, på denne israelske kvinnen med en salvelse av vekkelse som så skulle følge meg på resten av min jordiske reise.

Utbrudd på utbrudd av Den Hellige Ånd har kommet i forskjellige dimensjoner under våre 30 år av tjeneste, der vi har reist til mer enn 50 nasjoner. Men tilbake i Dallas, Texas, ble pastorvennene våre forferdet og ba oss om å slå oss sammen. De ønsket det vi hadde for sine folk. I ettertid ser vi at vi tok feil - vi burde ha koblet oss sammen og ikke slått oss sammen, og latt menighetene våre fortsette adskilt. Men vi visste ikke hva som ville skje etterpå.

Etter at vi fusjonerte og ble med-pastorer, forbød de oss å bringe noe jødisk inn i menigheten, inkludert all israelsk bibelsk dans. De trodde ikke på Davidisk tilbedelse; heller ikke ville de ha det vi hadde, bortsett fra Den Hellige Ånds kraft til å gjøre mirakler. Men vi er kalt til å bringe menigheten åndelig tilbake fra Roma til Jerusalem, og til det opprinnelige evangeliet fra Sion med jødiske røtter. Og salvelsen min er helt spesielt for det budskapet jeg bringer. Det er et spørsmål om liv og død for menigheten til å omvende seg fra åpen og skjult antisemittisme.

Tro meg, begge deler finnes i de fleste menigheter og i alle forskjellige kirkesamfunn. Gud har gitt meg privilegiet å vise Hans mirakelkraft, slik at folk kan lytte oppmerksomt til omvendelsens budskap.

I det øyeblikket disse pastorene ønsket salvelsen i livet mitt uten budskapet, uten vår "jødiske dans" og jødiske røtter, fikk Den Hellige Ånd voldsom sorg. Han ba oss om å forlate denne relasjonen, ettersom det ville være *ichabod*(herligheten ville forsvinne). Vi dro og tok ingen med oss, og sammen med oss forsvant herligheten. I løpet av noen måneder ble denne menigheten stengt. Vi var veldig triste. Hvor mange flere menigheter vil bli stengt av Faderen fordi de avviser de jødiske apostlene som ble sendt fra Sion?

Husker du hva som skjedde med Mikal (Sauls datter som ble kong Davids kone)? Hun ble ufruktbar på grunn av at hun kritiserte og foraktet sin dansende, tilbedende ektemann. Vel, denne menigheten sluttet å eksistere fordi de kom imot den Davidiske dansen, som var "for jødisk" i deres øyne.

Følgende skriftsted er skrevet om oss, etterkommerne til Abraham, Isak og Jakob.

Men han lot ingen få undertrykke dem, han refset konger for deres skyld: «Rør ikke dem som jeg har salvet, gjør ikke ondt mot mine profeter!»

— Salme 105, 14-15

I 2006 sendte Ånden oss fra Israel for å delta i Azusa Street hundreårs-feiring i Los Angeles. Vi hadde bare to uker på å forberede standen vår på messe-området og til å samle teamet vårt. Vi hadde ingen penger, men jeg hadde hørt Herrens instruks om å dra, og som de som kjenner meg kan bevitne, vil jeg ikke slukke eller gjøre Den

Hellige Ånd sorg. Vi gjorde det jeg kaller "finansiell akrobatikk", og vi dukket opp i Azusa Centennial.

Det var mange stander i utstillingslokalet, noen sponset av israelere. I standen vår hadde vi alle bøkene mine og noen Judaica varer som shofarer og talliter (bønne-sjal). Alle hadde vi høye forventninger. Det var mange forkynnere med store navn der, og tusenvis av fremmøtte. Noen mennesker kom til standen vår for å kjøpe noen av bøkene mine. En ung mann ved navn Doug, en pastorsønn, kjøpte en kopi av *Grafted In* (podet inn), (en bok basert på Romerne 11). I denne boken underviser jeg menigheten om hvordan de kan gjenopprettes til det opprinnelige evangeliet som kom ut fra Israel for rundt 2000 år siden, med jødiske røtter, sabbaten og bibelske høytider. Jeg forklarer også Guds bud og hvordan vi kan vandre slik de gamle jødiske apostlene og disiplene gjorde, når til og med skyggen deres helbredet de syke.

Dagen etter kom Doug tilbake til standen og sa: "Jeg forstår ikke dette; Jeg har kjøpt mange bøker i andre boder, men Den Hellige Ånd lar meg ikke lese noe annet enn boken din Grafted In, og den er livsforvandlende!"

Imidlertid så jeg vekkelses-englene overalt på stedet, og de sto uvirksomme. (Ja, YHVH bruker engler i Sine vekkelser). Jeg spurte Faderen om hvorfor det er slik at vekkelsens engler er inaktive med så mange predikanter med store navn, og så mange tusen som er ivrige etter vekkelse. Svaret kom den siste dagen da Jack Hayford forkynte om betydningen av Israel.

Den Hellige Ånd sa: "Med mindre de evangeliske karismatiske og pinse-menighetene omvender seg fra å ignorere og ta lett på Israel, og fra å avvise budskap om gjenopprettelse til det opprinnelige evangeliet som kom fra Israel for 2000 år siden, vil jeg totalt gå forbi dem i den kommende vekkelsen."

Å gjenopprette Messias` identitet som jødisk er av den største betydning, og med det også gjenopprettelsen av den tapte identiteten til Messias` brud som podet inn i et jødisk oliventre. Å avsløre og rykke opp den falske romerske identiteten til Yeshua er nåtidens viktigste agenda. Den Hellige Ånd får sorg i så mange kirker og menigheter når dette emnet blir oversett, tatt lett på eller helt avvist.

Å gjøre den Hellige Ånd sorg er imidlertid ikke bare noe som skjer når mennesker avviser de jødiske røttene for troen. Det gir Gud sorg når folk vil ha vekkelse og budskapet, men bare overfladisk - når de fortsetter å synde eller dekker over syndene sine. Det opprinnelige evangeliet slik det ble forkynt i Israel av Yeshua og deretter også av hans jødiske disipler begynte med ordet "omvende". Omvendelse på hebraisk er teshuva. Det betyr "vende tilbake, omvende seg, gjenopprette" og "svaret." Svaret på alle problemene våre er alltid å vende tilbake til Gud og Hans veier - å forlate våre veier og våre politisk korrekte religiøse tolkninger.

Ettersom det som mange kaller "det billige nåde-evangeliet" nå blir mer og mer populært (med mange som til og med kaller det "moderne"), har de glemt at Den Gamle av Dager ikke forandrer seg. Uansett hva som var synd i den gamle pakt, det er også synd i den nye pakt. Uansett hva Han anså som en vederstyggelighet eller motbydelighet i den gamle pakt, er fremdeles en vederstyggelighet i den nye pakt. Faktisk, i den nye pakt er moral-standarden mye høyere enn i den gamle pakt, og det samme er kravet om lydighet mot Mesteren står.

> **Dere har hørt det er sagt: *'Du skal ikke bryte ekteskapet.'* Men jeg sier dere: Den som ser på en kvinne for å begjære henne, har allerede begått ekteskapsbrudd med henne i sitt hjerte. Om ditt høyre øye lokker deg til fall, så riv det ut og kast det fra deg! For det er bedre for deg å miste én kroppsdel enn at hele kroppen blir kastet i helvete. Og om din høyre hånd**

lokker deg til fall, så hugg den av og kast den fra deg! For det er bedre for deg å miste én kroppsdel enn at hele kroppen kommer til helvete.

— MATTEUS 5,27-30

Det får konsekvenser å akseptere de jødiske røttene og Åndens manifestasjoner mens det er skjult synd i lederskapet og i menigheten.

Under Azusa Street vekkelsens hundreårsfeiring i Los Angeles i 2006, inviterte en lokal Misjonær Allianse menighet oss til å betjene hos dem. Jeg skulle ønske jeg kunne beskrive ordentlig hva som skjedde der. Disse menneskene hadde aldri sett Den Hellige Ånd i funksjon; de ba ikke i tunger eller forsto vekkelse. Men de var sultne etter en bevegelse av Gud. Folket og pastoren bad, og trodde at vi var svaret på bønnene deres. De forventet tydeligvis ikke en kvinnelig predikant, ettersom de virket overrasket da jeg gikk opp på scenen. Jeg sa til dem, "Vi kommer ikke fra Azusa Street Vekkelsen, og heller ikke fra noe kjent kirkesamfunn. Vi kommer fra Israel, og vi er en fortsettelse av Jerusalem-vekkelsen som skjedde for 2000 år siden."

Så tok jeg gitaren min og sang en av sangene mine som har blitt nasjonalsangen for denne endetidens vekkelse og bevegelse av gjenopprettelse. Den begynner på denne måten:

Gjenopprett, gjenopprett herligheten som vi mistet for så lenge siden;

Gjør oss til ett i Deg, hedning og jøde.

Sammen skal vi reise oss og nå ut til alle nasjonene;

Når vi er ett i Deg, hedning og jøde.

For Abrahams nøkkel er gitt til menneskeheten;

Og Abrahams nøkkel åpner alle dører.

Mens jeg sang, danset vårt yngste team-medlem (da i begynnelsen av 20-årene) under salvelsen av Den Hellige Ånd. Plutselig falt Guds kraft som under Shavuot-feiringen (pinse) i Jerusalem, slik det beskrives i det andre kapittelet i Apostlenes gjerninger. Folk løp til alteret i omvendelse, bare for å falle under Guds kraft på teppet. En dame falt fra stolen og inn i en transe - HERREN tok henne til himmelen i fire timer og ba henne om å tilgi og ikke huse noe bitterhet lengre. Barna kom løpende til hoved-salen fra søndagsskolen og falt under Guds kraft og gråt i omvendelse. De hadde sett på en skjerm hva som skjedde i hoved-salen, og de ba om tilgivelse til sine jevnaldrende, lærere og foreldre for sinne, sjalusi og opprør. Teppet var fullt av kroppene av menn, kvinner og barn under ADONAI-Guds kraft - de omvendte seg, gråt, lo, ble helbredet og overga seg til den jødiske Messias. En av de få som ikke var på gulvet, var pastoren. Han så på denne vekkelses-scenen fra første rad med øynene vidt åpne, og jeg så på ham. Han var forbløffet.

Etter fire timer av dette tok han tak i meg og sa: "Du drar ikke før du forklarer for meg hva dette er." Vi ble værende og forklarte hvordan menigheten, skilt fra dens jødiske røtter, har mistet kraften, og hvordan antisemittisme og frykt for alt jødisk holdt Den Hellige Ånd i sorg. Videre forklarte vi hvordan menigheten delte seg inn i mange kirkesamfunn, forlot sabbaten og bibelske høytider og slik bragte inn mye splittelse, sjalusi og mistanke. Til sist delte vi om hvordan Israels Gud ønsket at hele menigheten skulle omvende seg og vende tilbake hjem igjen, til evangeliet som kom ut fra Jerusalem for 2000 år siden med Toraen og Ånden.

Jeg vet ikke hvor mye han forsto, men denne pastoren, hans kone og menighetene hans fortsatte å søke oss i et par år etter dette, og kom til og med på Israel-tur med oss. Pastoren var imidlertid begeistret for de åndelige manifestasjonene, men nektet likevel å omvende seg fra sin utroskap. Han hadde lenge bedratt sin kone. Til slutt ble Den Hellige Ånd totalt sorgfull og stengte den menigheten.

Gud er veldig sjalu på Sitt nærvær, og betydningen av hellighet. Dessverre tar mange av dem som elsker Den Hellige Ånds manifestasjoner lett på Ham ved å avvise Hans skriftlige bud. De gjør Den Hellige Ånd sorg; og slik er mange vekkelser blitt stoppet på grunn av synd, spesielt i lederskapet.

Når vi kjenner Yeshua som den jødiske løven som Han er, innser vi at vi ikke kan ta lett på Ham, Hans Ånd eller Hans Ord. I den første jødiske menigheten med messianske troende i Jerusalem kunne ikke synd skjules. De jødiske apostlene behandlet synd radikalt, som med Ananias og Safira, som løy om en offergave. Det er ikke rart (i en slik atmosfære av hellighet og frykt for YHVH) at til og med apostlenes skygge helbredet de syke.

> Da sa Peter: «Ananias, hvorfor har Satan fylt ditt hjerte, så du kan lyve for Ruach HaKodesh (Den hellige ånd) og stikke til side noe av det du fikk for jordstykket ditt? Kunne du ikke ha beholdt det? Det var jo ditt. Og bestemte du ikke selv over pengene du solgte det for? Hvordan kunne du bestemme deg for dette i ditt hjerte? Det er ikke mennesker, men Gud du har løyet for.» Da Ananias hørte det, falt han om og døde. Og alle som hørte det, ble grepet av stor frykt. Noen unge menn kom og svøpte inn den døde. Så bar de ham bort og gravla ham.
>
> — APOSTLENES GJERNINGER 5,3-6

Å gjenopprette Messias jødiskhet betyr ikke dannelsen av et annet kirkesamfunn eller religiøst system. En sann gjenopprettelse av de jødiske røttene for troen og det opprinnelige evangeliet fra Sion, skulle føre oss til en radikal vandring av lydighet og hellighet.

I de to tilfellene ovenfor stengte menighetene kort tid etter at de hadde gjort Den Hellige Ånd sorg.

Uoppgjort synd forurenser vekkelser

For noen år siden skjedde det en utgytelse av den Hellige Ånd i en by i Lakeland, Florida. Som i mange andre møter falt mennesker under Guds kraft og ristet og lo. Jeg dro dit sammen med mange av mine disipler, både unge og gamle, og ventet å motta en berøring av Hans Ånd og en forfriskning. Jeg åpnet hjertet mitt for hva Abba ville gjøre. Jeg vil alltid ha mer av Hans Ånd og Hans nærvær.

Imidlertid følte jeg ingenting, og ingen av folkene mitt følte noen salvelse. Da jeg ikke ønsket å dømme, ba jeg bare: "Abba, vis meg om dette er fra Deg, og hvorfor føler jeg ikke noe, siden jeg elsker Ånden Din så mye?»

Snart falt jeg ned på knærne, og mens andre ristet og lo og hadde en fantastisk tid, hulket jeg med dype sukk, og så gråt og sørget jeg og ba Gud om tilgivelse. Jeg visste ikke hvorfor jeg sørget når alle de andre lo.

Noen dager senere ble alt klart. Lederen for denne vekkelsen var utro med en kvinne blant hans etterfølgere. Senere ble han skilt fra kona og giftet seg med sin elskerinne. Den Hellige Ånd ble bedrøvet, og Han lot meg gråte og omvende meg på hans vegne uten å vite hvorfor. Noen ganger kan en ekte bevegelse av Ånden bli forurenset på grunn av synd i lederskapet, eller ved å ikke konfrontere synd blant folket. Det er grunnen til at Den Hellige Ånd kalles 'hellig', og hvis vi lar synd løpe ukontrollert, bringer vi sorg til Hans hellighet og forurenser det Han gjør!!

Det er derfor det er så viktig å forbli nær Ham - da vil vi kunne skjelne, og vi vil behandle Den Hellige Ånd og salvelsen med respekt.

> Portvokteren åpner for ham, og sauene hører stemmen hans. Han kaller sine egne sauer ved navn og fører dem ut. Og når han har fått ut alle sine, går han foran dem, og sauene følger ham, for de kjenner stemmen hans. Men en fremmed følger de ikke. De flykter fra ham fordi de ikke kjenner den fremmedes stemme.»
>
> — JOHANNES 10,3-5

Når evangeliets sanne jødiskhet blir gjenopprettet og vi gjenvinner identiteten til løven av Juda, blir også den sunne, hellige frykten for HERREN gjenopprettet. Og med det kommer salvelsen av hellighet, guddommelig autoritet og Hans herlighet.

Hvis du anser deg selv som en kristen eller messiansk, og du skyr salvelsen og Den Hellige Ånds kraft, er du blitt lurt av anti-messias åndsfyrsten. Du er i erstatningsteologi, siden du har erstattet den guddommelige kraften med religion, kirkepolitikk og profesjonalitet. Du kan til og med gjøre noen fantastiske ting, men med mindre det har guddommelig opphav, og du vandrer i intimt fellesskap med Yeshua gjennom Den Hellige Ånd, kan du oppdage for sent at du har tilbedt en forfalskning og ikke den jødiske Messias.

3: Spott ikke Ånden! (Mt. 12,31)

> Derfor sier jeg dere: All synd og spott skal menneskene få tilgivelse for, men spott mot Ånden skal ikke bli tilgitt. Den som sier et ord mot Menneskesønnen, skal få tilgivelse. Men

den som sier mot Ruach HaKodesh (Den Hellige Ånd), skal
ikke få tilgivelse, verken i denne verden eller i den kommende.

— MATTEUS 12, 31-32

Det å spotte Den Hellige Ånd er et skritt bortenfor det å gi Ånden sorg.
Å avvise Den Hellige Ånd er en progresjon som starter med å utslukke
Ånden og profetier. Den beveger seg deretter inn i å gjøre Ånden sorg
gjennom stolthet, arroganse, vantro, bitterhet og uoppgjort synd. Det
kulminerer med den eneste synden som ikke blir tilgitt: spott mot Den
Hellige Ånd.

For å forklare; når det er en gyldig manifestasjon av Den Hellige
Ånd (å be i tunger, mirakelhelbredelser, falle under Guds kraft osv.),
og du sier at det er fra djevelen, kan du krysse linjen til den eneste
utilgivelige synden.

Bare Abba kjenner menneskers hjerter. Men prinsippet er ydmykhet
og ære. Vær ydmyk nok til ikke å dømme det du ikke forstår. Ikke vær
rask med å avvise manifestasjoner som virker fremmede for deg. Vent
på HERREN, så vil Han vise deg sannheten.

Åndens manifestasjoner krenker de som har et kjødelig sinn. Derfor
er det så viktig å beholde et ydmykt hjerte, å avstå fra å slukke Ånden
eller å gjøre Ånden sorg, og aldri dømme noe før det er tid for det.
Vi må behandle salvelsen med stor respekt, og ha ydmykhet til å være
forsiktige med det som ikke passer vår lære. Vi kan avstå fra å delta hvis
vi er usikre, men vi må også avstå fra å dømme det vi ikke forstår. Ordene
er "ydmykhet og forsiktighet", til vi har åpenbaringen fra Faderen.

Mikal, datteren til Saul, dømte David da han danset foran
YHVH's Ark uten sin kongelige kappe, kun ikledd det grunnleggende
presteplagget kalt efod. Han var ikke naken, slik mange har feiltolket

det. Gud straffet henne med barnløshet hele hennes liv; hun kunne ikke få barn. Hvor mange menigheter er ufruktbare i dag, uten Åndens bevegelse og ingen nyfødte babyer?

> **Da David kom hjem igjen for å velsigne sitt hus, kom Mikal, Sauls datter, ut imot ham og sa: «Hvor høyt Israels konge er blitt æret i dag da han viste seg naken for øynene på tjenestepikene til mennene sine, slik lettsindige mennesker har for vane!» David svarte Mikal: «Det var for ADONAIS ansikt jeg danset, for ham som utvalgte meg i stedet for din far og hele hans hus og satte meg til fyrste over ADONAIS folk, over Israel. Jeg kan fornedre meg enda mer og bli enda mindre i mine egne øyne. Men hos disse tjenestejentene som du snakker om, skal jeg vinne ære!» Mikal, Sauls datter, var barnløs helt til sin dødsdag.**

> — 2. SAMUEL 6, 20-23

Vanligvis når Den Høyeste bringer inn en ny bevegelse, er det annerledes, og "utenfor boksen" for de fleste. Vi må forbli ydmyke, smidige og lærevillige og være forsiktige med å tro at vi har hele sannheten. Vi vil aldri 'komme frem', vi vil alltid være på Hans reise til mer og mer lys, økt sannhet og rikelig med gjenopprettelse. Vi må holde våre hjerter ydmyke og vårt forhold til Messias Yeshua veldig oppmerksomt mot Hans Hellige Ånd.

Å akseptere den sanne jødiske Messias og Hans rike vil føre oss til radikal lydighet, ureligiøs og bøyelig hellighet, og en kompromissløs vandring med Den Hellige Ånd.

Et av de viktigste merkene på den nye pakt som ble gitt til Israels folk for å dele med nasjonene, er salvelsen. Uten den er vi ingenting annet enn medlemmer av en død religion. Intet religiøst system kan få menneskene virkelig frelst, helbredet og satt fri; bare den jødiske Messias med Sin salvelse i oss kan gjøre dette.

HERREN Guds Ånd (Ruach ADONAI ELOHIM) er over meg, for HERREN har salvet meg. Han har sendt meg for å forkynne et godt budskap for hjelpeløse, for å forbinde dem som har et knust hjerte, rope ut frihet for dem som er i fangenskap, og frigjøring for dem som er bundet,

— JESAJA 60,1

- Har du avvist jødiskheten i evangeliet eller manifestasjonene av Den Hellige Ånd? Har du hatt dårlige opplevelser i karismatiske kretser som har gjort deg bitter og mistenksom?
- Har du bedømt det du ikke kjenner? Har stolthet og stiv religion gjort ørene dine døve for den gode hyrden? Er du redd for at overgivelsen til Den Hellige Ånd vil gjøre deg "rar"? Føler du deg deprimert? Er du konstant syk? Tror du at du har utslukket Ånden eller gjort Ånden sorg? Er du redd for at du kan ha spottet Den Hellige Ånd, og at det ikke er noen vei tilbake?

Teshuva - omvendelse er svaret.

Offer for Gud er en sønderbrutt ånd. Gud, du forakter ikke et knust og nedbrutt hjerte.

— SALME 51,19 (VERS 17 I ANDRE VERSJONER)

En bønn om Teshuva: Omvendelse, tilbakevending og gjenopprettelse

Far, tilgi meg hvis jeg har slukket Din Ånd eller gjort Din Ånd sorg på noen måte. Tilgi meg for at jeg har avvist en hvilken som helst del av Messias` jødiskhet, eller for enhver fiendtlighet, vanære eller apati i mitt hjerte mot det jødiske folket. Jeg tar avstand fra og står imot anti-messias demonen, som står mot Din salvelse. Jeg overgir meg fullstendig til Din Sønn, min jødiske Messias Yeshua, til Din Hellige Ånd og til fylden av Ditt Ord. Jeg omvender meg fra all stivhet, religiøsitet og selvrettferdighet - og enhver synd i hjerte, kropp, sinn eller ånd som krenker Deg og blokkerer meg fra et intimt forhold til Deg. Takk for Din tilgivelse og barmhjertighet, og for at Du fyller meg på ny med Din Hellige Ånd og ild, slik at jeg kan tjene Deg og tilbe Deg helhjertet alle mine dager. I Yeshuas navn og for Hans skyld. Amen!

For ytterligere lesning om hode nummer én, anbefaler jeg å lese boken min, *Røttenes helbredende kraft.**

* www.kad-esh.org/no/butikk/rottenes-helbredende-kraft/

ISRAEL VÅR MOR

Hode nummer 2: Anti-Israel

Så spør jeg: Snublet de for at de skulle falle? Slett ikke! Nei, deres
fall gjorde at frelsen kom til de andre folkene, og så skulle jødene
bli misunnelige på dem.

— ROMERNE 11,11

E t av de viktigste elementene i erstatnings-teologien og Messias`
identitets-tyveri er løgnen om at menigheten fortrengte eller
erstattet Israel. I mange gamle kirker var det statuer av to kvinner
plassert på en fremtredende beliggenhet i kirkebygningen. Den ene
statuen var av en dronningaktig kvinne, stående oppreist med en
krone på hodet, og den andre statuen var av en fattig, ødelagt, ydmyket
bøyd kvinne. Denne dronning-aktige kvinnen representerte "Den
Triumferende menigheten" over "Den beseirede synagogen", eller de
kristne som triumferer over de ødelagte og ydmykede jødene.

Kristenhetens forståelse etter skilsmissen fra de jødiske røttene i det fjerde århundre - på grunn av kodifiseringen* av dekretene i Kirkerådet i Nikea - var at Israel for alltid er under en forbannelse. Forkynnerne erklærte stadig for massene at menigheten hadde arvet alle velsignelsene som Gud ga til Israels folk, og jødene hadde arvet alle forbannelsene. Antisemittisme var og er fortsatt en grunnleggende lære i mange kirkesamfunn og menigheter. "Vi er Israel," sier mange kristne arrogant; "Vi er Guds Israel, det gamle Israel gikk glipp av besøkelses-tiden da Jesus Kristus kom, så nå har vi, de hedninge-kristne, arvet pakten og alle dens velsignelser." Og likevel er Gud i Skriften veldig tydelig på at Han *aldri* skal bryte Sin pakt med Israel. Han kan disiplinere henne, men Han skal aldri ødelegge henne, forlate henne eller slutte å være Israels Gud.

Vær ikke redd, du min tjener Jakob sier YHVH, mist ikke motet, Israel! For se, jeg berger deg fra fjerne steder og ætten din fra landet hvor den er fanget. Jakob skal vende tilbake og leve rolig og trygt, og ingen skal skremme ham. For jeg er med deg, sier YHVH, jeg vil frelse deg. Jeg gjør ende på alle folkeslagene som jeg har spredt deg blant; men deg gjør jeg ikke ende på. Jeg tukter deg med rette og lar deg ikke slippe straff.

— JEREMIA 30,10–11

Nasjoner vil komme og nasjoner vil gå, og enhver nasjon som reiser seg mot Israel vil ta slutt, men Israel vil forbli for alltid.

* Kodifisering: "handlingen eller prosessen med å arrangere lover eller regler i henhold til et system eller en plan."

Derfor skal alle som fortærte deg, selv bli fortært, alle dine motstandere må gå i fangenskap. De som plyndret deg, skal selv bli plyndret, alle som ranet deg, gir jeg til rov.

Jeg lar sårene dine gro og leger slagene du fikk, sier YHVH, du som ble kalt Hun som er drevet bort, Sion, som ingen spør etter. Så sier YHVH: Se, jeg vil vende skjebnen for Jakobs telt og vise barmhjertighet mot hans boliger. Hver by skal bygges på sin ruinhaug, hver borg skal stå på sitt rette sted. Fra dem skal det lyde lovsang og latter. Jeg gjør dem flere, ikke færre, jeg gir dem ære, de skal ikke foraktes. Hans barn skal være som før, menigheten skal bestå for mitt ansikt. Jeg vil straffe alle som undertrykker dem.

— JEREMIA 30,16-20

Det var et enormt sjokk for det meste av kristenheten da Israel ble gjenfødt i sitt eget land den 14. mai 1948, etter at nazi Shoah (Holocaust) hadde redusert den jødiske befolkningen ved å utslette mer enn seks millioner mennesker. Likevel, til tross for ødeleggelsen av de fleste av Europas jødiske samfunn og synagoger (hele landsbyer ble utslettet fra jordens overflate), steg denne "overvinnende synagogen" som en Føniks ut av asken i Auschwitz, Birkenau, Treblinka, Sobibor og mange flere døds-leire og konsentrasjons-leire. Dette var sanne overlevende: Disse jødiske skjelettene som hadde mistet alt til et hatefylt regime som var kulminasjonen av alt det kristendommen hadde undervist opp igjennom årene siden Konstantin og Kirkerådet i Nikea. Hitler sa: "Jeg gjør Guds vilje," (Hitler) han kalte også Martin Luther et "geni" for å ha skrevet om hvordan en skulle forholde seg strengt mot jødene i sin bok "Om jødene og deres løgner". (Süss og Luther)

Både katolske og protestantiske menigheter har gjennom generasjoner blitt indoktrinert om jødene. Erstatnings-teologien lærte de fleste av dem å håne og hate oss. Dette har fortsatt frem til i dag i mange kretser. Jeg skulle ønske jeg kunne fortelle deg at dette er over, men det er ikke over. Det postes konstant innlegg på internett om antisemittiske hendelser relatert til de som bekjenner en eller annen form for kristendom.

Nylig myrdet en gruppe fra New Jersey, kalt de "svarte hebreerne", jøder kaldblodig mens de feiret den jødiske høytiden Hanukkah i det private huset til rabbineren deres. Denne gruppen hevdet at de er de sanne hebreerne, og ikke disse jødene, og fordi de angivelig myrdet Kristus, fortjener de å dø. Det sjokkerte mange at dette skjedde i USA i det 21. århundre. Likevel er jeg ikke overrasket, ettersom denne demoniske åndsfyrsten skjuler seg i doktrinene til mange menigheter og kirkesamfunn. Og allikevel sa Israels Gud mange ganger i Sitt Hellige Ord at Israel er Hans utvalgte nasjon for evig - og Han mente ikke menigheten eller noen kristen nasjon.

I det siste, under coronavirus eller COVID-19-pandemien, la en hvit baptistpastor i Florida ut forferdelige beskyldninger mot Israel og sa at israelerne forårsaket corona-viruset. Vi kaller dette blod-injurier. Det er når jøder, og i dette tilfellet hele staten Israel, blir beskyldt for forbrytelser de ikke har begått, og dermed oppfordres massene til å hate dem. En annen antisemittisk pastor og kringkaster i USA sa at corona-viruset er en straff fra Gud mot jødene fordi de ikke har fulgt Jesus. (Anti-Defamation League)

Så sier YHVH, han som satte solen til å lyse om dagen og bestemte månen og stjernene til å lyse om natten, han som rører opp havet så bølgene drønner, YHVH-Tzva`ot

(Herskarenes Herre) er hans navn: Lar jeg disse ordningene vike, sier YHVH, da skal også Israels ætt for alltid opphøre å være et folk for mitt ansikt. Så sier YHVH: Hvis himmelen der oppe kan måles og jordens grunnvoller der nede kan utforskes, da vil jeg også forkaste hele Israels ætt på grunn av alt de har gjort, sier YHVH.

— JEREMIA 31,35-37

Vi må gjenopprette den jødiske identiteten til Messias for å kunne ha en hellig adskillelse i menigheten: mellom de som vil akseptere Ham som en jøde, og vil velsigne og gi godtgjøring til det naturlige Israel, og de som vil fortsette å hevde at de er det sanne Israel, og at Israel i Midtøsten er et forfalsket land med et folk som fortjener å dø.

Livet til mange bedratte kristne ligger i vektskålen. Gjenopprettelsen av menighetens stjålne identitet - fra en romanisert menighet som tilraner seg Israel, til en innpodet Rut-lignende menighet (en som slutter seg til Israel gjennom blodet av den jødiske Messias Yeshua) - er nøkkelen til frelse for nasjonene og for Endetidens vekkelse.

YHVH-ELOHIM, Israels Gud, lovet at Hans pakt med Israel er for alltid. Han sa aldri at Han vil erstatte Israel med menigheten. Faktisk sa Han at menigheten må podes inn eller gå med Israel, ikke erstatte Israel.

Noen av greinene er nå brukket av, og du som var en vill oljekvist, er blitt podet inn blant greinene og har fått sevje fra roten sammen med dem. Men innbill deg ikke at du er bedre enn greinene! Gjør du det, så husk at det ikke er du som bærer roten, men roten som bærer deg. Kanskje du vil si: «Greinene ble brukket av for at jeg skulle bli podet inn.» Ja vel, men det var deres vantro som gjorde at de ble brukket av, og det er din tro som gjør at du blir stående. Vær ikke overmodig, men

frykt Gud! Sparte han ikke de naturlige greinene, skal han heller ikke spare deg.

— ROMERNE 11,17–21

Den jødiske apostelen til hedningene er en rabbiner ved navn Shaul, også kjent under sitt romerske navn Paulus, som advarte de hedninge-troende om at de aldri måtte være arrogante mot jødene, eller tro at de kan tilrane seg deres plass. Faktisk er advarselen hans så alvorlig at han uttalte at hvis hedninger blir arrogante mot de israelsk-jødiske grenene, så kunne arrogansen deres koste dem deres evige frelse. Hvor mange mennesker har Gud brutt av fra oliventreet fordi de tilber en romanisert Kristus som hater Israels folk? Hvor mange ble brutt av og fjernet fra frelsens oliventre fordi de hatet jødene, var arrogante mot dem og forkynte at menigheten nå er Israel og erstatter nasjonen Israel helt?

Paulus advarte også mot å bygge på en hvilken som helst annen grunnvoll enn den han forkynte, som er Yeshua Messias, den salvede jødiske kongen og frelseren, som er lovet bare til Israel. Men erstatnings-teologien, med det fem-hodede monsteret, har blitt flettet inn i kirkens lære frem til i dag, og bygger stadig på en romersk-hedensk grunnvoll som avler antisemittisme.

Ingen kan legge noen annen grunnvoll enn den som alt er lagt, Yeshua Messias. Men om noen bygger på grunnvollen med gull, sølv eller edelstener, med tre, høy eller halm, skal det en gang vise seg hva slags arbeid den enkelte har gjort. HERRENS dag skal gjøre det klart, for den åpenbarer seg med ild, og ilden skal prøve hvordan den enkeltes verk er. Om det byggverket noen har reist, blir stående, skal han få sin lønn. Dersom det

brenner opp, må han lide tapet. Selv skal han bli frelst, men bare som gjennom ild.

— 1.KORINTERBREV 3,11-15

Hvor mange pastorer står i fare for å få alt sitt harde arbeid brent opp i ilden etter YHVH's dom på grunn av erstatnings-teologi og åpen eller skjult antisemittisme? Å fremheve den villedende teologien om at menigheten erstattet Israel er farlig, og de forankrer det i sjalusi som avler mord.

Da sa ELOHIM: «Hva har du gjort? Din brors blod roper til meg fra jorden. Forbannet er du! Nå skal du være bannlyst fra den jorden som åpnet munnen og tok imot din brors blod fra din hånd. Når du dyrker åkeren, skal den ikke lenger gi deg av sin rikdom. Fredløs og flyktning skal du være på jorden.»

— 1. MOSEBOK 4,10–12

Kain var sjalu på Abel og reiste seg for å myrde ham i stedet for å omvende seg på grunn av sjalusi. Hvis du ser ned på Israel og jødene, og har åndelig arroganse og tenker for deg selv at menigheten er bedre enn Israel, eller har erstattet Israel, så tenk deg om, så ikke den Allmektige demonterer menighet etter menighet, kirkesamfunn etter kirkesamfunn - for Han sa at Han har en dag av hevn for å rettferdiggjøre Israel. På den dagen kan du ikke vise Ham ditt kirkesamfunns medlems-bevis for å redde deg selv fra Hans dom.

For det kommer en hevnens dag fra YHVH, et gjengjeldelsens
år for Sions sak.

— JESAJA 34,8

Husk at dommen alltid begynner med Guds hus først.

**For nå er tiden kommet da dommen skal begynne, og den
skal begynne med Guds hus. Men kommer dommen over oss
først, hvordan går det da til slutt med dem som er ulydige
mot Guds evangelium?**

— 1. PETER 4,17

Her er de gode nyhetene: En jøde døde for deg, og Hans navn er
Yeshua. Imidlertid, hvis folk insisterer på å bagatellisere Hans naturlige
familie, det kjente Israels folk som Han har en evig pakt med, kan Han
komme til å bli en fiende.

**For så sier YHVH-Tzva`ot (Hærskarenes Herre), den herlige,
etter at han sendte meg til folkeslagene som plyndret dere
(Israel, Mitt folk): Den som rører dere, rører ved min øyensten.**

— SAKARJA 2,12

Abrahams nøkkel

Jeg vil velsigne dem som velsigner deg, men den som forbanner
deg, skal jeg forbanne. I deg skal alle slekter på jorden
velsignes.»

— 1. MOSEBOK 12,3

Israel er ikke "den eldre broren", men nasjonenes mor. Forholdet vårt til en mor skiller seg fra vårt forhold til en bror.

Jeg vil introdusere Abrahams nøkkel for deg: *Den guddommelige nøkkelen som kan åpne eller lukke porten til velsignelse og frelse for enkeltpersoner, familier og hele nasjoner.*

Denne nøkkelen, gitt til Abraham, Isak og Jakob, gjentar seg gjennom hele Skriften.

Israel er den eneste nasjonen som Universets Gud har en pakt med, og frem til nå er det fortsatt slik. Alle velsignelsene til hedningene kommer gjennom Israels folk, de opprinnelige etterkommerne etter Abraham, Isak og Jakob, som Gud inngikk pakten med. Guds eneste pakt er med Abraham, hans etterkommere og alle de som:

- Kommer inn sammen med Israel gjennom en jødisk Messias
- Velsigner Israel

Se, dager skal komme, sier YHVH, da jeg slutter en ny pakt med Israels hus og Judas hus. Men dette er den pakten jeg vil slutte med Israels hus i dager som kommer, sier YHVH: Jeg legger min lov i deres sinn og skriver den i deres hjerter. Jeg skal være deres Gud, og de skal være mitt folk.

— JEREMIA 31, 31+33

Dette skriftstedet henviser til den nye pakt. Hedninger slutter seg til denne pakten gjennom blodet til Yeshua, den jødiske Messias. Gud er ikke forpliktet til å velsigne noen nasjoner, med mindre den nasjonen er podet inn sammen med Israel og velsigner Israel. Dette er de eneste bestemmelsene for nasjonenes velsignelse. Er de gode mot Israel, eller er de ikke? Går de på veiene til Israels Gud slik de ble gitt til Israel, eller gjør de ikke det?

Dette er *nøkkelen* for nasjonenes frelse og velsignelse. Denne nøkkelen har gått tapt i nesten 1 700 år, men nå har den blitt gjenopprettet. Når den er fullstendig gjenopprettet, vil nasjonenes frelse følge, og først da kan vi føre mange *sauenasjoner* til Faderen!

« Jeg vil velsigne dem som velsigner deg, men den som forbanner deg, skal jeg forbanne. I deg (Abraham) skal alle slekter på jorden velsignes.» (1.Mos.12,3) La oss nå studere dette verset fra hebraisk:

Ordet for velsignelse er her *bracha. Lebarech* fra ordet *bracha* betyr "å erklære et ord av liv, godhet, gunst, helse, suksess og velstand over noen." Denne velsignelsen har mange fantastiske og positive hendelser og muligheter som vil gi stor glede, lykke, helhet, velstand, storhet, overflod, fruktbarhet og *oppfyllelse!*(5.Mos.28,1-14)!

Imidlertid kommer dette ordet fra ordet *berech* som betyr "kneet" på hebraisk. Så la meg omskrive dette verset for deg:

« Jeg (Israels Gud) vil bøye ned Mitt kongelige kne for å løfte opp og gi favør til de som bøyer ned sine knær, og ydmyker seg selv for å ære, tale vel om, forsvare og gjøre godt mot Mitt folk Israel.» (1.Mos.12,3)

YHVH Tzva'ot, Hærenes Herre, Universets Gud, Skaperen av himmel og jord har forpliktet Seg ved Sitt usvikelige og uforanderlige ord til å bøye ned Sitt kongelige kne for å velsigne, favorisere og opphøye dem som ydmyker seg og bøyer ned sine knær for å opphøye og ære Israel! Men, hvis de ikke gjør det, forplikter Han seg også til å forbanne dem.

"Jeg skal forbanne den som forbanner deg,"

— 1. MOSEBOK 12,3B

Det er to ord som brukes i dette verset på hebraisk for ordet forbannelse, ett av dem er *klala*, og det andre er *meera*. *Klala* kommer fra ordet *kal*, som betyr "lett" (det motsatte av tung). Denne forbannelsen viser til dem som tar lett på Israel og jødene og ikke ærer eller respekterer dem som Hans utvalgte. Gud bruker det samme ordet om de som forbanner sin far eller mor:

Den som forbanner sin far eller mor, skal dø.

— 2. MOSEBOK 21,17

De som ikke respekterer foreldrene sine, skal dø! Å ta lett på foreldre, å håne dem, å ikke lytte til instruksjonene deres eller å ikke respektere dem, bringer onde hendelser til ens liv. Gud likner Israel med en forelder, en mor, nasjonenes mor. Han kaller nasjonene til å hedre henne som mor. Gud befaler oss å hedre foreldrene våre selv i deres ufullkommenhet: livene våre er avhengig av det!

Du skal hedre din far og din mor, slik YHVH din Gud har befalt deg, så du kan leve lenge og det kan gå deg vel i det landet YHVH din Gud gir deg.

— 5. MOSEBOK 5,16

Hvis vi ikke ydmyker oss for å hedre foreldrene våre selv i deres ufullkommenhet, vil det ikke gå bra med oss. Når vi tar lett på dem (*kal-klala*), kommer forbannelsen eller ødeleggelsen til oss, som er *meera*. Israel blir av den Allmektige sett på som nasjonenes mor. Hun er den som brakte menneskeheten Bibelen, Messias og evangeliet. Uten Israel ville det ikke finnes frelse for noen nasjon, på samme måte som uten din naturlige fødselsmor, kunne du ikke ha blitt født. Dette alene er nok til å få deg til å ære og være takknemlig for moren din, selv i hennes ufullkommenhet. Hun ga deg livet! Israel ga liv til alle nasjonene. Messias er jødisk, og frelsen er av jødene.

Dere tilber det dere ikke kjenner, men vi tilber det vi kjenner, for frelsen kommer fra jødene.

— JOHANNES 4,22

Meera betyr å "erklære et ord-dekret for ødeleggelsen av noen." Det blir fulgt av mange onde hendelser som vil bringe kval, nød, sorg, sykdom, forvirring, tap, mangel, konkurs, ensomhet, strid, forkastelse, nytteløshet, frykt, fiasko, terror, selvdestruksjon og total utslettelse. (5.Mos.28,14-68)

Legg merke til at i begge tilfeller (velsignelsen og forbannelsen) kobler Gud dem sammen ved å utstede et dekret eller tale et ord. Fra begynnelsen er alt skapt ved at ELOHIM utsteder et dekret og taler Sitt Ord:

I begynnelsen skapte ELOHIM himmelen og jorden. Jorden var uten form og tom, og mørket var over dypets ansikt. Og ELOHIMS Ånd svevde over vannenes overflate. Da sa ELOHIM: "La det bli lys"; og det ble lys.

— 1. MOSEBOK 1, 1–3 (FRI OVERSETTELSE FRA HEBRAISK)

Dere elskede, Israel er for alltid Guds utvalgte folk, og ingen menighet kan erstatte det eller erstatte nasjonenes mor. Fra Israel kommer Bibelen, Messias, evangeliet og de jødiske apostlene til nasjonene. Hun kan falle noen ganger; hun kan være i vantro en stund, men Israels Gud gjenoppretter henne til å bli den viktigste saue-nasjonen som alle andre nasjoner vil følge.

> **Hør YHVH's ord, dere folkeslag! Forkynn det til fjerne kyster og si: Han som spredte Israel, skal samle og vokte det slik en gjeter vokter sin flokk.**
>
> — JEREMIA 31,9

Fryd deg, vær glad, datter Sion! For se, jeg kommer og tar bolig hos deg, sier HERREN.

> **Mange folkeslag skal slutte seg til HERREN den dagen. De skal være mitt folk, og jeg skal ta bolig hos deg. Da skal du kjenne at HERREN over hærskarene har sendt meg til deg. HERREN_ skal ta Juda i arv som sin eiendom på hellig jord og velge ut Jerusalem enda en gang.**
> **Vær stille for HERREN, alt som lever! For han bryter opp (eng: reiser seg) fra sin hellige bolig.**
>
> — SAKARJA 2,10–13

Løgnen om at menigheten erstattet Israel har hindret kristne nasjoner i å bli saue-nasjoner som vil gå sammen med Israels Gud og ære Israel som nasjonenes mor, og ikke erstatte henne. Hans dom står nå ved portene til hver nasjon som har sin grunnvoll i kristendommen - både personlig og nasjonal omvendelse er obligatorisk hvis vi skal se vekkelse og global frelse.

En ekte tro på Messias vil elske og ære Israel, det utvalgte folket og brødrene til Yeshua selv, som er en jøde. Når vi gjenoppretter Hans

jødiske identitet, vil antisemittisme være en saga blott, og Messias`
brud vil reise seg i all sin herlighet.

For de kristne som ikke vil motta dette presserende budskapet, er
dom det eneste de kan forvente seg.

> **Kom og hør, dere folkeslag, lytt, dere folk! Jorden og alt som
> fyller den, skal høre, jorden og alt som spirer der! For YHVH
> er harm på alle folk, han er vred på hele deres hær. Han har
> slått dem med bann og gitt dem over til slakting. Det er
> hevnens dag for YHVH, gjengjeldelsens år i striden om (eng:
> for fiendtligheten mot) Sion.**
>
> **— JESAJA 34, 1-2+8**

Min bønn er at mange vil omvende seg og bli forsvarere av Israel i
disse svært farefulle endens tider.

I neste port vil vi diskutere tilbakevending til Guds ord slik det
var i det første århundret. For videre lesing anbefaler jeg bøkene
mine: «*Sheep Nations*» og «*The Key of Abraham.*»*

En bønn av omvendelse for fiendtlighet mot Israel

Far i himmelen, jeg ber om tilgivelse for at jeg har tatt imot
løgnen om at menigheten har erstattet eller fortrengt Israel. Jeg
innser nå at jeg tok feil, og at denne løgnen er farlig forankret
i bedrag og sjalusi. Jeg avviser helt erstatningsteologi og læren
om at menigheten erstatter Israel. Takk for at du utfrir meg fra
alle forbannelsene som kommer over dem som tar lett på Israel,

---

* *Sheep Nations*: www.kad-esh.org/shop/sheep-nations/ | *The Key of Abraham*: www.
kad-esh.org/shop/the-key-of-abraham-2/

er arrogante mot henne eller skader henne eller hennes rykte. Vennligst lær meg hvordan jeg skal hedre Israel som nasjonenes mor, og hvordan jeg kan gi godtgjøring for syndene som ble begått mot henne av kristne på grunn av det forferdelige bedrag av erstatningsteologi. I Yeshuas navn. Amen!

VENDE TILBAKE TIL GUDS ORD

Hode nummer 3: Anti-Torah

Se, dager skal komme, sier Yahveh, da jeg slutter en ny pakt med Israels ætt og Judas ætt, en pakt som er annerledes enn den jeg sluttet med deres fedre... Nei, slik er den pakten jeg vil slutte med Israels folk i dager som kommer, lyder ordet fra Yahveh: Jeg vil legge min lov (Torah) i deres sinn og skrive den i deres hjerte. Jeg vil være deres Gud, og de skal være mitt folk.

— JEREMIA 31,31–33

Anti-Torah hodet på den anti-MESITOJUZ demoniske åndsfyrsten av erstatningsteologi holder menigheten i et "åndelig Egypt av slaveri" på grunn av dens hedenske blanding og lovløshet. Gud gir den nye pakt til Israel og Juda, ikke til hedningene. Ingen nasjon har en gammel pakt; ingen hedninger har således en ny pakt. Det finnes ingen ny pakt adskilt fra Israel og Juda, basta.

Evangeliet kom fra Sion; Messias er jødisk, og Gud gir løftet om en frelser bare til nasjonen Israel. Hedninger kommer inn gjennom blodet til en jødisk Messias. De blir også podet inn i Israels samvelde. De erstatter ikke Israel, men kommer inn sammen med Israel, som fungerer som Guds redskap for å bringe frelse og forløsning til hedningene. Dette redskapet må hedres for evig, uavhengig av alle ufullkommenheter.

Uten Israel ville det ikke vært noen Messias og ingen kristne. Den nye pakt fastsetter at den samme Toraen (Guds lover) som ble gitt til Israels folk nå ville bli skrevet i hjertene og sinnene til de som tror på Messias. Det står ikke noe sted at Toraen er tatt bort. Dette er en av de største, farligste løgnene i erstatningsteologien, og denne løgnen har holdt menigheten syk med ugudelig hedensk bedrag og lovløshet.

Israel er nasjonenes mor - i 1 700 år har erstatningsteologien lært de fleste menigheter å hate, forkaste eller være mistenksomme mot alt jødisk. Dette hatet mot vår åndelige fødsels opprinnelse har fått menigheten til å være en foreldreløs. Det fører til selvhat på grunn av identitets-forvirring.

Barn som hater eller skammer seg over foreldrene sine lider av personlighets-forstyrrelser og til og med schizofreni. De gjør sitt beste for å løsrive seg fra sin opprinnelige identitet, og ender opp med splittet personlighet. Når kristne ikke omfavner de jødiske røttene, viktigheten av Toraen, sabbaten, de bibelske høytidene og Israels ære, lider de av selvhat. Det er en konstant følelse av skyld og fordømmelse, og mangel på indre *shalom* (hebraisk for "velvære" og "fred") - som leder helt til det jeg kaller *åndelig schizofreni*. Det kreves enormt mye følelsesmessig og åndelig energi å skille seg fra vår fødselsopprinnelse, noe som forårsaker en rekke mentale, åndelige og fysiske sykdommer.

Gjennom Israel mottok hedningene hele sin åndelige arv: De hellige Skriftene, Frelseren og det messianske evangeliet. Vi kan ikke glede oss over en arv når vi hater opprinnelsen til den, og de som ga den til oss. Når vi ærer legatoren,* da kan vi også gjøre oss nytte av den arven de gir.

Er det første brødet hellig, er hele deigen hellig. Er roten hellig, er greinene det også. Noen av greinene er nå brukket av, og du som var en vill oljekvist, er blitt podet inn blant greinene og har fått sevje fra roten sammen med dem. Men innbill deg ikke at du er bedre enn greinene! Gjør du det, så husk at det ikke er du som bærer roten, men roten som bærer deg.

— **ROMERNE 11,16–18**

Roten til hvem vi er, både i det naturlige og i det åndelige, støtter oss og gir oss ryggrad. Hvis vi avviser roten, har vi ingen støtte og blir bøyd ned og har ingen seier. Dette blir ren elendighet!

I denne porten vil vi lære å elske de jødiske røttene til kristendommen gjennom Israel, som mottok alle Faderens bud og troens læresetninger. Vi vil lære å omfavne røttene for troen med kjærlighet og ære, slik at vi kan helbredes fra foreldreløshet og åndelig schizofreni. Abrahams nøkkel (som nevnt i forrige port) leder oss til *teshuva* - tilbakevending og omvendelse for å kunne bli gjenopprettet. Det er *teshuva* som er svaret på alle våre lidelser.

Hvis da dette folket som mitt navn er nevnt over, ydmyker seg og ber, søker meg og vender seg bort fra sine onde veier, skal jeg høre dem fra himmelen, tilgi dem syndene og lege landet.

— **2.KRØNIKEBOK 7,14**

---

* Legator: en person som har skrevet et testamente eller gitt en arv.

Når menighetens doktrine er basert på erstatningsteologi, er de mest utbredte og villedende lærer basert på det kirkerådet i Nikea fastsatte: «Vi har ingenting til felles med jødene fordi (identitetstyven) Frelseren viste oss en annen vei» (et annet evangelium som bringer en forbannelse - Gal 1,8). Og siden vi ikke har noe til felles med jøden, så er Toraen, instruksjonene fra Gud og Hans bud "fjernet." Forkynnere proklamerer dette som et åndelig mantra fra nesten enhver prekestol.

Løgnen om at "loven er fjernet."

Forsøk å fortelle dette til din guvernør eller president, så vil du ende opp med å bli arrestert.

Gud gir den nye pakt til Israel og Juda, og gjennom dem til hedningene. Hovedmerket på den nye pakt er at Toraen, YHVHs lover, er skrevet i de troendes sinn og hjerter. Men i det fjerde århundre erstattet Konstantin Toraen i kirken med lovene og tradisjonene fra Roma, og dette påvirker oss frem til i dag. Da erstatningsteologi ble kirke-doktrine, inkluderte det alt som var romersk (som romerske hedenske høytider) og utelukket alt som var jødisk, hebraisk eller fra den gamle pakt. Det er på tide å gå tilbake til de gamle stier og finne hvile eller *sabbat* for våre sjeler.

> Så sier Adonai: Still dere på veiene og se! Spør etter de gamle stiene, etter veien til det gode! Gå på den, så skal dere finne hvile for deres liv. Men de svarte: «Vi vil ikke gå der.»
>
> — Jeremia 6,16

Min bønn er at du vil finne og vandre på de gamle stiene og endelig få hvile. Et annet ord for hvile er *sabbat*, den hellige dagen som er adskilt og velsignet fra skapelsen.

Den sjuende dagen fullførte Gud det arbeidet han hadde gjort, og den sjuende dagen hvilte han fra hele det arbeidet han hadde gjort. Gud velsignet den sjuende dagen og helliget den. For den dagen hvilte han fra hele sitt arbeid, det som Gud hadde gjort da han skapte.

— 1.Mosebok 2,2-3

Vi henviser til Toraen på to måter. Den ene er de første fem bøkene i Bibelen (som også kalles Pentateuch, eller Mosebøkene). For det andre refererer det til alle instruksjonene fra Elohim – Gud Skaperen, i rettferdighet. Toraen er ikke nødvendigvis jødedom eller jødisk religion: Toraen er Guds Ord. 3. Mosebok gjentar ofte:

Adonai ropte på Moses og talte til ham fra telthelligdommen og sa ...
Adonai sa til Moses: ...
Adonai sa til Moses: ...
Adonai sa til Moses: ...
Adonai sa til Moses: ...

— 3.Mosebok 1,1; 4,1; 5,14+20; 6,1

Du skjønner tegningen; Gud taler, og Ordet nedtegner det Han sier. Dette finnes i de første fem bøkene i Bibelen (kalt Toraen), som begynner med 1. Mosebok når Elohim Skaperen "talte, og det ble slik," YHVH Adonai "taler, og det er slik." Sannelig, Israels Gud taler, og det er slik.

Da sa Gud: "Det skal bli lys!" Og det ble lys.

— 1.Mosebok 1, 3

Gud sa: «Det skal bli en hvelving midt i vannet! Den skal skille vann fra vann.» Gud laget hvelvingen og skilte vannet som er under hvelvingen, fra vannet som er over hvelvingen. Og det ble slik.

— 1.Mosebok 1,6-7

Gud sa: «Vannet under himmelen skal samle seg på ett sted! Det tørre landet skal komme til syne.» Og det ble slik.

— 1.Mosebok 1,9

Gud sa: «La oss lage mennesker i vårt bilde, så de ligner oss! De skal råde over fiskene i havet og fuglene under himmelen, over feet og alle ville dyr og alt krypet som det kryr av på jorden.» Og Gud skapte mennesket i sitt bilde, i Guds bilde skapte han det, som mann og kvinne skapte han dem.

— 1.Mosebok 1,26-27

Vær oppmerksom når du leser Hans ord og legg merke til hver gang det står at Han talte eller "sa". I stedet for å ha erstatningsteologi tolkning i ørene dine, må du legge merke til hva den Allmektige sa til Israel, nasjonenes mor, og la Den Hellige Ånd instruere deg mens du leser. Hans uttalelser i den gamle pakt (som er de eneste Hellige

Skriftene som de tidlige troende hadde fram til det fjerde århundre og Kirkerådet i Nikea) vil revolusjonere din tro og din vandring, og du vil få din åndelige identitet gjenopprettet. Vi kan alle bli like kraftfulle og fylt av herlighet som de troende i det første århundre hvis vi lar Hans Ord, slik det ble gitt til Israel, danne vår lære og ikke ordene fra Konstantin og de som feilaktig kalles "kirkefedre."

De sanne kirkefedrene er de 12 Israels stammer og de 12 jødiske apostlene til Lammet. Dette er de 24 eldste i Åpenbaringsboken og ikke Konstantin, Augustinus, Chrysostom eller Martin Luther.

Til de 12 jødiske apostlene sa Han:

Yeshua sa til dem: «Sannelig, jeg sier dere: Når alt blir født på ny og Menneskesønnen sitter på tronen i sin herlighet, da skal også dere som har fulgt meg, sitte på tolv troner som dommere over Israels tolv stammer.

— MATTEUS 19,28

Det er ikke kristne kirkefedre som skal dømme de 12 Israels stammer slik erstatningsteologien har gjort: de har dømt Israel og det jødiske folket, beskyldt dem for å være mordere av Kristus som fortjener å dø. Det er de 12 jødiske apostlene som er utvalgt av Yeshua, den jødiske Messias, som skal dømme og herske over de 12 Israels stammer.

Da det tok boken, falt de fire skapningene og de tjuefire eldste ned for Lammet. Hver av dem hadde en harpe og gullskåler fulle av røkelse, det er de helliges bønner. De sang en ny sang:

Verdig er du til å ta imot boken og bryte seglene på den. For du ble slaktet, og med ditt blod har du frikjøpt for Gud mennesker av alle stammer og tungemål, av alle folk og nasjoner.

— JOHANNES ÅPENBARING 5,8-9

I Johannes åpenbaring kapittel 21, i beretningen om Det nye Jerusalem, innser vi fullt ut identiteten til de 24 eldste. Dette er de bibelske fedrene til alle menneskene i den nye pakt.

I Ånden førte han meg opp på et stort og høyt fjell og viste meg den hellige byen, Jerusalem. Den kom ned fra himmelen, fra Gud. Byen hadde Guds herlighet og strålte som den kosteligste edelsten, som krystallklar jaspis. Den hadde en stor og høy mur med tolv porter, og ved dem sto tolv engler. På portene var det skrevet navn, det var navnene til Israelsfolkets tolv stammer. Tre porter vendte mot øst, tre mot nord, tre mot sør og tre mot vest. Bymuren hadde tolv grunnsteiner, og på dem var det skrevet tolv navn, det var navnene til Lammets tolv apostler.

— JOHANNES ÅPENBARING 21,10-14

Her er det, det fulle prestelige farskapet for de troende i Messias, både jøder og hedninger - de er Israels 12 stammer og de 12 jødiske apostlene til Lammet, ledet av Løven av Juda, den jødiske Messias, den Eneste som er verdig å åpne bøkene av dom.

Da gråt jeg sårt, fordi ingen var funnet verdig til å åpne boken eller se i den. Men en av de eldste sa til meg: «Gråt ikke! For

løven av Judas stamme, Davids rotskudd, har seiret og kan åpne boken og de sju seglene.»

— JOHANNES ÅPENBARING 5, 4-5

Hvordan vil en jødisk Frelser, sammen med Sine israelsk jødiske eldste, dømme en menighet som er skilt fra Hans Torah: som hater, ignorerer eller vanærer Hans jødiske folk og tilriver seg Israels plass? Hva blir skjebnen til de som opphøyer kristne kirkefedre og teologer som alle var store antisemitter og lærte menigheten å hate jøder?

Disse samme kirkefedrene og teologene blir æret og deres bedrag inkorporert i enhver kirkelære, og spesielt den som sier: "Loven eller Toraen er fjernet, vi er kristne, ikke jøder; derfor feirer vi søndag, påske (easter), jul og halloween - alle helgens dag, og ikke Sabbat, Passover (Pesach), Shavuot, Yom Kippur og Sukkot." (Se 3. Mosebok. 23, Han kaller dem "Mine høytider.")

Hvordan vil Løven av Juda dømme en menighet som er blitt oppfostret i en hedensk romersk arv som hater Hans jødiskhet, i stedet for en menighet som har akseptert deres privilegerte israelske arv (utvidet ved stor nåde til hedningen) gjennom en jødisk Messias og Hans jødiske apostler?

Torah, undervisning og instruksjon

Hold løgnens vei borte fra meg, gi meg i nåde din lov (Torah)!

— SALME 119,29

Torah, betyr på hebraisk "undervisning eller instruksjon." Instruksjonene fra YHVH er ikke "forslag." Gjennom hele Sitt Ord forteller Han oss hva Han elsker og hva Han hater, og Han er veldig tydelig angående det. Imidlertid vender mengder av kristne fra alle kirkesamfunn et døvt øre til Hans instruksjoner. De fleste predikanter preker konstant mot Guds bud eller bagatelliserer dem.

Dette har blitt en pest og en plage, slik at synd og lovløshet løper løpsk i mange menigheter. Så mange vederstyggeligheter blir begått og tolereres inne i kirkebygninger at Han må dømme. Han stenger dørene til mange menigheter. Når jeg skriver dette budskapet, er dørene til alle menigheter i Amerika, og i mange andre nasjoner, stengt på grunn av koronaviruset. Den amerikanske regjeringen tillater ingen samlinger med mer enn ti personer. Gud banker på døra for å se om det er minst ti rettferdige i hver kirkefamilie - ti, som fremdeles vil prise Ham og ære Hans bud, med eller uten kirkebygninger.

YHVH sa til Abraham at Han ikke ville ødelegge Sodoma og Gomorra hvis det var minst ti rettferdige der.

Da sa Abraham: «HERREN må ikke bli harm om jeg taler en eneste gang til! Kanskje finnes det ti der.» Han svarte: «Jeg skal ikke ødelegge den for de tis skyld.»

— 1.MOSEBOK 18,32

Gud gir oss alle en enorm mulighet til å gjøre hjemmene våre til et alter av bønn og tilbedelse slik at vi kan finne hvile, en sabbat for våre sjeler. Han banker på alle dørene våre for å føre oss tilbake til de opprinnelige grunnvollene for troen vår, og til det samme evangeliet som de jødiske apostlene forkynte - et evangelium som kalte de troende til hellighet og lydighet mot Hans bud, til sabbats-hvile, bibelske høytider og hellig tilbedelse.

Ingen påske (easter)- feiringer

Gå, mitt folk! Gå inn i dine rom og lukk dørene etter deg! Hold deg skjult et øyeblikk til harmen er gått over! Og se, HERREN går ut fra sitt sted for å kreve dem som bor på jorden, til regnskap for deres synd. Jorden skal vise fram sitt blod og ikke lenger skjule de drepte.

— JESAJA 26,20-21

På grunn av «lockdown» på grunn av COVID-19, kunne ingen menigheter feire påske; ingen «forestillinger» ville finne sted våren 2020, ikke engang i Det hellige land. I årevis har shofaren (trompeten) lydt for å kalle menigheten ut av erstatningsteologi og hedenske romerske feiringer og tilbake til feiring av de bibelske høytidene.

Påsken (easter) er ikke Messias' oppstandelsesfest, men både navnet og datoen er fra den babylonsk-romerske fruktbarhetsgudinnen kalt Ishtar. Ishtar var en del av sol tilbedelsens panteon* i Babylon, Grekenland og Roma. De tilbad henne gjennom orgier, der kvinner hadde sex med prestene i tempelet til Ishtar. Så fødte de babyer som ble unnfanget under disse orgiene. Et år senere ville babyene være tre måneder gamle, og en tiende, eller en del av "høsten" av babyer, ble ofret til gudinnen for å bønnfalle henne om mer fruktbarhet og flere babyer.

Da ble egg dyppet i blodet til de slaktede babyene, og de ville vise frem de blodmalte eggene slik at alle kunne se hvor mange babyer som ble ofret til gudinnen. Ut fra denne tilbedelsen kom påsketradisjonen

---

* Et panteon (fra Gresk πάνθεον pantheon, bokstavelig "(et tempel) er den spesielle samlingen av alle guder fra enhver individuell polyteistisk religion, mytologi eller tradisjon. (Oxford English Dictionary)

med malte egg - inkludert sjokoladeegg og kaniner som ikke har noe med oppstandelsen til den jødiske Messias Yeshua å gjøre. Kaniner har vært symboler på fruktbarhet og umoral helt siden Babylon. Selv pornografiske magasiner som Playboy bruker en kanin som sin logo. Unge jenter kledd med kanin-ører og haler serverer drinker i klubber, som representerer Ishtar tilbedelse til gudinnen for fruktbarhet og umoral.

Hvordan kan det være mulig at vi henviser til oppstandelsesfesten for en jødisk Messias med navnet til gudinnen Ishtar (Easter/påske), og inkluderer hedenske romerske tradisjoner? Dette er arven fra erstatningsteologi som vi ikke kan ignorere lenger. Vår Gud banker på døren til ethvert hjerte og enhver menighet og kirkesamfunn, for å gjøre *teshuva*, for å omvende seg, vende tilbake og bli gjenopprettet til evangeliet fra Sion og til en jødisk Messias i stedet for en romersk Kristus. Konstantin innstiftet påske (easter) da han forbød å feire pesach (forbigang), som ble sett på som en jødisk feiring.

Men pesach og førstegrødens høytid handler om Yeshuas blodpakt, død, begravelse og oppstandelse. (På norsk kommer ordet påske fra det arameiske ordet paska, som er det samme som pesach på hebraisk. overs.anm)

Yeshua feiret pesach (forbigang), ikke "påske (easter)" eller Ishtar med sine disipler da det følgende fant sted,

For jeg har mottatt fra HERREN det jeg også har gitt videre til dere: I den natt da HERREN Yeshua ble forrådt, tok han et brød (matzah*), takket, brøt det og sa: «Dette er min kropp, som er for dere. Gjør dette til minne om meg!» På samme måte tok han begeret etter måltidet og sa: «Dette begeret er den nye pakt i mitt blod. Hver gang dere drikker av det, gjør

---

* Matzah: et usyret/ugjæret flatbrød som er en del av det jødiske kjøkken, og danner et integrert element av Pesach feiringen.

det til minne om meg!» For hver gang dere spiser dette brødet og drikker av begeret, forkynner dere HERRENS død helt til han kommer.

— 1.KORINTERBREV 11,23-26

Men Konstantin tok påsken (easter), den hedenske romerske høytiden for Ishtar, og kledde henne i "kristne klær." Han holdt imidlertid datoen og de hedenske tradisjonene intakte.

Kirkerådet i Nikea

Fra brevet fra keiseren (Konstantin) til alle de som ikke var til stede i kirkerådet. (Funnet i Eusebius, Vita Const., Lib III 18-20)

Da spørsmålet i forhold til den hellige påske (easter) festen oppsto, ble det universelt tenkt at det ville være praktisk at alle skulle holde høytiden på en dag; for hva kan være vakrere og mer ønskelig enn å se denne feiringen, der vi mottar håpet om udødelighet, feiret av alle i enighet og på samme måte? Det ble erklært å være spesielt uverdig for denne, den helligste av alle feiringer, å følge skikkene (beregningen) til jødene som hadde skitnet til hendene sine med den mest skremmende av forbrytelser, og hvis sinn var forblindet. Når vi avviser deres skikk, kan vi overføre til våre etterkommere den legitime måten å feire påske (easter) på; som vi har feiret fra tiden for vår Frelsers lidelse ifølge ukedagene.

Vi burde derfor ikke ha noe til felles med jøden, for Frelseren har vist oss en annen vei; vår tilbedelse følger en mer legitim og mer praktisk kurs (rekkefølgen av ukedagene): Og følgelig, når vi enstemmig bruker denne modellen, ønsker vi, kjære brødre, å skille oss fra det avskyelige selskap av jøden. (Fordham University)

Denne adskillelsen har vært veldig kostbar, og har ført til drap på millioner av jøder i navnet Jesus Kristus og hans etterfølgere. Det har også forårsaket åndelige død hos millioner av kristne som krenket Den Hellige Ånd ved å fortsette den hedenske arven fra soltilbederen keiser Konstantin ved feiring av søndag, påske (easter), jul og halloween – alle-helgensdag.

Jul eller sukkot?

Messias ble ikke født den 25. desember, dagen for vintersolverv. Snarere var det den hedenske høytiden Saturnalia, tilbedelsen av solguden og eviggrønne trær som ble feiret på den dagen. Yeshua ble født (ifølge mange nåværende lærde) under Sukkot-festen, Løvhyttefesten, da alle nasjoner blir beordret til å komme opp til Jerusalem under Hans tusenårs regjering, etter at Gud har utøst Sin vrede over nasjonene som angrep Israel.

> Da skal de som er igjen av alle folkeslagene som kom mot Jerusalem, år etter år dra opp for å tilbe kongen, HERREN over hærskarene (ADONAI-Tzva`ot), og for å feire løvhyttefesten. Hvis noen av slektene på jorden ikke drar opp til Jerusalem for å tilbe kongen, ADONAI-Tza`vot, skal regnet ikke falle over dem.
>
> — SAKARJA 14,16-17

Den "praktiske retning for tilbedelse", som skiller de kristne fra alt jødisk, som ble uttalt av Konstantin og hedninge-kirkens fedre i det fjerde århundre, har vært dødelig og blodig på alle måter. De fleste av pogromene i Europa utført av menigheten mot jødene, fant sted enten under jul eller påske.

Her er noen eksempler fra historiske nedtegnelser:

Eldre jødiske religiøse tekster instruerte alle jøder til å være hjemme på julaften fordi kristne kunne angripe eller til og med drepe dem. Historisk sett ble det imidlertid begått langt flere voldshandlinger mot jøder under påsken (easter), når kristne markerer dagen da Jesus døde, enn i julen da han visstnok ble født.

Pogromer ville også bryte ut førti dager etter påske (easter), dagen da kristne tror at Jesus steg opp til himmelen. Våren så generelt flere angrep mot jøder enn desember, siden været var varmere og bakken ikke var dekket av snø. (Gottesman)

Begrepet pogrom kom i hyppig bruk rundt 1881 etter at antisemittisk vold brøt ut etter attentatet mot tsar Alexander II. Anti-jødiske grupper hevdet at regjeringen hadde godkjent represalier mot jøder. Den første volden brøt ut i Yelizavetgrad, Ukraina, og spredte seg deretter til 30 andre byer, inkludert Kiev.

I løpet av julen samme år eksploderte det russisk-kontrollerte Warszawa, Polen, i vold som resulterte i at to jøder døde. Jødiske lommetyver ble feilaktig anklaget for 29 dødsfall som skjedde under panikken som oppsto etter en kirkebrann.

Morderiske utbrudd mot jøder fortsatte gjennom 1884 i Hviterussland, Litauen, Rostov og Jekaterinoslav. Nizhni Novgorod var vertskap for det endelige russiske pogromet i denne perioden, noe som resulterte i at ni jøder døde. (History. com Editors)

17. april 1389, var den første dagen av et to-dagers overgrep utført mot det jødiske samfunnet i Praha av deres kristne naboer. Prague Pogromet, som det har blitt kalt, førte til at anslagsvis 900 jøder døde, selv om noen av de historiske krønikene som beskrev hendelsene gir tall langt høyere enn det.

I likhet med så mange middelalderske massakrer av jøder i Europa fant Praha Pogromet sted under den katolske hellige uken, rundt feiringen av påsken (easter). Gnisten som satte i gang angrepet var, som ofte var tilfellet, en beskyldning om "verd-skjending" (når såkalte «blasfemiske jøder» fysisk misbruker eukarist-oblaten, som ifølge kristen tradisjon blir omgjort til Kristi legeme når en kirkegjenger tar nattverd). (Haaretz.com)

Middelalderske kristne mottok dermed beskjeden på langfredag om at jødene som bodde i deres midte var fiender av kristne, at de drepte deres frelser, og behøvde å enten konvertere til kristendommen eller møte guddommelig straff. Dette språket om jøder i middelalderens liturgi langfredag ble ofte overført til fysisk vold mot lokale jødiske samfunn.

Det var vanlig at jødiske hus ble angrepet med steiner. Ofte ble disse angrepene ledet av geistligheten. David Nirenberg, lærd i middelalderske jødisk-kristne forhold, argumenterer for at denne volden på nytt brakte inn volden ved Jesu lidelse og død. En annen lærd i denne historien, Lester Little, argumenterer for at angrepet på det jødiske samfunnet var ment å være en hevn for Jesu død og en rituell handling som forsterket grensen mellom jøder og kristne. (Joslyn-Siemiatkoski)

Passover (pesach) og førstegrødens høytid

Men nå er jo Messias stått opp fra de døde, som førstegrøden av dem som er sovnet inn.

— 2.KORINTERBREV 15,20

Yeshua døde ikke langfredag, men under pesach, som falt på en onsdag. Han var i graven i tre dager og tre netter, slik Han selv profeterte om da Han henviste til Jonas tegn.

For slik profeten Jona var i buken på den store fisken i tre dager og tre netter, slik skal Menneskesønnen være i jordens dyp i tre dager og tre netter.

— MATTEUS 12,40

Det korrekte tidspunktet for oppstandelsen av den jødiske Messias er ikke under fruktbarhets-ritene for Ishtar, men under den bibelske førstegrødens høytid som kommer etter pesach.

Rens ut den gamle surdeigen (hametz/synd) så dere kan være en ny deig! Dere er jo som usyret brød. For vårt påskelam er slaktet, Messias.

— 1.KORINTERBREV 5,7

Yeshua er ikke vårt "påskelam (easter-lam)"; Han er vårt "Passover-lam (pesach-lam)."

Han sto opp fra de døde under førstegrødens høytid, og Messias er førstegrøden for oppstandelsen. Da YHVH ga passover-instruksjonene til Moses for Israel, sa Han at han skulle gi Ham offeret fra førstegrøden på den første dagen i uken etter sabbaten som kommer under Passover (pesach) og Matza-høytiden (usyret brød).

> HERREN sa til Moses: Tal til israelittene og si til dem: Når dere kommer inn i det landet jeg vil gi dere, og skjærer kornet der, da skal dere gå til presten med det første kornbåndet dere har skåret. Han skal svinge det for HERRENS ansikt så dere kan vinne velvilje. Dagen etter sabbaten skal presten svinge kornbåndet.

> — 3.MOSEBOK 23,9-11

Den bibelske dagen begynner om kvelden, ikke om morgenen ved soloppgang; derfor begynner den første dagen i uken ved solnedgang "etter sabbaten" eller den syvende dag av hvile.

> Og det ble kveld, og det ble morgen, første dag.

> — 1.MOSEBOK 1,5B

Yeshua står opp fra de døde etter tre dager og tre netter i graven.

Han står opp når solen går ned på sabbaten og gjør det dermed den første dagen i uken, dagen for å løfte førstegrødeofferet opp til YHVH. Når solen går ned på den syvende dagen (sabbaten), står Guds Sønn opp fra de døde. Han tilbringer tre sabbater, dager av hvile, i graven. Ifølge Toraen er den første dagen av påskefesten/usyret brød en sabbat, en dag av hvile og en hellig samling. Ifølge jødisk tradisjon fortsetter dette i *to* dager i byer med en mur rundt, slik at alle jøder i eksil i forskjellige tidssoner også kan nå dette. Så kom den syvende dagen, som var en tredje sabbat. Da den ukentlige sabbaten tok slutt, sto sabbatens HERRE, Yeshua, opp fra de døde.

> For Menneskesønnen er herre over sabbaten.
>
> — MATTEUS 12,8

"Soloppgang"-tradisjonen kommer fra Roma der solguden blir tilbedt, som i påsken (easter) / Ishtar; men, solen bøyde seg ned for Yah`s (Guds) Sønn som står opp når solen går ned. Derfor kom Miriam (Maria) til graven da det fremdeles var mørkt den første dagen, og Yeshua var ikke i graven, for Han hadde stått opp lørdag kveld.

> Tidlig om morgenen den første dagen i uken, mens det ennå er mørkt, kommer Maria Magdalena til graven. Da ser hun at steinen foran graven er tatt bort.
>
> — JOHANNES 20,1

Sabbat og COVID-19

> Husk sabbatsdagen (Yom Shabbat) og hold den hellig. Seks dager skal du arbeide og gjøre all din gjerning, men den sjuende dagen er sabbat for ADONAI din Gud. Da skal du ikke gjøre noe arbeid, verken du eller din sønn eller din datter, verken slaven eller slavekvinnen din, verken buskapen din eller innflytteren som bor i byene dine. For på seks dager laget ADONAI himmelen og jorden, havet og alt som er i dem;

men den sjuende dagen hvilte han. Derfor velsignet Adonai sabbatsdagen og helliget den.

— 2.Mosebok 20,8-11

Det meste av verden jobber syv dager i uken, og bryter hele tiden det fjerde budet. Siden Israel er en blanding av sekulære med konservative, og religiøse mennesker, holder de ikke sabbaten i mange deler av Israel, som for eksempel i Tel Aviv. I Jerusalem er butikkene for det meste stengt for Shabbat (den sjuende dagen av hvile), og det går ingen offentlig transport. For første gang i moderne Israels historie måtte hele landet holde sabbat våren 2020 på grunn av koronavirus lockdown. Det var en enestående følelse. Alle andre nasjoner som gikk i lockdown holdt dette. Siden de fleste virksomheter, skoler og menigheter var stengt, oppholdt folk seg i husene sine på sabbaten. I Amerika er lørdager de travleste dagene med butikker som holder åpent ekstra lenge. Men under COVID-19 ble nesten hele menneskeheten tvunget til å *hvile* og å holde sabbat!

De fleste pastorer har forkynt for menigheten sin at sabbat ikke er for de kristne, at det er akseptabelt å gjøre alt man vil på Hans hellige dag, men dette minner om erstatningsteologi. Faktisk møttes de første troende i Messias, både jøde og hedning, opprinnelig i synagogene på sabbaten. De holdt sabbat så sent som i 364 e.Kr. da Kirkerådet i Laodikea forbød praksisen, fordi de sa at dette var "jødisk."

Canon 29: Kristne skal ikke judaisere og gå ledige på lørdag, men skal arbeide den dagen; men Herrens dag skal de spesielt ære, og som kristne skal de om mulig ikke gjøre noe arbeid den dagen. Men hvis de blir funnet å judaisere, skal de bli stengt ute fra Kristus. (The Sabbath Sentinel)

Deretter vil jeg komme tilbake og gjenreise Davids falne hytte. Det som er revet ned, skal jeg bygge opp, jeg reiser det på ny, for at resten av menneskene skal søke HERREN, alle folkeslag som navnet mitt er nevnt over. Så sier HERREN, han som gjør dette kjent fra evighet av.

Derfor mener jeg at vi ikke skal lage vanskeligheter for de hedningene som vender om til Gud. Men vi skal skrive til dem at de skal holde seg borte fra det som er gjort urent ved avgudsdyrkelse, og fra hor, fra kjøtt av kvalte dyr og fra blod. For Moses har fra uminnelige tider hatt noen som forkynner ham i alle byer, og han blir opplest i synagogene hver sabbat.»

— APOSTLENES GJERNINGER 15,16-21

Apostlene forventet at de hedninge-troende skulle gå til synagogene for å høre Torahen slik den ble gitt til Moses. Da ville Den Hellige Ånd overbevise dem om synd og skrive Guds Torah-bud i hjertene deres. Jøder og hedninger tilbad sammen i det samme oliventreet, med den samme jødiske Messias og det samme evangeliet. Dette var den før-konstantinske tiden.

Jeg har allerede delt om hvordan den østlige romerske keiseren Konstantin og hedninge- kirkefedrene i det fjerde århundre etablerte et annet evangelium og et annet tilbedelsessystem med en romersk Kristus, hedenske romerske høytider og tradisjoner. Å holde sabbaten hellig er imidlertid ett av de ti bud, som jeg kaller den himmelske grunnloven. Israels folk var mottakere av denne himmelske grunnloven, men hensikten var å dele dens gudelige prinsipper med alle nasjoner.

Og de fremmede som har sluttet seg til ADONAI, som vil gjøre tjeneste for ham og elske ADONAI`s navn og være hans tjenere, alle som holder sabbaten og ikke vanhelliger den, men holder fast ved min pakt, dem fører jeg til mitt hellige fjell og lar dem glede seg i mitt bønnehus. Brennoffer og slaktoffer fra dem gir velvilje på mitt alter. For mitt hus skal kalles et bønnens hus for alle folk,

— JESAJA 56,6-7

Ingen steder i de hellige skriftene står det at Skaperen forandret den syvende dagen, eller at Han i stedet velsignet søndagen. Han erstattet aldri sin hellige dag! Konstantin, som var en sol-tilbeder, etablerte imidlertid soldagen for å tilbe solguden i en kristendom som han innstiftet. Opprinnelig var mange troende imot dette trekket, etter å ha kjent sannheten i de 300 årene før Nikea-rådet. Men Konstantin, støttet av hedninge-kirkefedrene, styrte med jernhånd - så Shabbat ble forbudt og søndagsgudstjeneste ble innstiftet i stedet. Denne situasjonen fortsetter helt til i dag. Men Bibelens Gud kaller hele menneskeheten til å hvile og tilbe Ham på Sin hellige dag, ikke på soltilbederen Konstantins søndag. Faktisk vil sann sabbats-tilbedelse råde gjennom tusenårsriket til Messiah Yeshua fra Jerusalem.

Og det skal skje: Fra nymånedag til nymånedag, fra sabbat til sabbat, skal alle mennesker komme og tilbe for mitt ansikt, sier ADONAI.

— JESAJA 66,23

Jeg tror vi kan tilbe YHVH *hver* dag i uken, men likevel ikke unnlate å adskille sabbaten som den hellige dagen av hvile og tilbedelse som ble opprettet ved skapelsen og som varer evig, slik den første menigheten gjorde. Yeshua sa ikke: "Jeg er søndagens Herre," men erklærte: "Jeg er sabbatens Herre" (Mat 12,8). Han kaller oss tilbake fra soltilbedelse til bibelsk hellig tilbedelse.

For Menneskesønnen er herre over sabbaten.

— MATTEUS 12,8

Passover (pesach), påske (easter) og COVID-19

Under COVID-19-pandemien var folk i "lockdown." Alle menigheter og de fleste virksomheter var stengt fra mars til april 2020. Det fantes ingen måte å holde påske (easter)-gudstjenester og konferanser på, siden disse gudstjenestene behøver et kirkebygg og mange mennesker som er til stede. Regjeringen tillot samlinger på maksimalt ti personer. Pesach-feiringene fortsatte imidlertid som vanlig, ettersom disse foregår i hjemmene.

Som alle de bibelske høytidene i Israel, blir pesach og det usyrede brøds høytid først feiret hjemme med familien. Jødiske familier kunne fortsatt feire pesach under COVID-19-nedstengning. Igjen la Israels Gud vekt på tilbakevendingen til evangeliets opprinnelige grunnvoller, og flyttet alteret for tilbedelse bort fra kirkebygninger og tilbake til familie-hjemmene.

Gud ordinerte den første bibelske nedstengningen for å beskytte Sitt folk mot pesten som ble sendt mot Egypt. Deretter befalte Han folket å spise de ofrede lammene og feire pesach inne i familiene deres for evig.

Da kalte Moses sammen alle de eldste i Israel og sa til dem: «Gå og hent småfe til familiene deres og slakt påskelammet! Så skal dere ta en isopkvast, dyppe den i blodet i skålen og

stryke noe av blodet fra skålen på bjelken over døren og på de to dørstolpene. Ingen av dere må gå ut gjennom døren til huset sitt før om morgenen. For Adonai skal dra gjennom landet for å slå egypterne. Og når han ser blodet på bjelken og de to dørstolpene, skal han gå forbi døren og ikke la ødeleggeren slippe inn i huset for å slå dere. Dette skal dere holde, og det skal være en evig ordning for deg og dine etterkommere.

— 2.Mosebok 12,21-24

Romerne korsfestet Yeshua under pesach, og Han ble passover (pesach)-lammet.

Dere har sannelig ikke mye å være stolte av! Vet dere ikke at litt surdeig (hametz) gjennomsyrer hele deigen? Rens ut den gamle surdeigen (hametz) så dere kan være en ny deig! Dere er jo som usyret brød. For vårt påskelam er slaktet, Messias. Så la oss holde høytid (pesach, ikke easter), ikke med gammel surdeig av ondskap og synd, men med renhetens og sannhetens usyrede brød.

— 1.Korinterbrev 5,6-8

På tide å bli kvitt den gamle surdeigen

Rens ut den gamle surdeigen (hametz), så dere kan være en ny deig! Dere er jo som usyret brød. For vårt påskelam er slaktet, Messias.

— 1.Korinterbrev 5,7

På hebraisk betyr Torah "Guds instruksjoner i rettferdighet." Selv om Toraen blir brukt for å beskrive forskjellige jødiske bøker som Talmud og Gemara,* refererer den i sin opprinnelige kontekst til de fem Mosebøkene, budene YHVH ga til Israels folk. Offerlovene er ikke for oss i dag, siden Yeshua, den jødiske Messias og passover-lam, er det ultimate offeret. Men de moralske sosiale lovene og til og med tilbedelses-prinsippene er virksomme og gode, og de må skrives i hjertene og sinnene våre. Dette er merket på den nye pakt som ble gitt til Israels folk, og det de jødiske apostlene i det første århundre delte med hedningene.

> Se, dager skal komme, sier HERREN, da jeg slutter en ny pakt med Israels ætt og Judas ætt, en pakt som er annerledes enn den jeg sluttet med deres fedre den gang jeg tok dem ved hånden og førte dem ut av Egypt, den pakten med meg som de brøt, enda jeg var deres rette herre, sier HERREN. Nei, slik er den pakten jeg vil slutte med Israels folk i dager som kommer, lyder ordet fra HERREN: Jeg vil legge min lov i deres sinn og skrive den i deres hjerte. Jeg vil være deres Gud, og de skal være mitt folk. Da skal ingen lenger lære sin neste og sin bror og si: «Kjenn HERREN!» For de skal alle kjenne meg, både små og store, sier HERREN. For jeg vil tilgi deres misgjerning og ikke komme i hu deres synd.
>
> — JEREMIA 31,31–34

Dybden av bedraget er dypt angående lovene og standardene til den Allmektige. Et "billig nåde-evangelium" har blitt forkynt. Folk

---

*Talmud er den jødiske sivile og seremonielle loven og legenden som utgjør Mishnah og Gemara. Mishna er den første store skriftlige samlingen av jødiske muntlige tradisjoner, og Gemaraen er en rabbinsk kommentar til Mishnah.

er nå velkjente med motivasjons-forkynnere og pastorer som taler det som «klør i ørene», og vender et blindt øye til synden og lovløsheten i menighetene deres. Dette har forårsaket en situasjon uten herlighet (*ichabod* på hebraisk), som nevnt i 1. Samuels-bok, da Yppersterpresten Eli mislyktes i å korrigere sønnene sine.

> **ADONAI** sa til Samuel: «Nå vil jeg gjøre noe i Israel som får det til å ringe for ørene på alle som hører om det. Den dagen lar jeg Eli få sanne alt det jeg har varslet om ætten hans, fra først til sist. Jeg har kunngjort for ham at <u>jeg vil felle dom over ætten hans for alle tider, for den misgjerning han gjorde. Han visste at sønnene hans forbannet Gud, men talte dem like vel ikke til rette.</u> Derfor har jeg sverget denne ed om Elis ætt: Aldri skal Eli-ættens skyld kunne sones, verken med slaktoffer eller offergaver.»

> — 1 SAMUEL 3,11–14

Pastorer har ikke korrigert flokkene sine; de er redde for å miste "sauene sine" og tienden fra dem. Men vår Far kan ikke overse dette lenger, fordi sauene Hans blir holdt i en evigvarende tilstand av "åndelig Egypt" ved å være slaver under synd, umoral, grådighet og avgudsdyrkelse.

Det største bedraget kommer fra det faktum at menigheten er skilt fra Løven av Juda og Hans veier, fordi den har erstattet Hans identitet med en romanisert, hedensk Kristus som blunker til synden. Hun er langt borte fra evangeliet fra Sion, som er erstattet med et vestlig, humanistisk, forfalsket evangelium - et evangelium uten omvendelse, hellighet, rettferdighet og lydighet.

Men om vi selv, ja, om en engel fra himmelen skulle forkynne dere et annet evangelium enn det vi har forkynt, så skal han

være forbannet! Vi har sagt det før, og jeg gjentar det nå: Hvis noen forkynner dere et annet evangelium enn det dere har mottatt, skal han være forbannet!

Søker jeg nå å bli anerkjent av mennesker – eller av Gud? Prøver jeg kanskje å gjøre mennesker til lags? Var det fremdeles mennesker jeg ville være til lags, da var jeg ikke Messias` tjener.

— GALATERNE 1,8-10

For to tusen år siden advarte Messias Yeshua oss om nettopp dette i Matteus-evangeliet; og her står vi i dag overfor konsekvenser som er akkurat det Han advarte om.

Tro ikke at jeg er kommet for å oppheve loven (Torah) eller profetene! Jeg er ikke kommet for å oppheve, men for å oppfylle. Sannelig, jeg sier dere: Før himmel og jord forgår, skal ikke den minste bokstav eller en eneste tøddel i loven (Toraen) forgå – før alt er skjedd. Om altså noen opphever et eneste av disse minste budene og lærer menneskene dette, skal han regnes for den minste i himmelriket. Men den som holder dem og lærer andre dette, han skal være stor i himmelriket. Ja, jeg sier dere: Dersom ikke deres rettferdighet langt overgår de skriftlærdes og fariseernes, kommer dere aldri inn i himmelriket.

— MATTEUS 5,17-20

Forkynnere i de fleste menigheter har gjentatt mantraet: "Loven er fjernet, og du trenger ikke holde Guds lover; du er nå under nåde." De gir utallige bedratte kirkegjengere et placebo hver søndag for å få dem til å føle det godt angående seg selv uten at omvendelse eller endret livsstil er nødvendig. Vi dømmer en hel generasjon til helvete hvis vi ikke endrer fortellingen raskt!

Yeshua erklærte i Matteus 5, "Ikke tenk ved dere selv at Jeg kom for å oppheve Torahen (Min Fars lover og bud) og alt det som (de hebraiske) profetene har instruert og profetert. Jeg har kommet for å bringe en fullstendig tolkning av disse; uten Meg og Min Hellige Ånd kan dere ikke vandre i rettferdighet. Men med Meg og gjennom Meg kan dere både holde og undervise dem. Faktisk, hvis dere ikke lyder Min Fars bud mer enn det de religiøse lederne i Israel gjør, vil dere som har trodd på Meg ikke engang komme inn i himmelriket! "

Dette er langt borte fra fortellingen i menighetene i dag som sier: Loven er fjernet. Hvordan kan vi forvente å ha seier i vår vandring hvis vi ikke lyder ordene fra vår jødiske Messias? Han erklærte at standarden for hellighet og rettferdighet for oss i den nye pakt er en mye høyere standard enn den i den gamle pakt. Han snakket ikke om offerlovene, fordi Han ville bli det ultimate offer for synder. Men Han mente definitivt at våre moralske, sosiale og tilbedelses-standarder skulle være høyere enn fariseernes, som var Israels Torah-holdende ledere på Hans tid.

Legg merke til fortsettelsen av Hans advarsel i dette kapitlet i Matteus 5, der Han erklærer prinsippet om disse høyere standardene.

> Dere har hørt det er sagt til fedrene: Du skal ikke slå i hjel, og den som gjør det, skal komme for domstolen. Men jeg sier dere: Den som blir sint på en annen, skal for domstolen, og den som sier til en annen: Din dumrian (*reka*= arameisk for verdiløs), skal stilles for Det høye råd, og den som sier: Din ugudelige narr, skal være skyldig til helvetes ild.
>
> — MATTEUS 5,21–22

Gud regner det å forbanne eller hate våre brødre og søstre som drap - ikke bare handlingen av å drepe noen, men ordene og hjertet av uhellig vrede og hat blir dømt. Herre, ha barmhjertighet med oss! Hvor mange av oss har ubevisst vært mordere?

Yeshua fortsetter med å utdype om Torahen, som er Hans og vår Fars bud:

Dere har hørt det er sagt: Du skal ikke bryte ekteskapet. Men jeg sier dere: Den som ser på en kvinne med begjær etter henne, har allerede begått ekteskapsbrudd med henne i sitt hjerte.

— Matteus 5,26-27

Under den nye pakt er utroskapens synd ikke bare en handling av utukt med en annens ektefelle, eller med en mann eller kvinne man ikke er lovlig gift med, men til og med å begjære i ens hjerte uten å begå handlingen blir bedømt som utroskap. Millioner av kristne menn som dykker ned i pornografi på internett, begår åpenbar utroskap ved å begjære andre kvinner i sine hjerter og sinn. Yeshua var veldig tydelig på hva en skulle gjøre under slike omstendigheter, og det har ingenting å gjøre med de overbærende, bleke og tolerante prekenene som blir forkynt i dag. Dette er det Han sa:

Om ditt høyre øye lokker deg til synd, så riv det ut og kast det fra deg! Det er bedre for deg å miste ett av dine lemmer, enn at hele ditt legeme kastes i helvete. Og om din høyre hånd lokker deg til synd, så hogg den av og kast den fra deg! For det er bedre for deg å miste ett av dine lemmer, enn at hele ditt legeme kommer til helvete.

— Matteus 5,29-30

Han sa at vi måtte være radikale og grundig forpliktet på å rykke opp synd og perversjon fra livene våre! Disse utvannede, tolerante budskapene som bedrar folket til lovløshet, er en stor krenkelse mot den Store Hyrden for sauene Hans. Han er i ferd med å fjerne de hyrdene som holder flokkene sine i trelldom under et lovløst evangelium forankret i erstatningsteologi og hat mot Toraen, Guds lover.

Derfor, hyrder, hør ADONAIS ord! Så sant jeg lever, sier ADONAI, sauene mine er sannelig røvet og er blitt til føde for alle slags villdyr, fordi de ikke hadde noen hyrde. Hyrdene mine spurte ikke etter sauene. De sørget for seg selv istedenfor å gjete sauene mine. Derfor, hyrder, hør ADONAI`s ord! Så sier Adonai ELOHIM: Jeg kommer over hyrdene og krever dem til regnskap for sauene mine. Jeg avsetter dem som hyrder. De skal ikke lenger sørge for seg selv. Jeg vil berge sauene ut av gapet på dem; de skal ikke ha dem til føde.

— ESEKIEL 34, 7–10

I disse siste tider er det ikke tid for å "leke menighet." Det er på tide å omvende seg og gå tilbake til de gamle vegene som ble gitt til Israels folk, og som ble forkynt av de jødiske apostlene for to tusen år siden. Jeg forsikrer deg om at ikke en av disse jødiske apostlene ville ha tolerert menigheter fulle av synd, umoral, homoseksualitet, abort, drukkenskap, avhengighet, opprør og grådighet. De ville vært helt sjokkerte over å se dagens menighet, og hvordan de sanne profetiske stemmene blir brakt til taushet til fordel for de som forkynner det som «klør i ørene» til Yah`s (Guds) flokk.

Vet dere ikke at de som gjør urett, ikke skal arve Guds rike? Ta ikke feil! Verken de som lever i hor, avgudsdyrkere,

ekteskapsbrytere eller menn som ligger med menn eller lar seg bruke til dette, verken tyver, pengegriske, drukkenbolter, spottere eller ransmenn skal arve Guds rike. Slik var noen av dere en gang. Men nå er dere blitt vasket rene, dere er blitt helliget, ja, rettferdige for Gud i HERREN Yeshua Messias` navn og ved vår Guds Ånd (Ruach).

— 1.KORINTERBREV 6,9-11

Guds lover er evige

Hva skal vi da si? Skal vi fortsette å synde, for at nåden kan bli enda større? Slett ikke! Vi som døde bort fra synden, hvordan kan vi fremdeles leve i den? Eller vet dere ikke at alle vi som ble døpt til Messias Yeshua, ble døpt til hans død? Vi ble altså begravet med ham da vi ble døpt med denne dåp til døden, for at vi skal leve det nye livet, likesom Messias ble reist opp fra de døde ved Faderens veldige kraft.

— ROMERNE 6,1–4

Vær oppmerksom på at den nye (eller fornyede) pakt ikke er inngått med hedningene, men med Juda og Israel. Hedningene har tilgang til den nye pakt gjennom den jødiske Messias når de går *sammen* med sine jødiske brødre i den nye pakt. Det er ikke noe som heter hedninge-menigheten. Menigheten er, alt sammen, podet inn i Israel. Det er ikke en 'unik, menighet for hedningene' og en 'unik jødisk menighet.' Det er bare *en* Ecclesia-menighet, og den er podet inn i oliventreet (les Rom. 11 og Åp. 21). Menigheten trenger å vende tilbake til sin opprinnelige identitet!

Og selv om hver nasjon har en unik identitet og kall, må fokus og de grunnleggende lovene være de samme: den samme Gud, det samme Ordet og Toraen, den samme Ånden, den samme troskapen mot Israels folk.

Så hvorfor feirer menigheten andre høytider enn de som er beskrevet i Bibelen? Det er på grunn av erstatningsteologi som fjernet alt jødisk fra menigheten, vedtok romerske hedenske høytider i stedet, kledde dem ut som om de var hellige. Dette er identitetstyveri! Kjære dere, dere kan kle på en gris og prøve å få den til å ligne et lam, men den lukter fortsatt som en gris. Israels Gud har banket på dørene til menighetene i mange år, og oppfordret dem til å forsake de romaniserte høytidene med sine hedenske tradisjoner. Men, disse predikantene har prøvd å behage flokken mer enn å behage hyrden for flokken som er Yeshua.

Til og med mange forkynnere som forkynner om de jødiske røttene for troen og Israel, har kompromittert sannheten for ikke å miste sine partnere og etterfølgere. Mange har vært forsiktige med å ikke fornærme andre kristne, men har de vært forsiktige med å ikke krenke Israels Gud?

Det er Han som sa vi ikke skulle følge hedningenes veier i tilbedelse. Han befalte selv at vi ikke skulle pynte trær som et tegn på tilbedelse. Likevel tar millioner av kristne med seg juletrærne hjem, og pastorer plasserer dem på et fremtredende sted i menighetene sine og "fester dem med nagler." Juletreet er en hedensk tradisjon fra festen til Saturnalia som ble feiret før julefeiringen kom, og det er en høytid for avgudsdyrkelse og soltilbedelse. Hvorfor skulle vi tro at dette gleder en jødisk Messias?

Hør dette ordet som ADONAI taler til dere, Israels ætt. Så sier ADONAI: Venn dere ikke til å gjøre som andre folk og frykt ikke tegn på himmelen, selv om andre folk frykter dem. For

folkenes skikker er ingenting verd. De hogger et tre i skogen,
en treskjærer former det til med øks, han pynter det med sølv
og gull og fester det med nagler og hammer, så det står støtt.

— JEREMIA 10,1–4

Det finnes så mye "politisk korrekthet", der sannheten er blitt
kompromittert. Forkynnere fortsetter å behage folket ved å lære
menneskers tradisjoner som krenker den Allmektige og får den Hellige
Ånd til å trekke seg tilbake fra menighetene våre. Internett er fullt av
informasjon om dette. Mange har forkynt og skrevet mange bøker
om betydningen av omvendelse fra å feire kristne høytider forankret i
hedendom. YHVH har kalt menigheter i mange, mange år til å omfavne
hellig tilbedelse ved å avvise den romaniserte kristendommen med sine
hedenske høytider – og til å komme tilbake til de bibelske høytidene
som Han ga til Israel for at de skulle dele dem med hele menneskeheten.

Så lenge som vi kler menigheten i romerske kristne høytider, er dens
identitet fortsatt stjålet, og den jødiske identiteten til Messias vil forbli
skjult for massene. Derfor vil antisemittismen fortsette å løpe tøylesløst
i mange kristne kretser. Gud er hellig, og Han kaller oss til å tilbe Ham
i ånd og sannhet (Joh. 4:24).

Jul, påske (easter), halloween/allehelgensdag og søndags-tilbedelse
er en arv fra Roma og Babylon og har ingenting med den jødiske
Messias Yeshua å gjøre. Satan etablerte alt dette som en del av en
demonisk plan gjennom den øst-romerske keiser Konstantin og det
fjerde århundres kirkefedre, for å adskille menigheten fra Israel for
evig. Ved å gjøre dette ønsket djevelen å skille menigheten fra den
jødiske Messias ved å hente inn en forfalsket romanisert Jesus Kristus,

med romerske hedenske høytider og med lover som var i strid med de bibelske lovene fra Toraen.

Alt dette er det største identitetstyveriet i historien! Og det koster forløsningen av millioner av mennesker, og får hele nasjoner til å gå glipp av å bli saue-nasjoner før Messias` brud er gjenopprettet til sin identitet som den innpodede bruden til en jødisk brudgom. Yeshua ville ikke ha våget å feire romerske høytider som trosset budene til Hans Far, eller å ha pyntet trær eller gitt høytider navn fra utenlandske guder som Ishtar/Easter (påske) med hedenske tradisjoner.

Det er på høy tid å gjenopprette bibelske helligdager (hellige dager) for menigheten over hele verden, uten å kompromisse med hedenske blandinger som mange forsvarer, for eksempel å sette opp juletrær ved siden av Hanukkah-menorahene (lysestakene) eller å feire påske (easter) og Passover (pesach) sammen. Israels Gud deler ikke tilbedelse med Romas guder. Det er Israels Gud og Hans tilbedelse, eller Roma. Det er ikke noe kompromiss.

Han sa at vi enten skulle være varm eller kald. Han tolererer ikke blandingen i det hele tatt. Jeg vet at dette ikke er politisk korrekt, og det kan forarge mange, men det er bibelsk korrekt. Og som min far Elias sa for tusenvis av år siden.

Elias trådte fram for hele folket og sa: «Hvor lenge vil dere halte til begge sider? Er ADONAI Gud, så hold dere til ham; og er Ba'al Gud, så hold dere til ham!» Men folket svarte ikke et ord.

— 1.KONGEBOK 18,21

Alle kristendommens høytider er lånt fra Roma, fra soltilbedelse, som er Baal-tilbedelse. Akkurat som i det gamle Israel, forvirret deres ledere folket. I stedet for at lederne lærte dem sannheten, så holdt de folket i trelldom under en blanding av tilbedelse. "Litt hebraisk, litt hedensk," bare for å tilfredsstille massene, men de krenket Israels Gud sterkt. Han sendte Sin profet Elia for å konfrontere dette kompromisset, og Han gjør det igjen ved Elias' Ånd. Han kaller oss til endelig å ta en beslutning om vi vil forbli romerske kristne, podet inn i juletreet, eller bli en pakts- brud som er podet inn i oliventreet i vår tilbedelse.

Noen av grenene er nå brukket av, og du som var en vill oljekvist, er blitt podet inn blant grenene og har fått del i sevjen fra roten. Men innbill deg ikke at du er bedre enn grenene. Gjør du det, så husk at det ikke er du som bærer roten, men roten som bærer deg!

— ROMERNE 11,17–18

Hvor mange i den evangeliske menigheten vet egentlig at deres tilbedelse er katolsk, og at de fremdeles knytter seg til den romersk-katolske kirke med en åndelig navlestreng? Forstår de at påsken (easter), julen, halloween/ allehelgensdag og søndags-tilbedelsen kommer fra romersk kristendom? Og at det ikke ble slik før i det fjerde århundre - i 300 år feiret de som trodde på den jødiske Messias Shabbaten og de bibelske høytidene, og kalte den jødiske Messias ved Hans navn, Yeshua.

Det er på tide å fjerne de romerske klærne – de hedenske høytidene - og ta på seg de bibelske. Å gjenopprette hellig tilbedelse vil gjenopprette identiteten til Messias' brud og den jødiske Messias. Det vil gjøre det jødiske folket misunnelig slik at de ønsker å få Ham tilbake.

"Fjern grise-identiteten fra Mitt folk."

> For ADONAI skal holde dom med ild, med sitt sverd skal han ramme hvert menneske; mange er de som ADONAI feller. De som helger og renser seg når de går til hagene i følge med en som går i midten, de som spiser svinekjøtt, mus og annen styggedom, skal alle gå til grunne, lyder ordet fra HERREN.
>
> — JESAJA 66,16-17

COVID-19-pandemien våren 2020 brakte forståelsen av at urene dyr bringer forferdelige plager (coronavirus-pesten startet angivelig i det urene dyremarkedet i Wuhan, Kina, der de selger mange urene dyr og skadedyr som menneskeføde). Her kom COVID-19 fra en flaggermus, som er en mus med vinger. YHVH sier i Sitt ord at Han vil bringe dom over hele menneskeheten fordi de spiser urene dyr. I Jesaja 66 nevnte Gud svin, skadedyr og mus. I 3. Mosebok 11 gir Han en lengre liste, og kaller de urene dyrene avskyelige. For eksempel kaller Gud skalldyr og steinbit "avskyelig."

> Men alt som finnes i havet og elvene, alt som myldrer i vannet, alt som lever der og ikke har finner og skjell, det skal være en styggedom for dere. En styggedom skal de være for dere. Kjøttet av dem skal dere ikke spise, og deres døde kropper skal dere ha avsky for. Alt i vannet som ikke har finner og skjell, skal være en styggedom for dere.
>
> — 3.MOSEBOK 11,10-12

Jøder som konverterte til kristendom, med makt eller frivillig, ble gjennom tidene pålagt å vise at de var "ekte kristne" og at de "virkelig ble frelst" ved å spise svinekjøtt og urene dyr. Da jeg, som var en jøde, overga livet mitt til Yeshua, var de første instruksjonene som noen kristne ga meg:

- Du er fri fra loven
- Du kan spise alt det svinekjøttet du vil ha

Dette var forvirrende: Inntil da hadde jeg vært en synder som hadde brutt Yahs (Guds) bud, og nå skulle frelse bety at jeg kan forbli lovløs? Det forvirrer også mange andre når de hører disse rare instruksjonene. Inntil da hadde jeg vært vegetarianer og nøt ikke kjøtt, og heller ikke svinekjøtt. Men disse velmenende kristne ønsket å se meg bryte den levende Guds mat-bud for å få dem til å hvile i at jeg virkelig var frelst. Mange jødiske troende vil fortelle deg den samme historien.

Dette er forankret i erstatningsteologi og er antisemittisk. De mest antisemittiske nasjonene i Europa gjennom tidene har vært kristne nasjoner, der svinekjøtt er det viktigste råstoffet. Faktisk, i noen av disse landene er det vanskelig å finne annet kjøtt - svinekjøtt er det billigste og mest tilgjengelige. Dette inkluderer Spania, Portugal, Tyskland, Polen og andre.

Å spise gris eller svinekjøtt og dets derivater kalles "avskyelig", og er forbundet med avgudsdyrkelse og tilbedelse av død. Det er derfor ikke overraskende at den romaniserte kristendommen har gjort grisen til en hoved-ingrediens i alle sine hedenske romerske kristne høytider og kirkefeiringer.

Folket egger meg stadig til harme like opp i ansiktet på meg. De bærer fram slaktoffer i hagene, og tenner offerild på teglstein. De holder til i gravene og tilbringer natten i huler. De spiser svinekjøtt, har urent sodd i skålene sine og sier: «Hold deg

unna, rør meg ikke, jeg er hellig for deg!» Dette får min vrede
til å ryke, den flammer som ild hele dagen.

— JESAJA 65,3-4

Siden Yeshua ikke kom for å avskaffe Torahen og profetene, har Han
heller ikke avskaffet mat-budene (Matteus 5:17-21). Noah visste om
de rene og urene dyrene før Gud ga Toraen. Han brakte syv og syv av
de rene dyrene til arken, og to og to av de urene dyrene.

**Av alle rene dyr skal du ta med deg sju par, hann og hunn, og av
de dyrene som ikke er rene, ett par, hann og hunn,**

— 1.MOSEBOK 7,2

ELOHIM skapte de rene dyrene for ofring og som mat, og de urene
for økologiske formål som for eksempel søppel-foredling for å rense
jorden. De fleste kristne blir ofte syke igjen og igjen på grunn av uren
mat, og dette påvirker også deres åndelige liv.

Det fortelles at en stor troens apostel ved navn Smith Wigglesworth
på begynnelsen av det 20. århundre ble bedt om å velsigne en stekt gris
på bordet ved å "be for maten." Han var kjent for å være likefrem, og
den eneste boka han noensinne hadde lest, var Bibelen. Han kjente
Guds ord fra første til siste side. Han visste at griser er urene dyr, og at
Gud kalte dem "motbydelige", så han ba:

"Kjære Gud, hvis du kan velsigne det du har forbannet, så velsign
denne grisen i Jesu navn. Amen." (Liardon)

Det høres morsomt ut, men det er ikke en vits; urene dyr bringer en
forbannelse til kroppene våre og til vårt åndelige liv. Universets Gud sa

at Han vil føre dom over alle som spiser uren mat. Jeg håper at Gud ikke finner deg blant dem. Koronaviruset kalte på verdens oppmerksomhet.

Kristendommen feiltolket mange Nye Pakts Skrifter gjennom erstatningsteologiens læresetninger. Vennligst forstå at Yeshua er Ordet ble kjød; Dermed er Han Toraen som ble kjød, som er Hans Fars Ord. Han kom ikke for å motsette seg Sin Fars bud, men for å bringe den fulle tolkningen av dem.

Kristne som bryter mat-budene, forurenser den Hellige Ånds tempel, som er deres kropper. Akkurat som i det hellige Tempelet i Jerusalem, kunne tilbedere ikke ofre svin eller urene dyr på alteret, så å spise urene dyr forurenser oss og gjør oss syke.

Visjonen til Peter i Apostlenes gjerninger 10 handlet ikke om å sanksjonere spising av rene og urene dyr. Det handlet om en betydelig endring når det gjaldt hedningenes frelse. Inntil da kalte jøder hedninger for 'urene', fordi de var utenfor pakten og tilbad avguder. Nå kalte Yeshua Peter, Hans jødiske apostel til å nå ut til hedningene og ikke kalle dem urene lengre. Da han kom til Kornelius, den romerske høvedsmannen i Cæsarea, hvor hele hans familie og venner var samlet, tolket Peter synet han mottok.

Han sa til dem: «Dere vet at det er forbudt for en jøde å være sammen med eller besøke noen fra et annet folk. Men Gud har vist meg at jeg ikke har lov å si at noe menneske er vanhellig eller urent.»

— APOSTLENES GJERNINGER 10,28

Hvordan viste YHVH ham dette? Gjennom en transe i en visjon som er grovt feiltolket gjennom erstatningsteologiens briller.

Han ble sulten og ville spise. Da de holdt på å lage maten, kom han i henrykkelse og fikk et syn. Han så at himmelen hadde åpnet seg, og at noe dalte ned; det så ut som en stor duk som ble senket ned mot jorden etter de fire hjørnene. I den var alle slags dyr som lever på jorden, firbente, krypdyr og himmelens fugler. Og en røst talte til ham: «Peter, ta for deg, slakt og spis.» Men Peter svarte: «Det kan jeg ikke, Herre. For jeg har aldri spist noe vanhellig og urent.»

— Apostlenes Gjerninger 10,10-14

Peter ville ikke spise av det; han så aldri Yeshua spise noen urene dyr. Yeshua sanksjonerte ikke å bryte Sin Fars mat-bud, men han fikk Peter til å forstå at frelse nå ble gitt til hedningene som tidligere ble kalt urene.

På samme måte blir skriftsteder som det følgende feiltolket:

For alt det Gud har skapt, er godt, og ingen ting er forkastelig når det mottas med takk. Det blir helliget ved Guds ord og bønn.

— 1.Timoteus 4,4-5

På Timoteus tid var Tanakh, den Gamle Pakt eller de Hellige Skriftene det eneste tilgjengelige Guds Ord. Det nye testamentet ble ikke kanonisert før det fjerde århundre, etter kirkerådet i Nikea. Inntil da, var det vi kaller Det nye testamente, sammensatt av beretningene om evangeliene og de apostoliske brevene som omhandler spørsmål i menighetene. Dette var aldri skrevet for å erstatte De Hellige Skriftene som var gitt til Israels folk.

Han sa at maten vår blir helliget ved to ting:

- Guds Ord, som er Toraen

- Bønn

Bønn alene kan ikke helliggjøre maten din. Det er lydighet mot Hans Ord, mot Hans Torah, kombinert med bønn og takknemlighet som helliggjør den. Toraen helliger aldri urene dyr, og en endetids-dom skjer allerede (gjennom midler som COVID-19 som muligens kommer fra en flaggermus solgt på det urene kjøttmarkedet i Wuhan, Kina).

Dette er det slutten på boken sier om å komme inn i Det nye Jerusalem.

Men noe urent skal ikke komme inn, og ingen som farer med hedensk styggedom og løgn, men bare de som er innskrevet i livets bok hos Lammet.

— Johannes Åpenbaring 21,27

For å finne hva som er urent og hva som er en vederstyggelighet i Yah`s (Guds) øyne, må du gå til Toraen og få Den Hellige Ånd til å skrive den i hjertet ditt.

En stor oppvåkning og vekkelse banker på dørene. Hører du? Og hva vil skje med de som nekter å lytte? De vil tørke inn, og herligheten vil gå forbi dem. Rosen vil dø.

En profetisk invitasjon til deg

«Kom, la oss gå opp til Herrens fjell, til Jakobs Guds hus, så han kan lære oss sine veier, og vi kan ferdes på hans stier!» For Yahvehs lov skal gå ut fra Sion, Yahvehs ord fra Jerusalem.

— Jesaja 2, 3

Ingen hellighet, ingen kraft, ingen herlighet!

Sukker du?

> YHVH sa til ham: «Gå igjennom byen, midt igjennom Jerusalem, og sett et merke i pannen på de mennene som sukker og stønner over all den styggedom som foregår der.»
>
> — ESEKIEL 9,4

Siste gang jeg deltok på et vekkelsesmøte var i Lakeland, Florida, i 2008. Evangelisten som ledet denne vekkelsen var Todd Bentley. Vekkelsen døde etter august 2008, da evangelisten forlot møtelokalet i *Ignited Church*. Årsaken til at den plutselig stoppet opp, var ekteskapelige problemer mellom Todd og kona, som til slutt førte til skilsmissen deres. Denne skilsmissen skjedde på grunn av et feilaktig forhold til en annen kvinne, som han til slutt giftet seg med.

Charisma Magazine dekket denne saken; her er et sitat fra 15. oktober 2009:

> På den tiden uttrykte ledere for det som nå er kjent som Transform International, som ikke lenger er tilknyttet Bentley, bekymring for evangelistens forhold til Jessa samt alkoholforbruket hans, som et senior styremedlem sa "hadde gått over grensen." (Gaines)

Kjære dere, Todd Bentley gjorde sitt beste for å være et redskap for Den Hellige Ånd, for å bringe vekkelse til USA og til verden. Folk kom til møtene hans fra mange nasjoner, omtrent 30 000 mennesker deltok ukentlig. Bentleys tjeneste anslo at det kom mer enn 140 000 besøkende fra over 40 nasjoner, og 1,2 millioner mennesker hadde sett på via Internett. Før 30. juni hadde flere enn 400 000 mennesker fra over 100 nasjoner deltatt, da God TV sendte møtene hans hver natt.

Som en generell regel ser jeg på den åndelige *frukten* av slike hendelser, og fokuserer ikke på selve manifestasjonene. Etter å ha blitt brukt av Den Hellige Ånd til å starte vekkelsesbranner i mange nasjoner, har vi sett vår del av manifestasjoner. Men etter at de åndelig dramatiske manifestasjonene skjer, liker jeg å smake på *frukten*. Hvis frukten er god, er det beviset på en ekte vekkelse! Dette er tydelig hvis det skjer en reduksjon i kriminalitets-raten, eller om antall skilsmisser synker. Følges bevegelsen av mer hellighet, rettferdighet og frykt for YHVH?

Manifestasjoner kommer og går, men vi skal aldri dømme dem før tiden. Noen mennesker står imot manifestasjonene fra Den Hellige Ånd i stolthet - det slukker Åndens ild! Men andre tilber manifestasjonene og gir veldig lite oppmerksomhet til Guds ord og disippelskap som fører til en rettferdig livsstil; derfor, det forekommer overdrevne manifestasjoner som er demoniske og ikke av Gud. Jeg vil gjerne dele om dette fra vår personlige tjenesteopplevelse.

Herren sendte oss i 1990 til USA for å jobbe som misjonærer med *Ungdom i Oppdrag* (UiO) i Kona, Hawaii, og deretter for å delta på Bibelskolen ved *Christ for the Nations* i Dallas, Texas. Mens jeg gikk på bibelskole, skrev jeg en serie bøker, og jeg kalte en av dem, *Satan, Let My People GO!*

Denne boken beskrev hvordan menigheten i Amerika var lunken og fylt av uoppgjort synd. Det var et kall til omvendelse, til radikal lydighet og til rettferdighet. Det var et guddommelig kall til å vende tilbake til det opprinnelige evangeliet slik det ble forkynt av alle de jødiske apostlene under det første århundre! En velkjent pastor som leste boka mi sa at den var "religiøs" og at kristne er under nåde, ikke lov. Han formante meg på det sterkeste til å akseptere at vi alle er i en "prosess" – og at synder som umoral, avgudsdyrkelse og utroskap ikke var et stort tema, siden mennesker ikke er perfekte, og at Jesus forstår og tilgir.

Jeg var en relativt ny troende da, etter å ha blitt frelst under Yom Kippur i 1988; Jeg var knapt to år gammel i Yeshua. Og jeg hadde mot til å skrive en bok som kalte menigheten til omvendelse, og avslørte det dødelige kompromisset med synd i det meste av den amerikanske menigheten, slik jeg opplevde det.

Dette ønsket om å se at også andre levde i hellighet kom til meg i Israel før jeg reiste til USA, og før mitt ekteskap med Rabbi Baruch Bierman i 1990. Den Hellige Ånd ville komme over meg med et ord om formaning eller irettesettelse mot de som later som om de er gudfryktige, men har skjult synd. Hver gang jeg tjenestegjorde, fylt av kjærligheten til Faderen og ilden fra Ruach (Ånden), kom folk i omvendelse. Jeg var en gjenfødt troende, som *sukket* over den triste tilstanden i Messias kropp!

Ingen forkynte evangeliet for meg! Yeshua kom Selv for å redde meg, akkurat slik som Han gjorde med apostelen Paulus. (Du kan lese boken min, *YES*, som beskriver det veldig dramatiske vitnesbyrdet om min frelse, oversatt til mange språk). Min nye fødsel kom etter en sterk overbevisning om synd, og en desperasjon etter renhet! Da Yeshua kalte meg ved Kinnerets bredder (Genesaretsjøen), behøvde jeg ikke å bli overbevist om at jeg hadde brutt Yahs (Guds) bud og at jeg fortjente å dø. Siden ingen forkynte evangeliet for meg, forsto jeg bare dette: *Vi må hate våre synder og lengte etter **renhet** og **tilgivelse** fra en hellig Gud som vi har krenket med vårt opprør mot Hans veier og bud.*

Jeg kunne ha funnet mange unnskyldninger som rettferdiggjorde mine forferdelige synder, på grunn av mine "formildende omstendigheter." Men når frykten for YHVH kommer over livene våre, finnes det aldri noen unnskyldninger som rettferdiggjør umoral, avgudsdyrkelse og opprør. I den sammenhengen opplevde jeg Hans fantastiske nåde, og snart opplevde jeg å bli fylt av Den Hellige Ånd og ild, som forvandlet meg til den Yahs kvinne som jeg er i dag. Ble jeg øyeblikkelig "perfekt"? Sikkert ikke, og jeg arbeider fremdeles på min frelse med frykt og beven. Men all kjent synd, som hor, utroskap, avgudsdyrkelse, sigarettrøyking og banning, forsvant ut av livet mitt på en dag etter at jeg sa '*ja!*' til Yeshua! Hans hellighet tillot ikke at de urene tingene forble i meg.

> **Råttent snakk, dumt prat og grove vittigheter er også upassende. Si heller takk til Gud! For dere skal vite at ingen som driver hor, lever i umoral eller er pengegrisk og altså dyrker en avgud, skal få del i Guds og Messias` rike. La ingen narre dere med tomme ord! For det er slikt som gjør at Guds vrede rammer de ulydige.**
>
> — **EFESERNE 5,4-6**

Selv om jeg vet meget godt at Han når oss uansett hvor vi er, på mange og kreative måter, så er et evangelium uten omvendelse fra å bryte Yahs bud, og som ikke bringer frykt for YHVH, ikke noe evangelium! Et "evangelium" som lar mennesker forbli i sine synder, og tolererer dem, og til og med unnskylder dem i navnet "nåde", er et bedrag!

Yeshua formidlet tilgivelse til en kvinne som var tatt i utroskap, i motsetning til alle hennes anklagere som ønsket å steine henne i hjel, men Han talte disse ordene til henne:

«Heller ikke jeg fordømmer deg. Gå bort, og synd ikke mer fra nå av!»

— Johannes 8,11

Han hadde lignende ord for den lamme som Han hadde helbredet nær templet:

Senere traff Yeshua mannen på tempelplassen og sa til ham: «Nå er du blitt frisk. Synd ikke mer, for at ikke noe verre skal hende deg.»

— Johannes 5,14

Pastorer, ledere, hellige: Det er på tide å *sukke* og *omvende seg* fra alle styggedommene som blir gjort i kristne menigheter og messianske synagoger! Vi kan ikke være apatiske lenger! Sukk og omvendelse må begynne, mens dommen banker på portene til Hans tempel, Messias legeme over hele verden. Snart vil Han sende englene Sine for å *merke* dem som *sukker* på grunn av umoral og avgudsdyrkelse, og skille oss fra de som ikke sukker, men kaller det «nåde-evangeliet.»

I Yahs (Guds) ord ser jeg at evangeliet kalles mange ting, men jeg finner ikke ett skriftsted som henviser til "et billig nåde-evangelium." Jeg ser evangeliet om Riket, evangeliet av fred (eller rettere sagt shalom) og det evige evangeliet. Men intet "billig nåde-evangelium" er nevnt noe sted i De hellige skriftene. Ordet *nåde* brukes alltid sammen med *omvendelse*, forsakelse av synd, ulydighet og opprør og den påfølgende *tilgivelsen*. Nåden er *gratis*, men den er aldri billig, og den tolererer aldri synd! Hans sanne nåde-evangelium fører til *omvendelse*.

Eller forakter du hans uendelig store godhet, overbærenhet og tålmodighet [i å holde tilbake sin vrede. AMP]? Skjønner du ikke at Guds godhet driver deg til omvendelse? [det er, å forandre ditt indre selv, din gamle måte å tenke på – å søke hans vilje for ditt liv? AMP] Med ditt harde og ubotferdige sinn samler du opp vrede som skal komme over deg på vredens dag, når Gud åpenbarer sin rettferdige dom. HAN SKAL LØNNE ENHVER ETTER DET HAN HAR GJORT [rettferdig, slik hans gjerninger fortjener. AMP]:

— ROMERNE 2,4-6

Formålet med *nåden* er å føre oss til *omvendelse*, som er *teshuva* på hebraisk!

Hva skal vi da si? Skal vi fortsette å synde, for at nåden kan bli enda større? Slett ikke! Vi som døde bort fra synden, hvordan kan vi fremdeles leve i den? Eller vet dere ikke at alle vi som ble døpt til Messias Yeshua, ble døpt til hans død?

— ROMERNE 6,1-3

Det hebraiske ordet, *teshuva*, betyr fire ting:

- Svaret
- Tilbakevending
- Omvendelse
- Gjenopprettelse

Syndens lønn er døden, men Guds nådes gave er evig liv i Messias Yeshua, vår Herre.

— ROMERNE 6,23

Evangeliet "fra Sion" er evangeliet om Riket, det sanne nådeevangeliet. Det kaller oss til å vende tilbake til Skaperen - til omvendelse fra å bryte budene Hans. Dette fører til gjenopprettelse, fremstilt i Ordet som evangeliet av shalom: forsoning, helbredelse, velvære og integritet (oversatt som en generisk "fred" i de fleste bibler).

Dette er det evige evangeliet, og det finnes ingen andre! Og dette evangeliet blir etterfulgt av tegn, under og mirakler - mange dramatiske manifestasjoner som kulminerer med *frukt*, frukten av *teshuva* (omvendelse). Dette er evangeliet som kan forandre og forvandle våre samfunn, skoler, barn og generasjoner til gudelige samfunn og til sauenasjoner!

> Jeg så enda en engel, som fløy høyt oppe under himmelhvelvet. Han hadde et evig evangelium å forkynne for dem som bor på jorden, for alle nasjoner og stammer, tungemål og folk. Han ropte med høy røst: <u>«Frykt Gud og gi ham æren! For nå er timen kommet da han skal holde dom. Tilbe ham som skapte himmel og jord, hav og kilder!»</u> Deretter fulgte en annen engel og ropte: «Falt, falt er Babylon den store, hun som med sitt horeliv har skjenket vin til alle folkeslag, en vredens vin.»
>
> — JOHANNES ÅPENBARING 14,6-8

Gud skal merke de av oss som er i kval og som sukker, med YHVHs merke, og de som tolererer synd vil bære et annet merke, som vil føre til evig ødeleggelse. Vi sukker for at YHVH skal regne rettferdighet på våre barn, menigheter, synagoger, byer og nasjoner, og vi ber Ham om å sende *vekkelse*! En ekte vekkelse blir født av *sukk* og en *desperasjon* etter renhet.

Salige er de rene av hjertet, for de skal se Gud.

— MATTEUS 5,8

Utslokk ikke Åndens ild!

— 1.TESSALONIKERBREV 5,19

En bønn om omvendelse som handler om liv eller død

Far i himmelen, tilgi meg for at jeg bærer andre merker på meg enn Ditt, og for ethvert hat eller sjalusi mot Ditt jødiske folk og Dine bud. Jeg ber Deg om å merke meg som hellig for Deg, *kadosh le YHVH* (som er hebraisk for "hellig for YHVH"), når jeg velger å omvende meg og forkaste fullstendig anti-Torah hodet av den demoniske åndsfyrsten Anti-MESITOJUZ. Kom med din Hellige Ånd og ild og skriv Dine instruksjoner og bud i mitt hjerte og sinn. Jeg tar avstand fra å spise alle urene dyr som er nevnt i 3. Mosebok 11, enhver umoral, og romerske hedenske høytider som er arvet fra den romaniserte kristendommen. Jeg innvier herved livet mitt på nytt i ånd, sjel og kropp til å være et kar av hellig ild og ære, for å bringe mange til rettferdighet i Yeshuas navn. Amen.

For videre lesing anbefaler jeg deg å lese boken min *Grafted In.**

---

* www.kad-esh.org/shop/grafted-in/

ARROGANSE OG ANTISEMITTISME

Hode nummer 4: Anti – jødisk

Se derfor Guds godhet og strenghet, strenghet mot dem som falt,
men over deg er Guds godhet, så sant du holder fast ved Hans
godhet! Ellers skal også du bli hogd av.

— ROMERNE 11,22

A nti-jødisk er det fjerde hodet på den kolossale demoniske
åndsmakten kalt anti-MESITCJUZ. Dette hodet følger alle de
andre tre:

- Anti-Messias
- Anti-Israel
- Anti-Torah

Hatet mot jødene er feilaktig blitt kalt antisemittisme. Vi kan
spore dette ordet fra Sem, den andre sønnen til Noa, han som jødene
kommer fra. Men araberne er også etterkommere av Sem, og det
samme er kineserne. Men antisemittisme er bare hat mot jødene. Det

ville vært bedre om de kalte det «hat mot jøder». Hitler var ikke ute etter å utslette alle arabere eller kinesere, men han var helt besatt av å utslette alle jødene. Mange prominente arabiske personer, slike som for eksempel Haj Amin Al Husseini, stor-muftien i Jerusalem på 1930 tallet, var en særskilt venn av Hitler, og søkte å utslette jødene fra Israels land. Vi vil gå nærmere inn på denne personligheten i port 11.

Antisemittisme, eller hatet mot jødene, er ikke unikt bare i kristendommen. Nei, i våre dager er det veldig utbredt blant muslimer og andre ikke-religiøse grupper, særlig blant humanistiske intellektuelle. Den religiøse forfølgelsen mot jødene har vært det klare domenet til kristenheten fra det fjerde århundre og fram til nå. Antisemittisme og hat mot jøder ble ført inn som kirkens lære gjennom erstatningsteologi. I århundrer har forkynnere deklamert hat mot jøder i mange av sine mest brennende prekener. De har anklaget jøder for å drepe Gud, være Kristus-mordere, en forbannet rase, ormeyngel, og lignende. Hatefull religiøs retorikk dør ikke så lett.

Vi trenger å forstå at i tusener og millioner av prekener forkynt opp igjennom århundrene har det vært forkynt åpenlyse eller underforstått hatefulle og retorisk nedlatende bemerkninger mot jødene, og det har skapt den kristendommen som vi har i dag. Selv om noen sammenhenger har blitt opplyste, så er det alt for mange kristne kretser som har blitt værende i mørket.

Langt inne i hjerterota til mange kristne ligger det et antisemittistisk frø klart til å bli antent under de rette omstendigheter. Dette såkornet får daglig føde fra erstatningsteologi som blir forkynt i de fleste menigheter. Det finnes sammenblandinger både i de katolske og i de protestantiske menighetene. Det samme mønsteret ser vi også innenfor karismatiske profetiske sammenhenger. Uten tvil har vi nå mer lys i det 21. århundre, og i dag er det mange herlige kristne som gjør sitt beste for å stå opp for Israel og det jødiske folket, men dessverre er de fortsatt i mindretall.

Mannen min og jeg har hatt privilegiet av å tjenestegjøre i over 50 nasjoner og i mange kirkesamfunn. Vi har støtt på erstatningsteologi-monsteret i menigheter av ulike kirkesamfunn.

Vi vil vise noen eksempler på dette.

Dette eldgamle hatet har sin rot i sjalusi

Vi kan se at den første som hadde dette inderlige hatet mot Israel, var satan selv. Han vet at Israels eksistens beviser at bibelens Gud er sann. Hvis Israel forsvinner, så vil ikke troen på en Rettferdig, Trofast og Allmektig Gud finnes, og da vil satan kunne regjere fritt, noe som har vært hans forsett helt siden han gjorde opprør mot YHVH.

Lucifers/satans fall.

> Hvor du er falt ned fra himmelen du strålende morgenstjerne, du morgenrødens sønn! Hvor du er falt ned til jorden, du som slo ned folkeslag. Det var du som sa i ditt hjerte: til himmelen vil jeg stige opp, høyt over Guds stjerner vil jeg reise min trone. Jeg vil ta setet på forsamlingens berg, på sidene i det ytterste nord. Jeg vil stige opp over skyenes topper, jeg vil gjøre meg lik den høyeste. Men til dødsriket skal du føres ned, lengst ned i avgrunnens dyp.
>
> — JESAJA 14,12-15

Denne eldgamle slangen, som pleide å være den viktigste engelen i himmelen, ble kastet ned til jorden på sin vei mot avgrunnen, på grunn av *sjalusi*. Sjalusi er roten til de fleste mord, helt tilbake til Kain som drepte den rettferdige Abel i 1. Mosebok 4. Lucifer, som betyr «morgenstjerne,» begjærte det stedet som Guds stjerner hadde, og han ønsket å være over Guds stjerner. Så hvem er da disse Guds stjerner?

> «Jeg sverger ved meg selv, lyder ordet fra ADONAI: Fordi du gjorde dette og ikke sparte din eneste sønn, vil jeg velsigne deg rikt og gjøre din ætt så tallrik som stjernene på himmelen og som sanden på havets strand. Dine etterkommere skal ta byene fra sine fiender, og i din ætt skal alle folk på jorden bli velsignet fordi du lød mitt ord.»
>
> — 1. MOSEBOK 22,16-18

Etter at Abraham lød den Allmektige og ville ofre sin eneste sønn Isak, gav HERREN Abraham løftet: «...dine etterkommere vil bli som stjernene på himmelen...»: Dette er Guds stjerner, Abrahams etterkommere, og satan er sjalu.

Men, dette løftet er forlenget gjennom Isak og Jacob til alle etterkommerne av Israel.

> Kom i hu dine tjenere Abraham, Isak og Israel. Til dem har du sagt og sverget ved deg selv: Jeg vil gjøre deres ætt tallrik som stjernene på himmelen. Og hele dette landet som jeg har talt om, vil jeg gi deres ætt, de skal eie det til evig tid.
>
> — 2. MOSEBOK 32,13

Her ser vi løftet «... å bli så mange som stjernene på himmelen...» det inkluderer også Kanaans land. Vi skal utforske dette temaet nærmere i port 11.

For å være sikker på at Guds stjerner er Israels folk, vil det følgende skriftstedet være veldig avslørende. Dette er Moses som taler til hele Israels folk etter at de har vandret i ørkenen i nesten 40 år.

Adonai deres Gud har gjort dere tallrike, så dere i dag er mange som stjernene på himmelen.

— 5. Mosebok 1,10

Lucifer ville være Messias. Han ønsket å opphøye seg selv over Guds stjerner, over det utvalgte folket Israel, og rive til seg plassen til Kongenes Konge og Herrenes Herre, den ultimate jøden - Yeshua, Davids sønn.

Siden Elohim nektet ham dette, og forviste ham, har hans hovedhensikt vært å ødelegge Israel, det jødiske folket, de naturlige etterkommerne av Abraham, Isak og Jacob. Dette er hoved-agendaen over alle de demoniske agendaene. Han er forblindet og besatt av sjalusi, og søker å bruke ethvert middel og ethvert system for å fullføre denne ødeleggelsen.

Satan fant ut at de hedninge-kristne kunne bli forledet gjennom sjalusi. Så han brukte den øst-romerske soltilbederen, «late-som-kristne Konstantin,» i ledtog med biskoper i det fjerde århundre fulle av kompromiss, for å lage en ondsinnet demonisk plan. Satan skulle sette denne planen ut i livet gjennom et erstatnings-kristent system som skulle indoktrinere alle dets etterfølgere til å hate jødene. Presteskapet skulle oppmuntre folket til å ydmyke og forfølge jødene. Deres motto skulle være:

«Kristus mordere»

Kallet var å skille menigheten fra det avskyelige fellesskapet med Kristus-mordere, altså hele den jødiske nasjonen. I roten til de fleste kristnes hjerter runger fortsatt disse ordene: «Jødene fornektet Kristus, jødene er stivnakkede og fulle av opprør, jødene drepte Kristus, de er under en forbannelse, de fortjener å dø».

Kirkerådet i Nikea

Utdrag av brevet fra Keiseren (Konstantin) til alle som ikke er til stede på møtet. (funnet i Eusebius Vita Const., Lib 111 18-20)

Da spørsmålet angående den hellige påskefesten reiste seg, ble det erklært å være spesielt uverdig for denne, den helligste av alle høytider, å følge skikkene (kalkuleringene) til jødene som hadde tilsmusset sine hender med den frykteligste av alle forbrytelser, og hvis sinn var forblindet. Ved å forkaste deres skikk, kan vi overføre til våre etterkommere den legitime måten å feire påske på; som vi har feiret siden tiden for Frelserens lidelse, ifølge ukedagene.

Vi skulle derfor ikke ha noe til felles med jøden, for vår Frelser har vist oss en annen veg; vår tilbedelse følger en mer legitim og mer passende kurs (etter rekkefølgen av ukens dager): Og som en konsekvens av å enstemmig følge denne vei, vil vi, kjære brødre, skille oss selv fra det avskyelige selskap med jøden. (Fordham University)

Disse ordene fra Konstantin er grunnlaget for all kristen antisemittisme, som har forårsaket ødeleggelse og drap på mange millioner jøder gjennom historien. De har drevet fram så mye hat mot jøder, at grusomme handlinger, som for eksempel kidnapping av jødiske barn for å oppdra dem som kristne; korstogene; den spanske og andre inkvisisjoner har fortsatt nedover til slutten av det 19. århundre. Disse ordene egget til ødeleggende pogromer i Russland og i Øst-Europa, nazi shoah (holocaust) under det 20. århundre, og BDS nå i det 21. århundre - egget av muslimske/palestinske faktorer, men forsvart av mange «velmenende» kristne organisasjoner. Antisemittismen er veldig åpenlys i FN, og særlig i WCC (The World Council of Churches) (Kirkenes Verdensråd).

Jeg skulle ønske at jeg kunne fortelle deg at alt dette tilhører fortiden og ikke påvirker kristendom og kristne i dag, men da ville jeg ha løyet for deg. Følgende artikkel er veldig opplysende:

Fra Jerusalem Post, 14. januar 2019

WCC kaller seg selv den største organiserte gruppen av menigheter, og de sier at de søker å representere 350 medlems-menigheter i 110 land og 500 millioner kristne over hele verden. Websiden deres forteller at gruppens formål er kristen enhet.

En av måtene de har tenkt å få til det på, er gjennom anti-israelsk propaganda, som til tider har tydelige antisemittistiske overtoner, slik det er definert ved «International Holocaust Remembrance Alliance» (IHRA), (den internasjonale Holocaust minne-alliansen). Denne definisjonen har blitt akseptert av EU, som sammen med noen av medlemslandene, finansierer EAPPI,* (The Ecumenical Accompaniment Programme in Palestine and Israel), (Det økumeniske ledsagende-programmet i Palestina og Israel.)

---

* *The World Council of Churches' Ecumenical Accompaniment Program in Palestine and Israel (Verdensrådet for Kirkenes Økumeniske Akkompagnements Program i Palestina og Israel)* (WCC-EAPP) ble opprettet i 2002 av Kirkenes Verdensråd, basert på et brev og en appell fra lokale kirkeledere om å skape en internasjonal tilstedeværelse i landet.

WCC lederskapet og frivillige fra EAPPI har i sine samlinger gjentatte ganger gjort sammenligninger av israelske handlinger med dem fra Nazi-Tyskland. For eksempel så sa generalsekretær i WCC, Dr. Olav Fyske Tveit: «Foreldrene mine fortalte om okkupasjonen av landet vårt i de fem årene som den andre verdenskrig varte, men i denne okkupasjonen (altså opprettelsen av den israelske staten) ser og hører jeg historiene fra en okkupasjon som har vart i 50 år»

I 2017 holdt en observatør pastor Gordon Timbers fra den presbyterianske kirken i Canada en presentasjon. Da et medlem i forsamlingen spurte om «det jødiske folket som går inn for å se …modellen av gasskamrene», om de kan se likheten mellom det og Vestbanken, så responderte Timbers med at «ja det finnes likheter,» inkludert bruken av identifikasjons-papirer.

Den sør-afrikanske EAPPI aktivisten Itani Rasalanavho sa i løpet av et «apartheid uke»- arrangement i hjemland hans, at «tiden hadde kommet for å si at ofrene for Holocaust nå hadde blitt gjerningsmennene.»

I en presentasjon av pastor Joan Fisher, en EAPPI aktivist, siterer hun en palestinsk geistlig som sier: «Vi sympatiserer med lidelsene til våre jødiske brødre og søstre i Holocaust, men du bearbeider ikke en urettferdighet ved å skape en annen urettferdighet.»

IHRA* (den internasjonale Holocaust minne-alliansen) sin arbeids-definisjon av antisemittisme erklærer at «å sammenligne dagens israelske politikk med nazistenes» er et eksempel på antisemittisme.

WCC støtter boikott og berøvelse av rettigheter eller eiendom fra bosetninger, men EAPPI- aktivister har bedt om en boikott av hele Israel.

EAPPI publikasjonen «Tro under okkupasjon» oppfordret i 2012 til «sanksjoner og suspensjon av USAs bistand til Israel», for å «utfordre Israel i lokale og internasjonale domstoler» og «økonomisk boikott.»

EAPPIs nasjonale koordinator i Sør-Afrika, Dudu Mahlangu-Masango, signerte et brev til daværende president Jacob Zuma der hun kalte «på vår regjering og det sivile samfunn om å iverksette en bred og storstilt boikott, avhending og sanksjoner mot Israel» i 2012. Hun gjentok denne oppfordringen i 2018 i et tv-intervju, og mante til «fullstendige sanksjoner» mot Israel.

Denne organisasjonen søker også å bekjempe kristen-sionismen. På et arrangement i 2015 i regi av WCC, ble sionismen kalt en «kjettersk» kristen teologi, og det ble sagt at moderne israelere ikke har noen tilknytning til de gamle israelittene, og at det israelske samfunnet er fullt av rasisme og «light skin» (hvites) privilegier. Ledelsen deres sammenlignet også Israel med Sør-Afrikas apartheid.

---

* *The International Holocaust Remembrance Alliance* (IHRA) var frem til januar 2013 kjent som arbeidsstyrken for International Cooperation on Holocaust Education, Remembrance and Research (Internasjonalt samarbeid om Holocaust utdanning, minner og forskning) (eller ITF)

I mai 2016 holdt EAPPI aktivisten Hannah Griffiths en presentasjon i London, der hun anklaget den «jødiske lobbyen» for kristne evangeliske amerikanere som støttet Israel, og hun hevdet at israelere plantet kniver i likene til palestinere etter at israelere hadde skutt dem fordi de hadde forsøkt å stikke ned israelere.

EAPPI aktivister har også spredd usannheter om Israel, som for eksempel en i Storbritannia som hevdet at Israel bedrev en politikk som ville redusere den arabiske befolkningen ved å sende arabiske borgere til Vestbredden eller til Gaza. Andre viste uvitenhet om konflikten, slik som en EAPPI frivillig i Canada som hevdet at israelere ikke er tillatt å komme inn i Område A*, ikke på grunn av fare, men «for å hindre israelere i å se hva som foregår»

Lokale jødiske samfunn fant at frivillige fra EAPPI hadde forårsaket at antisemittisme hadde blusset opp.

Storbritannias Jewish Board of Deputies (jødiske vara-medlemmers styres) president, Vivian Winema, sa i 2012 at «medlemmer av jødiske samfunn over hele landet har lidd trakassering og overgrep på EAPPI møter,» og organisasjonen hevdet at EAPPI «bidro til å skape et fiendtlig klima mot Israel i den engelske kirken.» (The Jerusalem Post).

Satan er sjalu på Israel og spesielt på Juda. Løven av Juda stamme, YESHUA, skulle komme fra det jødiske folket og regjere over hele menneskeheten. Satan ønsket å ødelegge Israel før Messias' første komme, og nå prøver han febrilsk å gjøre det før Hans andre komme,

---

* Vestbanken ble delt inn i tre deler: A, B og C – og var en del av Oslo-avtalen som Israel og PLO signerte i 1993 og 1995. I september 2019 utgjør område A opp til 18% av Vestbanken, og er hovedsakelig kontrollert av de Palestinske Myndighetene, som inkluderer intern sikkerhet (security)

som vil etablere Hans tusenårige regjering i hovedstaden til Israel-Jerusalem. Den onde bruker fortsatt kristendommen som sitt viktigste redskap for å verve Israels fiender. Dette skal jeg gå nærmere inn på i port 11.

Nå forstår vi at satans hoved-agenda er å myrde eller å utslette hver eneste jøde på planeten på grunn av sjalusi. Hans hensikt er å forhindre at Messias skal vende tilbake, ved å forhindre at det finnes en jødisk nasjon som kan ønske Ham velkommen. Yeshua sa at Han vil bare vende tilbake når det jødiske folket ønsker Ham velkommen tilbake. Hvis det ikke er noen jøder igjen, så blir det ikke et velkomst-selskap!

> **For jeg sier dere dette (det jødiske folket), dere vil aldri se meg igjen før dere sier: «Baruch ha-ba b`shem ADONAI. Velsignet være Ham som kommer i ADONAIS navn!**
>
> **— MATTEUS 23,39**

Uten jødene på scenen, vil satan herske på denne jorden til evig tid. Dette er hans plan, men i bibelverset nedenfor ser vi Israels Guds store mester-plan:

> **Hvorfor er folkeslag i opprør? Hvorfor grunner folkene på det som fåfengt er? Jordens konger reiser seg, fyrstene slår seg sammen mot ADONAI og mot hans Salvede. La oss slite i stykker lenkene og kaste repene deres av oss!» Han som troner i himmelen ler. ADONAI håner dem. Så taler han til dem i sin vrede, i sin harme slår han dem med redsel: «Det er Jeg som har innsatt min konge på Sion, mitt hellige fjell.»**
>
> **— SALME 2,1-6**

Den måten satan delvis har oppnådd sin onde plan om å ødelegge jødene på i løpet av årene, er gjennom de følgende taktikker, som det står om i De Hellige Skrifter.

Mordet på guttebabyene i Egypt.

Josef, Jakobs sønn, ble solgt som slave til Egypt på grunn av sjalusien til brødrene hans. Til slutt, gjennom en storslagen handling av tilgivelse, sparte han folket sitt fra hungersnød i Kanaan ved å åpne portene til Egypt for dem. Han hadde blitt den mest innflytelsesrike mannen i Egypt ved siden av Farao som var konge i Egypt, takket være hans integritet foran Gud, og hans profetiske gave. Josefs familie, Israels sønner, fikk slå seg ned på et fruktbart område kalt Gosen, hvor de tok godt vare på buskapen sin og forøkte seg veldig. Men likevel, da Josef døde reiste det seg en ny konge i Egypt som ikke kjente Josef, og som ikke lenger favoriserte hans folk Israel. Denne faraoen begynte å gjøre dem til slaver og mishandle dem, noe som kulminerte i forsøket på et folkemord på hele nasjonen, gjennom å drepe alle de nyfødte israelske guttene. I 2. Mosebok leser vi:

Det stod fram en ny konge i Egypt, en som ikke visste om Josef. Han sa til folket sitt: «Se, Israelsfolket (Bnei-Yisrael) er blitt for stort og tallrikt for oss. Kom, la oss gå klokt til verks mot dem, så de ikke blir enda flere! For blir det krig, slår de seg kanskje sammen med fiendene våre, kjemper mot oss og drar fra landet.»

De satte så oppsynsmenn over israelittene for å plage dem med tvangsarbeid. De måtte bygge to forrådsbyer for Farao, Pitom og Ramses. Men jo mer de ble plaget, jo flere ble de, og jo mer bredte de seg ut. Og egypterne ble redde for israelittene (Bnei-Yisrael). De tvang israelittene til slavearbeid og gjorde livet bittert for dem. De påla dem hardt arbeid med leire og teglstein og all slags arbeid ute på marken. Alt dette slavearbeidet ble israelittene tvunget til å gjøre.

> **Kongen i Egypt sa til hebreernes jordmødre, den ene het Sjifra, og den andre Pua: «Når dere hjelper hebreerkvinnene med å føde skal dere se etter i fødestolen: Er det en sønn, skal dere drepe ham, men om det er en datter, skal hun få leve». Men jordmødrene fryktet Gud og gjorde ikke som egypterkongen hadde befalt dem. De lot guttene leve.**

— 2. Mosebok 1,8-17

Dette er bakgrunnen for at Moses stod fram på scenen som Israels befrier, noe som ledet fram mot Pesach (påske)-historien. Hvis Farao hadde lyktes med den onde planen sin, så ville Moses ha blitt drept allerede ved fødselen. Da ville heller aldri Toraen/Loven blitt gitt på Sinai fjellet og Juda stamme ville ikke ha eksistert, heller ikke Davids hus, og Messias Yeshua- den Jødiske Frelseren fra Davids hus - ville heller aldri vært født. Israel ville heller ikke blitt formet til den nasjonen som vi kjenner den i dag.

Men ELOHIM, Israels Gud hadde to kvinner som reddet Israel fra folkemord, og med det fra hele verdens undergang. Vi vet nå at uten Israel, så hadde planen om frelse for hele verden vært ødelagt. Det ville ikke finnes noen Messias eller frelse, og hvor ville vi ha vært da? Dette er poenget; hvis jødene blir skadet eller myrdet, så lider hele verden. Om menneskeheten skal ha det bra, så er det avhengig av om Israel og det jødiske folket har det bra.

Jeg skal velsigne de som velsigner deg, og jeg skal forbanne de som forbanner deg, og i deg skal alle verdens nasjoner bli velsignet.

— 1. MOSEBOK 12,3.

Dette var, er og vil alltid være Abrahams nøkkel til hele menneskehetens forløsning. Og satan vet det. Han vet at hvis han kan finne noen han kan bruke til å skade jødene, så vil dette tapet bety store omkostninger for hele verden, og for hele menneskeheten, som han hater.

I hver eneste historie om redningen for Israels folk, så ser vi at YHVH har Sine helter. Han bruker mennesker som våger å reise seg imot de onde styresmaktene, enten de finnes i menigheten, i regjeringer eller i begge, som forfølger Hans utvalgte folk. Her var det enkle jordmødre som fryktet Gud mer enn de fryktet den forferdelige kongen i Egypt. De etterlot seg en solid arv og et eksempel til etterfølgelse. Israels Gud lønnet dem for deres modige handlinger som berget nasjonen, og ved at de berget Israel, så berget de hele verden fra ødeleggelse.

Så Gud var god mot jordmødrene, og folket vokste og ble svært stort, og fordi jordmødrene fryktet Gud, så gav Han dem egne familier.

— 2. MOSEBOK 1, 20-21

Vi skulle alle følge deres eksempel i dagene som kommer.

Amalek i ørkenen

Amalek var sønnesønnen til Esau, den eldre tvillingbroren til Jakob. Esau var alltid sint og sjalu på Jakob, siden Gud fortsatte velsignelsen av Abraham og Isak igjennom Jakob. Det var Jakob som ble den førstefødte, ved guddommelige utvelgelse. Esau ønsket å myrde Jakob, men gjorde det ikke så lenge han levde; men hans barnebarn Amalek arvet dette hatet av sjalusi etter bestefaren sin. Han gjorde det til sitt livsverk å utslette Israel helt! Han brukte onde strategier. Han siktet seg inn på å angripe de hjelpeløse, svake, syke, gravide kvinner og deres babyer. Hitler imiterte hans taktikk, og de fleste kristne og muslimske antisemitter deler de samme taktikkene som Amalek brukte.

> **Josva gjorde som Moses sa, og kjempet mot amalekittene, mens Moses, Aron og Hur gikk opp på toppen av høyden. Da gikk det slik til at så lenge Moses holdt hånden oppe, hadde israelittene overtaket. Men så snart han lot hånden synke, fikk amalekittene overtaket. Men da Moses ble trett i hendene, fant de en stein og plasserte den under ham. Han satte seg på den, og Aron og Hur støttet hendene hans, en på hver side. Da var hendene hans stødige helt til solen gikk ned. Josva slo ned amalekittene og deres hær med sverdets egg.**
>
> **Siden sa ADONAI til Moses: «Skriv dette ned i en bokrull som et minne, og les det opp for Josva. For jeg vil fullstendig utslette minnet om amalekittene under himmelen.» Da bygde Moses et alter og kalte det YHVH-Nissi (HERREN er mitt banner). Han sa: «En hånd på ADONAIS banner! HERREN skal kjempe mot amalekittene fra slekt til slekt.»**
>
> **— 2.MOSEBOK 17,10-16**

Denne kampen mot Amalek er YHVHs kamp. Han har en kamp mot Amalek fra generasjon til generasjon. Guds personlige hevn over dette fryktelige hatet og sjalusien mot Hans utvalgte folk er at Han vil utslette minnet om Amalek fra under himmelen. Alle som Amalek, som hater jødene, er under den samme dom som Amalek. Hele verden står i fare for den verste vrede som noensinne er utgytt, på grunn av den antisemittisme som Guds Ord kaller «fiendtlighet mot Sion».

> «Kom og hør, dere folkeslag, lytt, dere folk! Jorden og alt som fyller den, skal høre, verden og alt som spirer der! For ADONAI er harm på alle folk, han er vred på hele deres hær. Han har slått dem med bann og gitt dem over til slakting. De drepte blir slengt til side, stank stiger fra likene, og blodet flyter på fjellene.
>
> For mitt sverd har drukket seg utørst i himmelen, nå farer det ned over Edom til dom over folket jeg slår med bann. Det er hevnens dag for ADONAI, gjengjeldelsens år i striden om Sion (engelsk: for fiendtlighet mot Sion).»

— ORDSPRÅKENE 24,11-12

Alle som nærer antisemittisme, hat og sjalusi mot det jødiske folket har Amaleks sæd i seg. Israels Gud Selv kjemper for Sitt folk mot Amalek, men Han behøver krigere som ligner på Josva, forbedere som ligner på Moses, og mennesker som Aron og Hur som vil samarbeide med Ham i denne kampen om liv og død. Vil du gi et gjensvar på Hans kall? Og hvis du ikke gir respons, men velger å være en tilskuer (nå som antisemittismen har eskalert til en dimensjon som ikke har vært sett siden Hitler satt ved makten), hva skulle Han tenke om deg? Å holde seg stille når det blir begått en forbrytelse gjør deg til en medskyldig, og Den Allmektige dømmer tilskuerne.

> «Berg dem som føres til døden, hold igjen dem som vakler mot retterstedet! Om du sier: «Vi visste det ikke», så ser han det, han som prøver hjertene. Han som vokter ditt liv, vet det og gir enhver igjen etter det han har gjort.»

Å være nøytral er ikke et valg for noen som har med hatet mot jøder og antisemittisme å gjøre.

> Husk hva Amalek gjorde mot deg på veien da du kom ut av Egypt, hvordan han angrep deg og dine menn på veien (*engelsk: og angrep dem blant deg som gikk bakerst, de som strevde bak deg*) når du var sliten og trett, han fryktet ikke gud. Nå når Adonai din Gud unner deg hvile fra alle dine fiender som omgir deg i det landet som Adonai gir deg som en arv å innta, så skal du utslette minnet om Amalek under himmelen. Glem ikke det!

— 5. Mosebok 25, 17-19

Bileam og Balak

Bileam var en hedensk trollmann «profet», eller en spåmann, ettersom han ikke vandret som en del av Guds eneste utvalgte folk, Israels folk. Han hadde krefter som var vel respektert blant moabittene, som fryktet Israels folk og søkte deres utslettelse.

> Da Balak, sønn av Sippor, så alt det Israel (Bnei-Israel) hadde gjort mot amorittene, steg frykten i Moab for dette folket som var så tallrikt. De var redde for å møte Israel. Moab sa til de eldste i Midjan: «Nå kommer denne bølingen til å beite ned alt som er rundt oss her, akkurat som når oksene beiter gresset snaut ute på jordene».
>
> På den tiden var Balak, sønn av Sippor, konge i Moab. Han sendte budbærere til Bileam sønn av Beor, til Petor, som ligger ved Elven i landet der folket hans bodde, for å si til ham: «Se, et folk har kommet ut av Egypt. De dekker landet så langt øyet rekker, og de har slått seg ned ved siden av meg. Nå må

du komme og forbanne dette folket for meg, fordi de er for mange for meg. Da kan jeg kanskje slå dem og drive dem ut av landet. For jeg vet at den du velsigner, er velsignet, og den du forbanner er forbannet!»

De eldste i Moab og de eldste i Midjan dro avsted, og de hadde spåmannslønn med seg. Da de kom til Bileam, bar de fram budskapet fra Balak.

— 4.MOSEBOK 22,2-7

Ettersom historien skred fram, ba Bileam sendebudene om å bli der hele natten inntil han hadde hørt fra Gud angående denne saken. På dette svarte Israels ELOHIM det følgende,

«Gud sa til Bileam: «Gå ikke med dem! Du skal ikke forbanne folket, for det er velsignet».

— 4. MOSEBOK 22,12

Så Bileam sendte lydig bud til moabittenes leder, Balak, sønn av Sippor; «ingen utførelse – Gud tillater meg ikke å utføre dette». Likevel, kongen ga seg ikke, og sendte enda flere budbærere, enda mer penger, sølv og gull til Bileam, for at han skulle bruke sine krefter til å forbanne Israel. Bileam, som egentlig ikke kjente YHVH, visste ikke at Israels Gud ikke forandrer mening, og at Han ikke er et menneske, slik at Han skulle bryte Sitt Ord. Hvis Han sa; «nei!» så mente Han *nei*. Så Bileam forsøkte å overbevise Gud om å la ham dra, og Gud syntes å «innrette seg» etter ham. Imidlertid ventet en overraskelse på Bileam underveis. Eselet hans ble hans profet!

Om morgenen sto Bileam opp, salte eselhoppen sin og dro av sted sammen med Moabs høvdinger. Da flammet Guds vrede opp fordi han dro, og ADONAIS engel stilte seg foran ham på veien som en motstander. Selv kom han ridende på eselet sitt sammen med de to tjenerne sine. Da fikk eselet øye på ADONAIS engel som sto der på veien med løftet sverd i hånden. Eselet tok av fra veien og gikk ut på marken. Men Bileam slo eselet for å få det inn på veien igjen.

Siden stilte ADONAIS engel seg på en smal vei mellom vinmarkene. Det var steingjerde på begge sider. Da eselet så ADONAIS engel, presset det seg inn til muren og klemte foten til Bileam mot steinene. Da slo han det en gang til.

Enda en gang gikk HERRENS engel forbi og stilte seg på et trangt sted, der det ikke var plass til å vike unna, verken til høyre eller venstre. Da eselet fikk øye på ADONAIS engel, la det seg ned under Bileam. Raseriet flammet opp i Bileam, og han slo eselet med kjeppen sin.

Da lot ADONAI eselet få munn og mæle, og det sa til Bileam: «Hva har jeg gjort deg? Nå er det tredje gangen du slår meg.» Bileam svarte eselet: «Du har holdt meg for narr. Hadde jeg bare et sverd i hånden, skulle jeg drepe deg nå!» Men eselet sa til Bileam: «Er ikke jeg eselet ditt, som du alltid har ridd på, helt til denne dag? Har jeg noen gang hatt for vane å gjøre slikt mot deg?» «Nei», svarte han.

Da åpnet ADONAI Bileams øyne, og han fikk se ADONAIS engel som sto på veien med løftet sverd i hånden. Straks bøyde han seg og falt ned med ansiktet mot jorden. ADONAIS engel sa til ham: «Hvorfor har du nå tre ganger slått eselet ditt? Se, jeg har gått ut for å stå deg imot. For jeg ser at dette er en farlig ferd. Eselet så meg og har veket av for meg alle de tre gangene.

Hadde det ikke gjort det, ville jeg nå ha drept deg, men latt eselet leve.»

— 4.MOSEBOK 22,21-33

Enhver som bestemmer seg for å forbanne Israel, og å gjøre onde ting mot det jødiske folket, enten ut fra grådighet eller av politiske hensyn, vil etter hvert komme til å skjønne at de har fått Israels Gud Selv som sin motstander. Til slutt lærte Bileam leksen, og istedenfor å forbanne Israel, så velsignet han dem under Guds Ånds inspirasjon, med et av de vakreste ordene i Bibelen.

«Bileam så at det var godt i ADONAIS øyne at Israel ble velsignet. Derfor gikk han ikke for å søke varsler denne gangen, slik han hadde gjort de andre gangene. I stedet vendte han ansiktet mot ørkenen. Bileam løftet blikket og så Israel ligge i leir, stamme for stamme. Da kom Guds ånd (Ruach ELOHIM) over ham, og han bar fram sin visdomstale:
Ord fra Bileam, Beors sønn, ord fra mannen med det klare øyet, ord fra en som hører Guds tale og ser syn fra Den veldige (Shaddai), som synker sammen, men med åpnede øyne: Hvor vakre dine telt er, Jakob, dine boliger, Israel, som vide daler, som hager langs en elv, som aloetrær plantet av ADONAI, som sedrer langs vannet. Duggen drypper fra greinene, frøet får rikelig med fuktighet. Større enn Agag skal kongen hans være, hans kongevelde skal løftes høyt. Gud, som førte ham ut av Egypt, har styrke som en villokse. Han sluker fiendefolk, knuser knoklene deres og sårer med sine piler.
Han har lagt seg til ro, han hviler som løven, som løvinnen – hvem vekker dem? Velsignet er den som velsigner deg, forbannet den som forbanner deg.

Da flammet Balaks vrede opp mot Bileam. Han slo hendene sammen og sa til ham: «Jeg kalte deg hit for å forbanne mine fiender, og se, nå har du velsignet dem rikt tre ganger! Kom deg nå hjem igjen! Jeg sa jeg skulle vise deg stor ære. Men se, den æren har ADONAI nektet deg.»

— 4.MOSEBOK 24,1-11

Senere i historien oppstår det igjen en enda vanskeligere situasjon fordi Bileam ennå ikke fullt ut har lært leksen sin. Han bruker sine profetiske gaver til å råde midianittene om hvordan de skal forføre Israel inn i ødeleggelse gjennom seksuell umoral, ved å bruke attraktive damer for å friste Israels fyrster. Satan fortsetter med å bruke enhver utspekulert strategi for å ødelegge det utvalgte folket. (4. Mosebok 25).

Da Hitler og hans nazi-regime begynte å utslette alle jødene, så sa han at han bare fulgte instruksjonen til den største antisemitten og kirkereformatoren Martin Luther, som nedskrev detaljerte instruksjoner som ble brukt til Den endelige løsning for jødene, som Hitler fulgte (MacCulloch; Goldhagen). Og likevel, ut av askene fra shoah (nazi holocaust) reiste den jødiske nasjonen seg for å bli gjenfødt i sitt eget land etter nesten 2000 år i eksil. Israels Gud snudde den frykteligste forbannelse av ødeleggelse til en gjenopprettelsens velsignelse for hele Israel, og oppfylte lengselen til alle jøder gjennom 20 århundrer av eksil slik at de kunne vende tilbake til sitt gamle hjemland. Og Hans store mester-plan fortsetter.

Haman i Persia

Da det jødiske folket var i eksil i Babylon (kongeriket som ble etterfulgt av Imperiet til Persia og Media), stod de enda en gang ansikt til ansikt mot trusselen om utslettelse gjennom Amalek-ånden. Jeg kunne kalt dette *Amalek kapittel to,* siden opphavsmannen til denne grusomme folkemord-planen het agagitten Haman, en etterkommer av Amalek. Dette beviser at YHVH har en kamp fra generasjon til generasjon gjennom de naturlige etterkommerne til Amalek, eller de som innehar Amaleks ånd. Denne ånden er en demonisk åndsmakt, og ånden som det anti-jødiske hodet til anti-MESITOJUZ åndsmakten virker igjennom.

> «En tid etter dette ga kong Xerxes (Ahasversus) høyere rang til Haman, sønn av Hammedata, agagitten. Han hedret ham og satte ham høyere enn alle stormennene som var sammen med ham. Alle kongens tjenere i slottsporten falt på kne og bøyde seg ned for Haman, for det hadde kongen befalt. Men Mordekai falt ikke på kne og bøyde seg ikke.
> Kongens tjenere i slottsporten spurte Mordekai: «Hvorfor bryter du kongens bud?» De snakket til ham dag etter dag, men han hørte ikke på dem. Da fortalte de det til Haman for å se om Mordekais begrunnelse ble godtatt. For han hadde fortalt dem at han var jøde.
> Da Haman så at Mordekai ikke falt på kne og ikke bøyde seg for ham, ble han fylt av sinne. Men han syntes det var for lite å legge hånd bare på Mordekai. De hadde fortalt ham hvilket folk Mordekai hørte til, og nå ville Haman utrydde alle jøder, folket til Mordekai, i hele riket til kong Xerxes.»

> — ESTER 3,1-6

Det var to jøder i Persia på den tiden som ble heltene i denne historien, den ene var jøden Mordekai, den andre var hans adoptivdatter Hadassah, datteren til Abihail. Hun var en foreldreløs etter dem som hadde blitt ført til Babylon i eksil. Faktisk så var Hadassah egentlig Mordekais kusine. Denne Hadassah ble utvalgt til å bli hustruen til

Ahasversus, kongen i Persia. Kongen visste ikke at hun var jødisk, fordi hun skjulte sin jødiske identitet, ved å benytte sitt hedenske navn Ester.

Da Haman ble sint fordi han ikke tålte at Mordekai ikke «bøyde seg i støvet» for ham, og han fikk vite at han var en jøde, fikk han avsky for ham. Han hadde arvet denne sjalusien og dette hatet mot jødene helt fra barnsben av, overført via sin forfader Amalek, barnebarnet til Esau. Han bestemte seg for å lage en «endelig løsning» for alle jødene i Persia, og han fikk overbevist kongen om at dette var til det beste for hele kongeriket. Kongen stolte hundre prosent på sin lojale rådgiver, og gikk med på planen uten å vite noe om at hans egen kone, dronning Ester(Hadassah), var jødisk.

Mordekai ble veldig fortvilet da han fikk høre om denne skrekkelige planen. Han kledde seg i sekk og aske ved porten til palasset - dette er tegnet på tradisjonell jødisk sorg. Han sendte også kurerer til sin kusine og adoptivdatter Ester for å be kongen om redning for jødene. Hans kusine, dronningen, våget ikke å risikere livet for folket sitt. Hun fryktet at kongen ville drepe henne for å oppsøke ham uten at hun var invitert. Mordekai sendte henne da et annet brev, som har gitt gjenlyd helt frem til i dag:

> **Mordekai ba dem om å si til Ester: «Tro bare ikke at du som den eneste av jødene skal berge livet fordi du er i kongens slott. For om du tier i denne tiden, vil hjelp og redning komme til jødene fra et annet sted, mens du og ditt fars hus vil gå til grunne. Og hvem vet om det ikke er for en tid som denne at du har fått dronningverdigheten?»**
>
> **— ESTER 4,13-14**

Dette er nøkkelen til å forstå: ELOHIM har en plan som ikke kan mislykkes for det jødiske folket, slik at de skal forbli og bli gjenopprettet. Han vil alltid bringe utfrielse til dem, fra et eller annet sted. Han banker på hjertedøren til hver enkelt en av oss, og forventer at vi skal reagere, for å redde jødene Hans fra denne eldgamle strategien som satan har planlagt for å ødelegge dem. Enhver som sier; «nei det er for risikofylt,» eller «jeg har det bra der jeg er, hvorfor skulle jeg risikere mitt eget liv for å redde noen jøder?» Disse vil høre de følgende ord fra den Allmektige:

For om du tier i denne tiden, vil hjelp og redning komme til jødene fra et annet sted, mens du og ditt fars hus vil gå til grunne.

— ESTER 3,14A

Uavhengig av hvilken posisjon vi har, høy eller lav, så er det noe vi kan gjøre for å redde jødene. Jeg ble påmint om historien om Oscar Schindler, en nazi-forretningsmann og entreprenør. Han reddet så mange jøder han bare kunne ved å bruke sin gryter - og pannefabrikk. Han kjøpte mange jøder fra sine nazistiske venner som ville utrydde dem i dødsleiren i Auschwitz. Han sa at han trengte arbeidere til fabrikken sin, og betalte gode penger til Det tredje riket for hver eneste jøde. Siden han var en nazist, hadde de ingen grunn til å tvile på motivene hans.

Men denne nazisten var annerledes, han hadde en samvittighet - han må ha fryktet Gud. Han kjøpte rundt tusen jøder, og på slutten av nazi shoah (holocaust), så levde fortsatt «hans» jøder. Men han var helt knust i sitt hjerte da han oppdaget at han fortsatt hadde en dyr bil og en diamantring som han kunne ha kjøpt enda flere jøder med. Da hadde han allerede gitt alle eiendelene sine til å kjøpe de tusen jødene.

I dag hedrer de Oscar Schindler i Israels Yad Vashem "Holocaust minnelund» i Jerusalem, som en av de rettferdige fra nasjonene. Der er det plantet et tre som er dedikert til hans navn, og de begravde ham på en offisiell kristen kirkegård på Sions berg i Jerusalem, som et tegn på ære.

Dronning Ester tok endelig til fornuft, tok et oppgjør med sin egen frykt og begynte å faste og be. Så våget hun seg fram foran kongen, sin mann, med stor visdom og favør. Haman ble avslørt og hengt i galgen sammen med sine ti sønner! I stedet for at det ble et folkemord, fikk jødene nå lov til å forsvare seg selv, og det sies at mange blant hedningene ble jøder og satte sin lit til Israels Gud. Dette resulterte i en stor vekkelse, etterfulgt av den historiske Purim-festen, dager med glede og feiring, som vi etter Skriften er pålagt å feire hvert år.

> **Mordekai skrev ned disse hendelsene. Så sendte han brev til alle jødene i alle provinsene til kong Xerxes, de som var nær, og de som var langt borte. Han påla dem at de hvert år skulle feire den fjortende og femtende dagen i måneden Adar. For det var på disse dagene jødene hadde fått fred for fiendene sine, og i den måneden klagen ble vendt til glede og sorgen til fest. Derfor skulle de feire dem som dager for fest og glede og sende mat som gaver til hverandre og til de fattige.**
> **Jødene gjorde det til tradisjon, det som de hadde begynt å gjøre, og som Mordekai hadde skrevet til dem om. For Haman, sønn av Hammedata, agagitten, alle jøders motstander, hadde planlagt å gjøre ende på jødene, og han hadde kastet «pur», det er lodd, for å knuse dem og gjøre ende på dem. Dette ble avslørt for kongen. Da befalte han i et brev at de onde planene som Haman hadde lagt mot jødene, skulle komme over hans eget hode. Slik ble både han og sønnene hans hengt på pålen. Derfor kalles disse dagene for «purim», etter ordet «pur».**

På grunn av alt som sto i dette brevet, og på grunn av det de hadde sett og opplevd, gjorde jødene det til tradisjon for seg selv, for sine etterkommere og for alle som ville slutte seg til dem, at de hvert år, uten unntak, skulle feire disse to dagene til fastsatt tid, som det var skrevet. Disse dagene skulle minnes og feires gjennom alle tider og i alle slekter, i hver provins og i hver by. Purim-dagene skulle aldri falle bort blant jødene og aldri gå av minne hos etterkommerne deres.

Dronning Ester, datter av Abihajl, og jøden Mordekai skrev et offisielt brev for å stadfeste det andre brevet om purim. Og Mordekai sendte brev til alle jødene i de 127 provinsene i riket til Xerxes med ønske om fred og trygghet. De skulle feire disse purim-dagene til fastsatt tid, slik jøden Mordekai og dronning Ester hadde forpliktet dem til, og slik de også hadde forpliktet seg selv og sine etterkommere til, med ord om faste og klage. Så ble disse ordene om purim stadfestet på Esters befaling, og de ble skrevet ned i en bokrull.

— ESTER 9,20-32

Skal det bli en menighet som Ester i disse endens tider? Dette er hensikten med denne boken, slik at du, leseren, enten du er jøde eller hedning, sort eller hvit, kvinne eller mann, ung eller gammel, skal være en del av den gruppen som lik Ester og Mordekai, utfrir det jødiske folket en gang til før Messias kommer tilbake. Ved å gjøre det, vil du berge deg selv og ditt hus.

Jeg vil velsigne de som velsigner deg, forbanne de som forbanner deg, og i deg skal alle jordens familier bli velsignet.

— 1. MOSEBOK 12,3

En avgjørende bønn av verving

Ja, himmelske Far. Jeg slutter meg til denne endetids-armeen, og til å være en del av Ester-menigheten. Jeg verver meg herved til å være med og bekjempe alle amalekittenes planer av ugudelig antisemittisme, for å ødelegge staten Israel og Ditt jødiske folk. Jeg avsier meg min egen komfort-sone og all lunkenhet i mitt liv. Jeg melder meg til tjeneste som en endetidssoldat for å slåss og bekjempe alt hat mot Ditt jødiske folk, som også er mitt folk, gjennom Yeshuas blod. Takk for Den visdom, autoritet og kraft til dette oppdraget, i Yeshuas navn, amen!

IDENTITETSFORVIRRING OG ANTISEMITTISME

På grunn av volden mot din bror Jakob, vil skam dekke deg, og du skal bli utryddet for evig. På den dagen du sto på den andre siden, på den dagen fremmede bar bort hans rikdom, mens utlendinger gikk inn i portene hans og kastet lodd om Jerusalem, var du akkurat som en av dem. Men du skulle ikke se ned på broren din på dagen for hans bortførelse, og du skulle heller ikke glede deg over Judas barn på dagen for deres ødeleggelse. Du skulle ikke tale stolte ord på deres trengsels dag. Du skulle ikke gå inn i porten til mitt folk på dagen for deres undergang. Sannelig, du skulle ikke se ned på deres elendighet på dagen for deres undergang. Du skulle ikke plyndre rikdommen deres på dagen for deres undergang. Og du skulle ikke stå ved veiskillet for å utrydde dem som slapp unna, og du skulle ikke overgi de overlevende på trengselens dag. For dagen for ADONAI er nær for alle nasjonene. Som du har gjort, skal det gjøres mot deg. Du skal få lønnen tilbake over ditt eget hode.

— OBADJA 1, 10–14

Selv om antisemittismen ikke finnes bare i kristendommen, så er det dette kjennetegnet som har fått sitte lengst i den kristne kirken, siden det 4. århundre. Mens muslimsk antisemittisme (eller

187

rettere sagt anti-sionisme) er svært utbredt i dag, så har mange flere jøder ned igjennom historien blitt forfulgt og myrdet i Kristi navn enn i Mohammeds navn.

Fødselen av religiøs antisemittisme

Tyven etterlignet Frelseren og Messias ved å erstatte essensen av hvem Han er - en jøde som døde for deg!

Dette er selve essensen av Kirkemøtet i Nikea, oppsummert gjennom følgende uttalelse av Konstantin:

"Vi burde ikke ha noe til felles med jødene"

Å ikke ha noe til felles med jødene benekter viktigheten av Guds pakt med Israel, som bare kunne oppfylles gjennom en jødisk Messias, født av Juda stamme og Davids hus.

> For et Barn er oss født, en Sønn er oss gitt, Herredømmet er lagt på Hans skulder. Hans navn skal kalles Under, Rådgiver, Mektig Gud, Evig Far og Fredsfyrste. Hans Herredømme skal bre seg vidt, og Hans shalom skal være uten ende over Davids trone og over Hans Kongerike, for å grunnfeste det og holde det ved rett og rettferdighet, fra nå av og til evig tid. Nidkjærheten til ADONAI-Tzva'ot skal gjøre dette.
>
> — JESAJA 9, 5–7

Hvordan kan Han være en jøde, fra Davids familie, og likevel har vi ingenting til felles med jødene? Dette forårsaker en øyeblikkelig, forferdelig forvirring med hensyn til Frelserens identitet. For på en eller annen måte å tilfredsstille forvirringen, er det obligatorisk at sinnet justerer ideen om frelseren om til en romersk Kristus. Ethvert mentalt eller åndelig samsvar med jødiskheten til Messias, jødedommen i evangeliet, måtte deretter erstattes for å tilfredsstille keiser Konstantins tvingende befaling. Dette dekretet måtte følges av alle samtykkende biskoper og kirkeledere, og til slutt av alle massene av trofaste kristne. Denne befalingen måtte nå flettes inn i all kristen teologi gjennom tidene, inn i enhver predikants forkynnelse og inn i enhver hedensk romersk feiring som kirken hadde tatt til seg. Fra og med Konstantins tid var alt i kristenheten nødt til å innrette seg etter denne uttalelsen,

Vi skulle ikke ha noe til felles med jødene, fordi Frelseren har vist oss en annen vei. (Fordham University)

"Ingenting til felles, fordi Frelseren (som ikke har noe til felles med jødene) har vist oss en annen vei" (en vei som ikke har noe til felles med jødene, den jødiske identiteten til Messias, evangeliet gitt til de jødiske apostlene, Toraen og de hellige høytidene som ble gitt til Israels folk). Ingenting til felles.

Den kristne romerske frelseren er nå den virkelige Messias; han er nå den ekte frelseren, han heter Jesus Kristus, og vi skal nå glemme det opprinnelige fødselsnavnet som ble gitt til den jødiske Messias av Faderen i himmelen. Og verre enn det, Hans evige paktnavn, Hans fødselsnavn Yeshua skal være *forbudt*, siden Hans sanne identitet er i Hans hellige navn!

De følgende skriftstedene er referanser som etablerer det faktum at det er umulig for en som har en ekte tro på Messias, som tar imot frelsen, å ha "ingenting" til felles med jødene.

- Yeshua er den jødiske Frelseren - frelsen kommer fra jødene (Johannes 4,22) Yeshua er Løven av Juda - Han er den jødisk Løven som skal dømme verden (Åp 5,5)

- Yeshua er Ordet som ble til kjød - Han er den inkarnerte Toraen (Johannes 1,14)
- Yeshua er jødenes Konge - han er den jødiske Messias (Matteus 27,37)

Identitetsforvirring og dens ringvirkninger

Faren ved å erstatte identiteten til Yeshua med en frelser som vi selv lager, er at den fører mennesker som bekjenner seg som kristne inn i en forferdelig forvirring. Dette åpner døren for farlige skadelige bedrag, inkludert aksepteringen av begreper som *tilsynelatende ikke er beslektet*, som for eksempel muligheten for kjønnsendring og LGBTQ-agendaen. Fremtredende trossamfunn har lesbiske og homofile prester, inkludert lutheranerne, metodistene, presbyterianerne og noen baptistkirker. Da Frelserens identitetsforvirring slo rot i kristendommen, førte den til en stor mengde synd, forbrytelser, drap og annen elendighet.

> **Eller vet du ikke at de urettferdige ikke skal arve Guds rike? La deg ikke forføre! De seksuelt umoralske, avgudsdyrkerne, ekteskapsbryterne, de som praktiserer homofili, tyvene, de grådige, drukkenbolter, bakvaskerne, svindlerne - ingen av disse skal arve Guds rike.**
>
> — 1. KORINTERBREV 6,9-10

Yeshua døde for alle syndere, men straks vi overgir oss til Ham, må vi forlate det Han kaller urettferdig og syndig, og Han gir oss kraften til å gjøre det ved Sin Hellige Ånd.

Et annet farlig resultat som følger med dette identitetstyveriet, er den utbredte trenden av å blande frimureriet med kristendommen. En slik praksis følger naturlig med synkretismen,* eller den altomfattende erstatningsteologien, som fra det fjerde århundre adopterte inn hedenske høytider for å tilfredsstille massene: Saturnalia ble til jul; fruktbarhetsgudinnen Ishtar sin høytid, (eller kanin-gudinnen), Easter (påske) ble adoptert inn (for å erstatte Passover [Pesach] og førstegrødens høytid) på tidspunktet for Messias' oppstandelse, og søndag (Konstantins dag for soltilbedelse) erstattet den hellige Sabbaten på den syvende dagen. Denne holdningen gjør andre religiøse trender, slik som frimureriet, til en akseptabel form for verdensbilde for mange kristne og fremtredende ledere. Hvis all hedenskap kan bli "gjort hellig", kan de teknisk sett kle frimureriet i akseptable "kristne klær" - og dette er tilfellet.

Frimureriet har blitt en hellig ku som nesten ingen er villige til å røre. Dette er imidlertid et hemmelig samfunn som tilber Lucifer, mens de gjemmer seg bak gode gjerninger og veldedighet. De som tilhører de høyere gradene vet dette, mens de av lavere grader gjennomgår den "sakte froskekoke behandlingen",** og immuniserer dem til bedrag, ettersom temperaturen i vannet gradvis øker.

Hvilken samklang har Messias med Belial? Eller hva har en troende til felles med en vantro? Hvilken pakt har Guds tempel med avguder? For vi er den levende Guds tempel - akkurat som Gud sa.

— 2. KORINTIERBREV 6, 15–16

*Synkretisme: blandingen eller forsøket på å blande ulike religioner, kulturer, eller tankeskoler.

** det sies at om du legger en frosk i en kjele med varmt vann og gradvis varmer det opp, så forblir frosken nede i vannet helt til den kokes i hjel.

Erstatningsteologien fortsetter å ha mange ringvirkninger frem til i dag.

Endringen av identiteten til Messias forårsaker forferdelig forvirring hos den troende. Det hebraiske ordet for forvirring er *babel*. Denne forvirringen fører til et moderne Babels tårn, med det mangfoldet av kirkesamfunn som eksisterer, og der hver enkelt av dem hevder å eie sannheten.

> Dette er grunnen til at det heter Babel, fordi ADONAI forvirret alle verdens språk der, og derfra spredte ADONAI dem ut over hele jordens overflate.
>
> — 1. MOSEBOK 11,9

Denne ånden av forvirring påvirker de troende, spesielt de unge, som ser inkonsekvensen og hykleriet, men blir lært opp til å innrette seg etter det. Forvirring kan forårsake en forferdelig angst, og til og med alvorlige psykiske problemer.

Den jødiske Løven

> Så sier en av de eldste til meg: "Gråt ikke mer! Se, løven av Juda stamme, Davids rotskudd, har seiret - Han er verdig å åpne bokrullen og åpne de sju seglene på den."
>
> — ÅPENBARINGEN 5,5

Når vi virkelig søker etter å kjenne Ham, vil vi oppdage at Han er en jøde. Ordet for kunnskap på hebraisk er *yada*, som er det samme ordet som for "ekteskapelig intimitet." *Yada* (intimitet) vil lede mennesker til å oppdage Yeshuas omskjæring. Dette er en dyp oppdagelse, riktignok en alarmerende oppdagelse. Tenk deg en kvinne, forlovet med en mann, som oppdager at han er en annen etter bryllupet? Hun sier, "Jeg trodde du var en hedninge-kristen, og nå må jeg takle det faktum at mannen min er en jøde? Nå har hele den jødiske og israelske fortellingen satt meg i en knipe, fordi jeg er ett med Deg, og samtidig med den allment utbredte diskrimineringen og hatet mot jødene som kalles antisemittisme." Dette er nøyaktig det som skjer når en hedning innser at Jesus er en jøde, og at Hans navn er Yeshua.

Denne kvinnen, som stod atskilt fra Israels problemer, og til og med tålte grusomme og nedverdigende vitser mot jødene, innser nå at mennesker i hennes egen familie (andre kristne som bekjente seg til å elske ektemannen hennes som en romersk kristen), nå hater Ham når de oppdager at Han er en jøde. De hater Hans røtter, Hans familie, Hans skikker, Hans Torah, Hans sabbat, Hans høytider og tradisjoner, og ja, til og med Hans navn. De avviser totalt Hans faktiske navn, og ved å avvise Hans navn, Yeshua, avviser de også Hans identitet som jøde.

Så starter det store skillet, en kløft åpner seg opp mellom de som virkelig vil kjenne Ham og vil være klare til å gifte seg med Ham som en jøde, og de som vil fortsette å tilbe fiksjonen av sin egen fantasi - den romerske Kristus med et hedensk navn, hedenske høytider og hedenske skikker.

Å søke et intimt, personlig forhold vil føre til oppdagelsen av Messias' jødiskhet. Faktumet er at Hans omskjæring, sammen med korsfestelsens naglemerker, ikke ble utslettet, og vil bli gjort kjent. Responsen på denne ubestridelige sannheten vil avgjøre evigheten for millioner.

En jøde døde for deg, og den eneste som er verdig til å åpne bøkene av dom, er en jøde. Og i så fall, hvordan vil Han da dømme de kristne som hater, forakter eller vanærer jødene? Er det ikke Ham de forakter da?

Hvorfor haster det med å gjenopprette Hans jødiske navn?

Her er noen viktige fakta å vurdere.

- Millioner av jøder og andre folkeslag som kristendommen erobret, slik som de amerikanske indianerne fra de første nasjonene, ble drept i navnet Jesus Kristus.

- Det sanne pakts fødselsnavnet til Messias Yeshua har aldri blitt brukt til å drepe noen. På hebraisk betyr *yeshua* "frelse", "helbredelse" og "utfrielse."

- Jesus Kristus er ikke en oversettelse av navnet Hans - det er en translitterering for å tilfredsstille de romerske massene som identifiserte seg med et navn som hørtes ut som deres solgud, Zevs (Ie-sous).

For Yeshuas navn skulle hvert et kne bøye seg, i himmelen og på jorden og under jorden, og hver en tunge bekjenne at Yeshua Messias er Herre - til Gud Faders ære.

— FILIPPERNE 2,10-11

En persons navn er identitetskortet hans. Når et identitetstyveri skjer, blir navnet til personen stjålet og misbrukt. En annen framstiller seg som den personen og forårsaker ødeleggelser. Da navnet til Yeshua ble endret til det romerske Jesus Kristus, skjulte det Hans identitet som jøde. Dette var en anti-jødisk handling, og derfor ble det lettere å forfølge og drepe jøder i dette romaniserte navnet, uten å måtte forholde seg til Hans jødiske identitet. Følgende sanne historie vil illustrere dette poenget.

På en av våre turer til Polen og dødsleirene, besøkte vi det jødiske minnesmerket i byen Krakow, omtrent en time unna dødsleirene i

Auschwitz-Birkenau. Nazi-regimet hadde myrdet alle jødene i Krakow i Polen. Imidlertid, i motsetning til hva den polske regjeringen nå i det 21. århundre vil at vi skal tro, var det mye samarbeid mellom nazistene og den polske kristne befolkningen etter deres eget valg, og ikke bare på grunn av frykt. Mange polakker ble innbitte antisemitter. Det meste av Polen var og er katolsk, og det forankrer hatet mot jødene i hele det organiserte kristne systemet (se sitatene fra kirkefedrene i begynnelsen av denne boken). Noen hjalp også jødene, og det var til og med noen nonner i kloster-samfunnene* som gjemte dem. Det er alltid noen rettferdige mennesker som nekter å bli bedratt av onde læresetninger.

Vi besøkte minnesmerket for alle jødene fra Krakow som hadde blitt utryddet i Auschwitz. Til min forferdelse (men ikke overraskende) så jeg hakekors og fersk anti-jødisk graffiti tegnet over dette hellige og smertefulle minnesmerket. Jeg påpekte dette for gruppen min, og vi ba. Ved siden av minnegjerdet sto det tre unge polske jenter, 14 til 16 år gamle, som lente seg på syklene sine. En av dem røykte, og hun snerret og pekte fingre mot oss, mens hun hånende og respektløst ropte *jid*, som er et nedsettende begrep for 'jøde' på polsk.

Jeg sluttet å be og å snakke til gruppen vår, så gikk jeg plutselig bort til den jenta som hånet oss. Jeg snakket frimodig til henne: «Vet du at den Jesus Kristus som du tilber, er en jøde? Hvis du hater jødene, så er det Ham du hater!» Overrasket kastet hun sigaretten og rettet seg oppmerksomt opp. Så spurte jeg henne: "Har du noen gang sett en jøde? Kjenner du noen jøder?" Hun sa: "Nei, aldri." Så jeg utfordret henne: "Så, hvorfor hater du jødene som du ikke en gang kjenner?"

Så ba jeg henne om å følge meg og gruppen til en av de siste gjenværende synagogene i det jødiske kvarteret i Krakow, og hun fulgte

---

*Kloster: et samfunn av prester eller en religiøs gruppe mennesker, eller deres bygning, brukt av deres samfunn, spesielt i de katolske, lutherske og anglikanske kirkesamfunnene.

med meg. Inne i synagogen introduserte jeg henne for Yeshua, den jødiske Messias. Mens hun gråt i omvendelse, dekket jeg henne med en tallit, et bønnesjal, og brøt makten av erstatningsteologi-ånden, anti-MESITOJUZ-ånden, og alt av hat mot jødene i livet hennes. Hun ble herlig født på ny og fylt med Den Hellige Ånd, og jeg er sikker på at hun aldri kommer til å hate jødene igjen.

Disse anti-jødiske bedragene og villedende læresetningene som gjemmer seg i kristendommen, myrder ikke bare jøder, men dreper også mange kristne som huser dem.

Hadde ikke erstatningsteologien endret Yeshuas navn, ville det vært umulig å ignorere jødiskheten Hans. Dette er grunnen til at kristenheten har drept så mange jøder i Jesu Kristi navn, men ingen har noen gang blitt drept i navnet Yeshua! Å gjenopprette navnet Hans vil være en viktig faktor for å redusere antisemittismen i verden.

Bedraget om at "jødene drepte Kristus"

Dette ene bedraget har ført til drapet på flere jøder enn noe annet. Følgende er en autentisk historie fra familien min.

Min mor hadde tvilling-søskenbarn som hun elsket veldig høyt. Da tvillingene var rundt tre år, dro de alle på sommerferie til kysten av Chile. Tvillingene hadde vært på besøk hos nabojentene og lekt sammen med dem i mange timer. Da moren deres kom for å hente dem, fant hun dem til sin forferdelse i tårer og fortvilelse, og hun tok dem med seg hjem. De tre år gamle tvillingene skrek: "Mamma, vi drepte ingen, vi drepte ingen," og de gråt og gråt. Da de roet seg nok til å svare mer fornuftig, betrodde en av tvillingene: "Vår venninne, datteren til naboene, fortalte oss at vi drepte Gud fordi vi er jøder og at jødene drepte Gud."

Denne historien er på ingen måte noe unntak. Utallige jøder har blitt mobbet og myrdet under beskyldningen av at "dere jødene drepte Jesus Kristus, så dere fortjener å dø."

Jødisk deizid er en antisemittisk tro blant noen kristne, som sier at det jødiske folket som helhet var ansvarlige for Jesu død. Pøbler brukte det antisemittiske skjellsordet "Kristus-mordere" for å tilskynde til vold mot jøder, og bidro til mange århundrer med pogromer, drap på jøder under korstogene, den spanske inkvisisjonen og holocaust.

I katekismen produsert av Kirkerådet i Trent, bekreftet den katolske kirken at den kollektive syndige menneskeheten stod ansvarlig for Jesu død, ikke bare jødene. I drøftelsene fra Vatikankonsil II (1962–1965) avviste den romersk-katolske kirken under pave Paul VI troen på kollektiv jødisk skyld for korsfestelsen av Jesus. De erklærte at beskyldningen ikke kunne gjøres "mot alle jødene, uten skille, hverken mot de som levde da, og heller ikke mot dagens jøder." (Wikipedia-bidragsytere)

Selv om dette synet ble endret av Vatikanet, kan man forestille seg at frem til 1962 eller 1965 ville nesten alle barn, indoktrinert med kristendommens prinsipper, ha lært at jødene drepte Kristus og at de trenger å bli kollektivt straffet for det.

Det følgende er min personlige historie.

Jeg var seks år gammel og studerte ved en britisk skole i Santiago, Chile. Vi var noen få jøder i klassen, blant mange kristne. Hver gang det var en leksjon om religion, tillot de oss jøder å dra og leke i hagen, på forespørsel fra foreldrene våre som betalte en heftig sum for å holde oss på denne private skolen. Siden jeg var en veldig nysgjerrig jente, ble jeg værende i religionstimene, der jeg lærte om Jesus Kristus og om hvordan vi jøder er skyldige i drap.

Jeg elsket å tegne, så mens læreren snakket pleide jeg å tegne noen illustrasjoner fra leksjonene hennes. Et av bildene mine var av et bål med store flammer, og alle jødene som brant i det. En dag fant min mor mine religiøse notatbøker og oppdaget min sjokkerende tegning. I full avsky, og med god grunn, klaget hun til skolen, og deretter tok hun meg ut og plasserte meg på en hebraisk skole, for å få en jødisk utdannelse i stedet. Dette skjedde i 1965 - nå i det 21. århundre fortsetter vi å høste effekten av denne destruktive løgnen. Det tar mange år å gjen-utdanne verden når den har blitt feil utdannet. Hitler uttalte: "Fortell en løgn som er stor nok, gjenta den ofte nok, og alle vil tro på den" (Wikipedia Contributors). Og dette har virkelig vært tilfelle.

For å gjøre dette klart, de som drepte Messias var ikke "jødene", men en gruppe pøbler som ble leid inn av den frafalne ypperstepresten på den tiden. Tusenvis av jøder i hele Israel fulgte Yeshua, og det var en stor vekkelse, selv blant presteskapet. Denne etterfølgelsen og vekkelsen skjedde før og etter korsfestelsen Hans.

Alle de første apostlene, de sanne kirkefedrene, er jødiske. Ikke en av dem "ble kristen", eller endret sin jødiskhet eller sin religion. De overga seg bare til sin jødiske Messias, ikke ved å bli kristne eller ved å tjene en romanisert Kristus.

Det var bare jødene som ventet på at en Messias, en salvet konge, skulle redde dem. De jødene som kjente igjen Yeshua, fulgte den jødiske Kongen som sa: "Mitt rike er ikke av denne verden" (Johannes 18,26). De holdt sabbaten, feiret de bibelske høytidene og fulgte Toraen. De hadde ingenting å gjøre med de romerske hedenske høytidene eller tradisjonene. Dette er årsaken til at etter at Konstantin, sammen med de ikke-jødiske biskopene i det fjerde århundre, signerte skilsmissen fra jødene, kalt kirkerådet i Nikea, så kunne ingen finne noen jøder i kirken lengre. Jødiske troende forlot den frafalne kirken og gikk under jorden, ettersom deres liv kontinuerlig var i fare, grunnet hatet fra de kristne kirke-myndighetene, og fra det vanlige folket som hadde blitt indoktrinert. Forfølgelse mot jødene for å være "Kristus-mordere" fortsetter i forskjellige grader og i mange land frem til denne dag.

Yeshua, den jødiske Messias, ble ikke myrdet. Han var et villig offer, og bare et villig offer kan sone for synden til både jøder og hedninger.

> **Av denne grunn elsker Faderen meg, fordi jeg gir mitt liv, slik at jeg skal ta det igjen. Ingen tar det fra meg, men jeg legger det ned av meg selv. Jeg har myndighet til å sette det til, og jeg har myndighet til å ta det igjen. Dette budet har jeg fått fra min Far.**
>
> — JOHANNES 10, 17–18

Og for å gjøre det enda tydeligere, var de som spottet, torturerte og korsfestet Ham romere, ikke jøder - og likevel har ingen forfulgt romerne eller italienerne for det. Bare romerne hadde myndighet til å torturere, drepe og korsfeste. Kan du forestille deg at noen kommer til Vatikanet med et skilt: "Dere, romerne, drepte Kristus"?

Så, hvorfor har de gjort dette mot jødene?

> **Så tok Pilatus Yeshua og lot ham piske. De (romerske) soldatene flettet en krone av torner og satt den på hodet hans og kledde ham i en lilla purpurkappe. De kom stadig opp til ham og sa: "Vær hilset, du jødenes konge!" og så slo de ham med nevene, igjen og igjen.**
>
> — JOHANNES 19, 1-3

Dette hatet mot jødenes Konge, den jødiske Messias (og mot Hans folk, jødene) blir fortsatt kommunisert til hele verden gjennom en romanisert kristendom og en romanisert Jesus Kristus.

Kristen antisemittisme i det 21. århundre

Slik som bispedømme-minister William Nicholls beskriver det følgende,

"Selve det jødiske folks tilstedeværelse i verden ... retter et stort spørsmål mot kristen tro ... forårsaker en dyp og gnagende angst."

Helt i fra den tidligste begynnelse beskrev kristendommen seg som "arvtageren" til Guds pakt, det "nye Israel." Augustin, muligens den mest "moderate" av kirkefedrene, resonnerte basert på skriftlig framstilling av "jødene" som Kristus-mordere, at drapet på Jesus er grunnen til at Gud har overført sin gunst fra jøde til hedning. Dette resonnementet fortsetter i dag. Det samme Vatikankonsil II fra 1965, som produserte Nostre Aetate* som "frikjente" dagens jøder for skylden for Jesu død, sørget også for å bekrefte at "kirken er det nye Guds folk." Og trettifem år senere, i sin avsluttende oppsummering av Vatikanets spesielle synode for biskoper i midt-østen i 2010,

"Vi kristne kan ikke snakke om det "lovede landet" som en enerett for et privilegert jødisk folk. Dette løftet ble opphevet av Kristus ... I Guds rike ... er det ikke lenger et utvalgt folk." (Jerusalem Post)

Mens jeg skrev denne boken, har pave Frans kontaktet alle verdensledere for at de skal forene seg under et globalt banner av gjen-utdannelse. Han valgte staten Israels historiske fødselsdato (14. mai

---

* Nostra Aetate er Vatikankonsil II sin beskrivelse av kirkens relasjon med ikke-kristne religioner

2020) for denne alarmerende, men ikke overraskende, villedende begivenheten. På grunn av koronavirus-pandemien i 2020 måtte paven imidlertid endre på datoen. Er dette en tilfeldighet? Eller er det et anti-israelsk budskap skjult i datovalget, der den katolske kirken igjen tilriver seg Israels plass, med paven som kirkens overhode. *Kan det være at Gud sendte COVID-19 for å avbryte dette ugudelige møtet på Israels jubileums-dag?*

Det mest alarmerende er det antallet evangeliske ledere som har gitt sitt samtykke og justerer seg inn under paven for å fremme hans agenda om en ny verdensorden. Og hvordan kan de gjøre det med mindre erstatningsteologien, inkludert antisemittismen, fremdeles lever og har det bra i mange evangeliske rekker? De samme kirkefedrene som skrev de frykteligste ting mot jødene blir fremdeles æret, og deres tro blir undervist i de fleste evangeliske seminarer.

Faktisk så husker jeg at ved den bibelskolen som jeg gikk på i Dallas i 1990, så ble aldri den virkelige kirke-historien om kristent hat og antisemittisme undervist - selv om det er den mest utbredte delen av kristen historie siden 325 e.Kr. og frem til i dag. Imidlertid lærte vi angivelig flotte ting om keiser Konstantin, og om hvordan han etablerte kristendommen som det romerske imperiets religion og hvilken helt han var for å ha gjort det. Siden den gang har disse løgnene blitt og blir fortsatt gjentatt i evangeliske, pinsevenn, karismatiske og andre kretser, bibelskoler, videregående skoler og teologiske seminarer. Antisemittiske teologier forblir en del av kristendommen i det 21. århundre.

Her er en nylig blogg fra Jerusalem Post.

Hvordan vandrer jøde-fobi fra generasjon til generasjon? Overføringen blir åpenbart regissert gjennom kontakt med kilde-dokumentene, kristne skrifter om "jødene" som "Jesus-mordere."

Siden åtti prosent av innbyggerne i USA er kristne i henhold til folketellingen i 2011, er det trygt å anta at de fleste har hatt i det minste litt kontakt med skriftlig anti-jødedom. Antisemittisme som en fordom representerer vanlig tro matet med historiske stereotyper, der jødene representerer en trussel som rettferdiggjør ekskludering. Vi minnes Roper-meningsmålingen blant amerikanske kristne i 1939, som fant at,

"Femtitre prosent mente at "`jødene er annerledes og burde vært begrenset`, og ti prosent mente at jødene burde deporteres."

Denne spørreundersøkelsen, utført kort tid etter Kristallnacht, (Krystallnatten), er meget viktig når det gjelder å representere både "moderat" og "ekstremistisk" antisemittisme som ganske konstant i løpet av de mellomliggende årene frem til 2011! Med "begrenset" (moderat), ble det her ment "konsentrasjonsleirer." Hvordan begrense jødene (den "moderate" innstillingen)? Den modellen som Tyskland sørget for, og snart etter også USA når det gjaldt japanske amerikanere, var konsentrasjonsleirer. Når det gjaldt det "ekstremistiske" kravet om "deportasjon", hvilken destinasjon kunne de da ha tenkt på?

I en tale foran Representantenes hus i 2012 angrep republikaneren Don Manzullo sin med-representant fra Virginia og Jewish House Majority-leder Eric Cantor: "Herr Cantor, en observant jøde, ville ikke bli "frelst". Cantor unngikk et direkte svar, men refererte i stedet i et intervju i april 2012 til "den mørkere siden" av Amerika som "ikke alltid har fått det helt riktig når det gjelder rasesaker, religiøse saker, og andre ting." Manzullos syn på jøder og frelse er faktisk ganske vanlig blant mange amerikanere som stolt omtaler USA som et "kristent land."

I 2007 uttalte Jerry Falwell, en ledende amerikansk evangelisk leder, at "Gud Den Allmektige hører ikke en jødes bønn." (Jerusalem Post)

Legg merke til hvordan sekulær antisemittisme fores av religiøs antisemittisme.

Men anti-jødiske fordommer er ikke begrenset til religiøse uttrykk. De er også til stede som sekulære uttrykk. Det finnes mange eksempler på antisemittiske epiter (merkelapper) som dukker opp i media ved amerikanske politikere og kultur ikoner. "FDR" (Franklin D. Roosevelt), presset av Henry Morgenthau til å godta til og med en symbolsk bombing av Auschwitz, påminnet sin jødiske statssekretær: "Du vet, dette er et protestantisk land," og jødene er her "på grunn av vår overbærenhet."

I juli 2013 kunngjorde styreleder i en liten by i Florida, Cheryl Sanders, på et styremøte at de "ikke skulle være her oppe og 'jøde' over noens lønn." Å «jøde» refererer til den middelalderske stereotypen av jøder, som personer som låner ut penger til urimelig høye renter. Dessverre for styrelederen ble hennes ord plukket opp av media. Overrasket og fornærmet av den nasjonale oppmerksomheten, insisterte Sanders på: "Jeg er ikke antisemitt, og dette var ingen ondskap overfor noen." Hun beskrev "å jøde over" som et helt vanlig uttrykk brukt i dagligtale, og at ingen skulle anta hennes bruk av det som antisemittisme.

Slike "uttrykk" i populærkulturen er eksempler på hvor dypt innebygd antisemittisme ligger i psyken i det vestlige samfunnet. Så "vanlig og akseptert" at selv noen jøder er komfortable i dets nærvær, og aksepterer det som en uskyldig og normal del av det amerikanske livet. (Jerusalem Post)

Koblingen mellom Hitler og Luther

I 1923 berømmet Hitler Luther og kalte ham det største tyske geniet, som "så jøden slik vi i dag begynner å se ham." I dagene etter Kristallnacht (Krystallnatten) skrev biskopen i Thüringen lykkelig at Luther, som ble født 10. november 1483, ikke kunne ønsket seg en vakrere bursdagsgave. (VU University Press)

Her uttaler Adolf Hitler at han "kjemper for Herrens arbeid."

> "Jeg tror i dag at jeg handler i samarbeid med den Allmektige Skaper. Ved å beskytte mot jødene kjemper jeg for Herrens arbeid" - Adolf Hitler, tale, Riksdagen, 1936 (Cline; Burleigh og Wippermann)

Det følgende er utdrag fra den beryktede boka til Martin Luther som Hitler brukte i sin like onde bok *Mein Kampf*:

> Men denne holdningen varte ikke. Luther, frustrert over jødisk standhaftighet, og feilinformert om jødisk praksis, opphevet i sine senere år sin tidlige åpenhet overfor det jødiske folket og skrev anti-jødiske tirader. "Om jødene og deres løgner" (1543) er et åpenbart antisemittisk dokument. Han skriver:

> Og så, kjære kristen, pass deg for jødene. . . du kan se hvordan Guds vrede har gitt dem over til djevelen, som ikke bare har frarøvet dem en riktig forståelse av Skriftene, men også av en felles menneskelig forstand, beskjedenhet og sunn fornuft... Så, når du ser en ekte jøde, kan du derfor med god samvittighet korse

deg og med frimodighet si: "Der går djevelen inkarnert." (Luther, Om jødene og deres løgner, Luthers utgivelser)

Aldri ble dette hatet mer smertefullt tydelig enn med fremveksten av nazismen. De som utnevnte og påvirket Hitler, ga ny energi til Luthers anti-jødiske diskurser (drøftelser). I november 1938, bare to uker etter Kristallnacht (Krystallnatten), publiserte Martin Sasse, biskopen i den evangeliske kirken i Thüringen, hårreisende nok en brosjyre med tittelen *Martin Luther og jødene: Bort med dem!* Sasse skrev det følgende,

På den 10. november, Luthers bursdag, brenner synagogene ... For øyeblikket må vi lytte til røsten av denne tyskernes profet fra det sekstende århundre, som av uvitenhet begynte som en venn av jødene, men som, veiledet av sin samvittighet, erfaring og virkelighet ble den største antisemitten i sin tidsalder, den som advarte sin nasjon mot jødene. (Marans; Sasse)

Hitler fortsatte å selge til hele Tyskland det deres elskede tyske kristne reformator hadde sagt. Og med glede utryddet de fleste protestantiske og katolske kristne, som tilhørte nazistpartiet, seks millioner jøder, eller stod passive mens de begikk forbrytelsen.

Hvis du ønsker å finne en syndebukk, på hvem sine skuldre vi kan legge de elendighetene som Tyskland har ført over verden, er jeg mer og mer overbevist om at det verste onde geniet i dette landet ikke er Hitler eller Bismarck eller Frederick den Store, men Martin Luther. (TIME.com)

Her er den endelige løsningen ifølge Martin Luther.

Etter å ha servert oppspinn og fabler om jødene, ga han sine råd til sine medkristne. Dette rådet er i form av en åttepunkts-plan for å håndtere jødene. Denne planen blir ofte referert til når forskere prøver å koble Luther med Hitler.

For det første ba Luther kristne om å «sette fyr på synagogene eller skolene deres og begrave og dekke med skitt alt det som ikke ville brenne.» Dette rådet ble implementert av nazistene under den antisemittiske pogromen kjent som Kristallnacht (Krystallnatten).

For det andre anbefalte han at "husene deres også ble rasert og ødelagt."

For det tredje rådet han til at "alle deres bønnebøker og talmudiske skrifter, der slik avgudsdyrkelse, løgner, forbannelse og blasfemi læres, skulle bli tatt fra dem."

For det fjerde erklærte han at "rabbinere forbys å undervise under trussel om tap av liv og lemmer."

For det femte oppfordret han til at "fritt leide på hovedveiene avskaffes helt for jødene."

For det sjette skrev han at «åger (å ta urimelig høye renter på lån av penger) burde være forbudt for dem, og alle penger og skatter av sølv og gull burde tas fra dem og settes til side for oppbevaring.» Som en følge av dette rådet stjal nazistene ofte penger og verdisaker fra jødene under Det Tredje Riket, spesielt etter at de ble sendt til konsentrasjonsleirer.

For det sjuende anbefalte han "å sette en treskestav, en øks, en hakke, en spade, en sigd eller en spindel i hendene deres ... la dem tjene sitt brød i sitt ansikts sved." Nazistene tok også dette rådet da de implementerte konsentrasjonsleire, der jøder ble tvunget til hardt arbeid.

Til slutt skrev han at «hvis vi ønsker å vaske våre hender rene fra jødenes blasfemi og ikke ta del i deres skyld, må vi avstå fra å huse selskap med dem. De må bli drevet ut av landet vårt ... som gale hunder." Dette stred direkte mot Luthers tidligere uttalelse som kritiserte katolikkenes behandling av jødene. Dette rådet ble også fulgt av nazistene, men de tok det et skritt lenger da de implementerte sin "endelige løsning."

Er det da "sant" at Luther var antisemittisk? Jeg må svare med et rungende ja. Imidlertid tror jeg begrepet "anti-jødisk" bedre beskriver Luther, med tanke på det faktum at "antisemittisk" er et moderne ord, først brukt på midten av 1800-tallet. Antisemittisme gjelder også spørsmålet om rase, mens Luthers innvending mot jødene ikke hadde noe med deres rase å gjøre, men deres religiøse tro. (Den mørkere siden av Martin Luther)

Merk: Den "bedre løsning" som Luther ga råd om ble til *Den endelige løsningen* som Hitler implementerte.

Kort sagt, kjære prinser og lorder, de av dere som har jøder under deres styre - hvis mine råd ikke behager dere, *så finn dere bedre råd*, slik at dere og vi alle kan bli kvitt jødens uutholdelige, djevelske byrde, for at vi ikke skal bli skyldige i delaktighet innfor vår Gud i løgnene, blasfemien, ærekrenkelsen og forbannelsene som de gale jødene hengir seg så fritt og villig til, mot personen vår Herre Jesus Kristus, denne kjære mor, alle kristne, all autoritet og oss selv. Ikke gi dem beskyttelse, trygg tilstedeværelse eller fellesskap med oss... Med denne trofaste veiledningen og advarselen ønsker jeg å rense og frigjøre min samvittighet. (Luther, Om jødene og deres løgner, Luthers utgivelser)

Det følgende er et viktig innblikk fra oversetteren av Luthers bok *Om jødene og deres løgner*, fra tysk til engelsk av Martin H. Bertram.

Selv om Luthers kommentarer ser ut til å være proto-nazistiske, blir de bedre sett på som en del av tradisjonen fra middelalderens kristne antisemittisme. Mens det hersker liten tvil om at kristen antisemittisme la det sosiale og kulturelle grunnlaget for moderne antisemittisme, skiller moderne antisemittisme seg ut ved å være basert på pseudo-vitenskapelige forestillinger om rase. *Nazistene fengslet og drepte jøder som hadde konvertert til kristendom: Luther ville ha ønsket dem velkommen.*

Jeg synes dette er en veldig viktig kommentar til fordel for at Martin Luther var en ekte kristen. Noen mennesker, i deres forsøk på å unnslippe det kristne kollektive ansvaret for antisemittismens synd, pleier å si ting som "vel, Martin Luther var ikke en ekte kristen." Han var en ekte kristen, elskede, som alle tidligere antisemittiske kirkefedre. Vi må takle dette faktum med ydmykhet og ansvar og gjøre alle mulige tiltak for at kirken skal kunne kvitte seg med monsteret av antisemittisme, og erstatningsteologien som etablerte den. (Luther, Om jødene og deres løgner; Bertram)

Jeg tror at Martin Luther mente godt i begynnelsen, men så førte hans sinne og bitterhet ham til et blindt hat - hvorpå han skrev grunnlaget for *Den endelige løsningen* som Hitler fulgte. Imidlertid tok Hitler det et skritt videre, men ikke lenger enn de opprinnelige doktrinene fra den katolske kirken i Spania. De anså blodet til en jøde så urent at selv etter deres tvungne eller villige omvendelse til kristendommen, forble blodet deres "urent" i den spanske inkvisisjonens øyne; dermed kalte de jødiske konvertitter med navnet *marranos* som betyr "griser". Adolf Hitler var en bekjennende katolikk som ble til en hedning, og som fulgte rådet fra alle protestanters og evangeliskes far, Martin Luther.

Vi kommer til å se om og om igjen at kombinasjonen av katolsk og protestantisk kristendom har ført til den største og mest omfattende elendighet, ødeleggelse og folkemord mot den jødiske nasjonen.

Dette at satan har forsøkt å utslette Israel med så mange kraftige taktikker, og likevel overlever den jødiske nasjonen, er et tegn og et under. Benjamin Disraeli, Storbritannias statsminister under dronning Victoria på 1800-tallet, sies å ha hatt en samtale med dronningen da hun spurte ham: "Hvilke bevis finnes det for at Gud virkelig eksisterer?" Til dette svarte statsminister Disraeli: "Jødene, mylady, jødene."

Dette at jødene fortsatt eksisterer er et tilstrekkelig bevis på at Israels Gud er virkelig. Satan har forsøkt å utrydde Hans utvalgte folk på alle mulige måter og har mislyktes, selv om han gang på gang påførte jødene voldsomt mye smerte. Benjamin Disraeli tilhørte en jødisk familie som hadde konvertert til anglikansk kristendom. På grunn av denne konverteringen kunne Disraeli forfølge en politisk karriere, og til slutt bli statsminister i England. Den eneste måten man kunne inneha et offentlig verv på, var å sverge troskaps-eden på en Bibel, under kristendommens prinsipper – noe som medførte at praktiserende jøder ikke kunne inneha offentlige verv i England eller i andre europeiske kristne nasjoner. Dette tiltaket var en del av diskrimineringen av jøder i Europa. Den følgende historien om Disraeli er veldig opplysende angående dette politiske problemet.

I 1847 inntraff det en liten politisk krise, som fjernet Bentinck*
fra ledelsen og fremhevet Disraelis uenigheter med hans eget
parti. Ved dette årets parlamentsvalg hadde Lionel de Rothschild
kommet tilbake på vegne av valgkretsen London City. Som en
praktiserende jøde kunne han ikke avlegge troskaps-eden i den
foreskrevne kristne formen, og kunne derfor ikke ta sitt sete i
parlamentet. Lord John Russell, Whig-lederen som hadde
etterfulgt Peel som statsminister, og som i likhet med Rothschild
var et medlem som representant for London City, foreslo i
Underhuset at denne eden skulle endres for å tillate jøder å
komme inn i parlamentet. <u>Statsminister Disraeli talte for tiltaket
og argumenterte med at kristendommen var "gjennomført
jødedom", og spurte Underhuset: "Hvor er din kristendom hvis
du ikke tror på deres jødedom?"</u> (Wikipedia-bidragsytere)

Denne kraftfulle uttalelsen fra Disraeli oppsummerer hele emnet
i denne boken: Avsløringen av identitetstyveriet. Hvor er din tro på
Frelseren hvis du avviser at Han er en jøde og at Hans jødiske folk
fremdeles er det utvalgte folket? Hva slags Frelser tilber du hvis du
forkaster jødene og alt det jødiske?

Forslaget fra Disraelis ble forkastet, og det samme ble lovforslaget;
jødene fikk fortsatt ikke tjene i offentlige verv. Kristendommen
fortsetter løpet av antisemittisme.

En bønn om omvendelse fra antisemittisme

Far i Himmelen, jeg takker Deg for at Du har fortalt meg
sannheten om kristen antisemittisme. Jeg er forferdet, og jeg
omvender meg i støv og aske fra å bære på noe slags hat mot Ditt

---

* Lord George Bentinck var en engelsk konservativ politiker

jødiske folk i mitt hjerte. Jeg ber også om tilgivelse for syndene av antisemittisme i mine kristne forfedre, pastorer og ledere som jeg har hatt gjennom årene. Jeg ber Deg om å rense mitt hjerte og sinn fra disse dødelige teologiene av hat som har forårsaket ydmykelse, pine og død for millioner av jøder. Jeg avviser og fornekter alt hat mot jødene, og jeg erklærer at den anti-jødiske demonen er helt borte fra mitt liv, og fra alle generasjoner, i Yeshuas navn! Jeg tar imot Deg, Yeshua, som en jøde, som min jødiske Messias. Jeg hedrer Ditt jødiske folk og Deg som Løven av Juda. Jeg ber Deg om å gjøre det slik at livet mitt regnes som et liv av restitusjon (tilbakegivelse), slik at mange andre skal komme til kunnskapen om sannheten og blir satt helt i frihet. Takk for Din store nåde og miskunnhet med meg og alle dem jeg representerer, i Yeshuas navn, amen.

For videre lesning anbefaler jeg mine bøker *Yeshua er Navnet (finnes på norsk)* og *The Bible Cure for Africa and the Nations.*

---

* Yeshua er Navnet: www.kad-esh.org/no/butikk/yeshua-er-navnet/
The Bible Cure for Afrika and the Nations. www.kad-esh.org/shop/
the-bible-cure-for-africa-and-the-nations/

GJENOPPRETTELSEN AV ISRAEL

Hode nummer 5: Anti-sionist

ADONAI skal ta Juda som sin del i det hellige land og han skal enda en gang velge Jerusalem. Vær stille, alt kjød, for ADONAIS åsyn, for han har reist seg og gått ut fra sin hellige bolig.

— SAKARJA 2, 16–17

D ette er det femte og siste hodet til monsteret, og det er også den siste kampen før Messias kommer tilbake. Jeg vil kalle dette hodet "politisk antisemittisme", som er motstand mot YHVHs hovedplan om å gjenopprette det jødiske folket tilbake til det lovede land, landet som Han ga til Abraham, Isak og Jakob for tusen generasjoner.

Til evig tid minnes han sin pakt, det ordet han fastsatte for tusen generasjoner, hans pakt med Abraham, og hans ed til Isak. Han stadfestet den som en rett for Jakob, som en evig

pakt for Israel og sa: "Til deg gir Jeg landet Kanaan, den delen er din arv og eiendom."

— SALME 105, 8–11

Den 26. mai 2016 vedtok plenum i Bucuresti den følgende ikke-juridisk bindende arbeids-definisjonen på antisemittisme:

"Antisemittisme er en viss type oppfatning av jøder, som kan uttrykkes som hat mot jøder. Retoriske og fysiske manifestasjoner av antisemittisme er rettet mot jødiske eller ikke-jødiske individer og/eller deres eiendom, mot jødiske samfunns-institusjoner og religiøse fasiliteter."

For å veilede IHRA* i sitt arbeid kan følgende eksempler tjene som illustrasjoner:

<u>Manifestasjoner kan inkludere å gjøre staten Israel til skyteskive, oppfattet som et jødisk kollektivt folk.</u> Imidlertid kan kritikk av Israel som ligner den som er gitt mot et annet land, ikke betraktes som antisemittisk. Antisemittisme anklager ofte jøder for å ha konspirert for å skade menneskeheten, og det brukes ofte til å klandre jødene for "hvorfor ting går galt." Den kommer til uttrykk i tale, skriving, visuelle former og handling, og benytter uhyggelige stereotyper og negative karaktertrekk. (USAs utenriksdepartement)

De Forente Nasjoner har konsekvent brukt staten Israel som skyteskive, fremfor alle andre land i verden, og har avslørt en ekstrem,

---

* IHRA: Internasjonal Holocaust Minne-Allianse

internasjonal antisemittisme som er sammenlignbar med eller større
enn under andre verdenskrig.

I den nåværende 74. sesjon av FNs generalforsamling (2019-
2020) stemte alle EU-medlemslandene over en resolusjon hver
for å kritisere (1) Iran, (2) Syria, (3) Nord-Korea, (4) Myanmar
og (5) USA, for sin embargo (handelsforbud) mot Cuba, og to
resolusjoner over Krim.

Som en kontrast, **stemte EU-landene for 13 av 18 resolusjoner
som utpekte Israel.** Likevel klarte ikke de samme EU-landene
å innføre en eneste FN-resolusjon over menneskerettighets-
situasjonen i Kina, Venezuela, Saudi-Arabia, Hviterussland,
Cuba, Tyrkia, Pakistan, Vietnam, Algerie eller i 175 andre land.
(FN Watch)

Denne tilstanden er ikke unik for dette året som jeg skriver denne
boken. Dette har vært normen i mange, mange år. Og denne åpenbare
antisemittismen (med et nytt navn "anti-sionisme") har stort sett vært
ubestridt av medlemslandene i FN, med unntak av USA, og noen
ganger andre amerikanske partnere.

Fra 2013 hadde Israel blitt fordømt i 45 resolusjoner av FNs
menneskerettighetsråd. Siden opprettelsen av rådet i 2006 har
det lagt frem flere resolusjoner som fordømmer Israel, enn nesten
hele resten av verden til sammen (45 resolusjoner mot Israel
utgjorde 45,9% av alle landsspesifikke resolusjoner vedtatt av
rådet) (Wikipedia Bidragsytere)

Land som konsekvent krenker menneskerettighetene så langt at de
plyndrer, og til og med myrder sin egen befolkning (som Syria, Kina,
Nord-Korea, Venezuela og andre) har knapt blitt fordømt, om i det

hele tatt, av FN. Men «det lille Israel» - som siden 1948 har blitt et fyrtårn for lys, jordbruk, teknologi, medisin og katastrofehjelp for andre nasjoner (deres fiender inkludert) - har blitt fordømt uten stans.

Dette er antisemittisme på sitt verste, og fra nå av vil vi sidestille anti-sionisme med antisemittisme.

Kristen, politisk antisemittisme

Vi kan imidlertid ikke koble politisk antisemittisme fra den dypt rotfestede antisemittismen i kristne miljøer. En menighet gjennomsyret av erstatningsteologi er i alvorlig fare for å omskrive Bibelen for å tilpasse den til deres politiske antisemittisme. Følgende utdrag er mildt sagt alarmerende, men på ingen måte overraskende.

En nylig offisiell oversettelse av Bibelen til dansk vekker undring blant religiøse mennesker. Det danske «Bibelselskapet», som er ansvarlig for oversettelsen, har utslettet og fjernet ordet "Israel" fra Det nye testamentet (som i den nye utgaven nå kalles "Den nye avtalen")

Ifølge Jan Frost, som har lest den nye utgaven, gjelder dette både når Israels land og når Israels folk blir nevnt. Israel blir ellers nevnt på denne måten i Det nye testamentet mer enn 60 ganger.

Frost uttaler i en video lagt ut på YouTube at ordet "Israel" bare brukes en gang i "Bibelen 2020", som er navnet på den nye utgaven.

I følge Frost gir oversetterne av den nye utgaven den forklaringen at landet Israel på bibelsk tid ikke var identisk med det nåværende Israel.

Men den samme logikken brukes ikke av oversetterne når Egypt blir nevnt: Egypt er fremdeles Egypt, selv i denne nye 2020-utgaven.

På sosiale medier er flere brukere rasende over den radikale endringen av et så sentralt element i Det nye testamentet, og en utbredt kritikk antyder en mistanke om at de har fjernet Israel av politiske årsaker. (24NYT)

Å Gud, ti ikke, vær ikke stille, og hold deg ikke i ro Gud! For se, dine fiender gjør opprør, og de som hater deg, har opphøyet seg. Med svik legger de onde planer mot ditt folk og sammensverger seg sammen mot dem du verner. De sier: "Kom, og la oss utslette dem som et folk, så ingen lenger minnes Israels navn." For de har rådslått sammen med ett sinn; mot deg inngår de en pakt ...

— Salme 83, 1–5

Hva er anti-sionisme?

Anti-sionisme er den komplette politiske og religiøse motstanden mot den endelige forløsnings-planen for det jødiske folket, som inkluderer tilbakeføringen av alle Abrahams, Isaks og Jakobs etterkommere til deres forfedres lovede land Sion/Israel. Mange profetier snakker om det i De hellige skrifter. Det er også mange advarsler i Skriftene om en stor dom over alle nasjoner som våger å motsette seg YHVHs hovedplan for Hans utvalgte folk og deres land. Mer om denne dommen vil bli diskutert i port 12.

**Han har husket sin pakt for alltid, ordet som han befalte i
tusen generasjoner, pakten som han inngikk med Abraham,
og hans ed til Isak. Så bekreftet han det overfor Jakob som en
lov, til Israel som en evig pakt, og sa: "Jeg vil gi deg Kana'ans
land som en del av din arv"**

— SALME 105, 8–11

For å forstå antisionisme, må vi vite hva sionisme er. Sionisme er
en religiøs og politisk innsats som førte millioner av jøder fra hele
verden tilbake til sitt gamle hjemland i Midtøsten og reetablerte Israel
som den sentrale plasseringen av jødisk identitet. Mens noen kritikere
kaller sionismen "en aggressiv og diskriminerende ideologi", har den
sionistiske bevegelsen med suksess etablert et jødisk hjemland i Israel.

I 1890 skapte Nathan Birnboim begrepet sionisme mens han
studerte ved universitetet i Wien. Sionisme er den jødiske bevegelsen
som startet på slutten av 1800-tallet med det formål å etablere et jødisk
nasjonalhjem for alle jøder spredt i diasporaen. Sionismens ubestridte
far var Theodor Benjamin Herzl, hans hebraiske navn er Benjamin
Zeev Herzl. Han var en ungarsk jøde, en journalist som ble veldig
påvirket av den urettferdige Dreyfuss-rettssaken i Frankrike.

I Dreyfuss-rettssaken i 1894 ble en jødisk offiser i den franske hæren
arrestert og dømt for forræderi. Da han ble ført bort for å bli forvist,
ropte mengder av franskmenn: "Død over jødene!" Det sjokkerte den
unge, jødiske journalisten som dekket historien.

Herzl hadde inntil da vært en "frigjort" jøde, og tenkte at det var
mulig for jødene å være likeverdig med alle andre i nasjonene og ha
like rettigheter.

Han bestemte seg for at den eneste måten å forhindre at antisemittisme skulle skje igjen, var å opprette en jødisk stat. Fra den konklusjonen begynte han å jobbe med den sionistiske bevegelsen, og drev den til et nivå som verden ikke kunne ignorere.

I 1897 ble den første sionistiske kongressen holdt i Basel, Sveits. Den varte i tre dager, for at lederne av sionismen grundig skulle kunne diskutere Herzls og andres planer. De utla en plan, inkludert Herzls idé om å bringe internasjonale ledere om bord.

Etter møtet dro Herzl hjem og skrev i sin journal: «I dag opprettet jeg en jødisk stat. Hvis jeg skulle si dette høyt, ville alle le av meg. Men hvis ikke, om fem år, om femti år, så vil det være en jødisk stat."

Herzl hadde rett; akkurat femti år senere, i 1948, ble den jødiske stat født i landet Israel, i det bibelske lovede landet til det jødiske folket.

Etter å ha reist gjennom Europa, møtt både sionistiske samfunn og politiske ledere, skrev Herzl en brosjyre kalt *Den jødiske staten* i 1898. (Avraham)

Herzl insisterte ikke på at Israels land var stedet for den jødiske staten, og var villig til å utforske andre mulige landkjøp eller garantier, som for eksempel i Uganda. Han så også språket i denne jødiske staten som tysk. Kort tid etter et besøk i Palestina, da han så hva de første jødiske pionerene oppnådde der, var han imidlertid overbevist om at det eneste levedyktige alternativet for det jødiske folket var det han i sin bok kalte *Altneuland* eller *gammelt-nytt-land*. Området ble den gang kalt Palestina - som er intet ringere enn det eldgamle, bibelske landet Israel.

Mange fra det østeuropeiske jødiske samfunnet innså at det var på tide å vende tilbake til Sion, og oppfylle den eldgamle proklamasjonen som jødene hadde gjort ved hver påske gjennom to tusen år i smertefullt eksil,

Le Shana Habaa Byerushalayim Habnuya

"Neste år i det gjenoppbygde Jerusalem!"

Fra Palestina til det gjenoppbygde Israel

Guds ånd oppmuntret mange unge jøder og jødinner, særlig østeuropeiske universitetsstudenter og intellektuelle, til å innta Israel gjennom jordbruk. Da disse idealistiske og visjonære ungdommene ankom ble landet kalt Palestina, og under tyrkisk styre hadde det blitt en ødemark.

400 år av det osmanske imperiet, og mange tidligere imperier som hadde begjært dette landet, hadde etterlatt det herjet og øde, et land som ikke lenger dugde til noen ting - fullt av malariainfiserte sumper, samt stein- og sandørkener.

Sionismen ble drevet fram av Kishinev-pogromen

Som vi har sett i tidligere porter, hadde en ondskapsfull kristen antisemittisme og dens endeløse forfølgelse, pogromer og folkemord etterlatt det jødiske folket stadig fordrevet. Så mange jøder over hele Europa ble forvist fra en landsby eller by til en annen, eller til og med fra ett land til et annet, inntil det ikke var noe hjørne på jorden som kunne kalles deres eget. Kishinev-pogromen var "strået som brøt kamelens rygg." Som mange andre brutale pogromer og utvisninger før den, skjedde denne på den kristne påskesøndagens festligheter som erklærte "død over jødene som myrdet Kristus."

På den 8. april 1903 - påskesøndag - raslet en "mild forstyrrelse" mot lokale jøder i Kishinev, en søvnig by på den sørvestlige grensen til det keiserlige Russland.

"Lite eiendom ble ødelagt," sa den jødiske kulturhistorikeren Steven J. Zipperstein, som er Radcliffe-stipendiat i år, "og utbruddet virket lite mer enn et bacchanal (beruset opprør) av pøbel-tenåringer."

Men dagen etter, og i halvparten av den neste, økte volden. Gjenger på 10 eller 20 bevæpnet med økser og kniver stormet gjennom byens trange gater og inn i gårdsplassene, der jødiske familier forsvarte seg med hage-redskaper og andre magre våpen.

Til slutt hadde 49 jøder blitt drept, et utall av jødiske kvinner blitt voldtatt, og 1500 jødiske hjem blitt skadet. Dette plutselige rushet av blind vold - forårsaket av anklagende rykter om jødisk rituelt drap - ble raskt et tryllemiddel for "keiserlig russisk brutalitet mot sine jøder," sa Zipperstein.

"Sions vises protokoller," en lang-livet antisemittisk baktalende historie i bokform, som inneholder en plan for verdens-jødisk dominans, dukket opp i sin første vedvarende form bare måneder etter Kishinev-massakren.

Chayim Nachman Bialik, mannen som en dag skulle bli kjent som det jødiske folkets nasjonalpoet, ble i 1903 sendt av den jødiske historiske kommisjonen i Odesa for å intervjue overlevende fra Kishinev. Han gikk fra hus til hus og fylte fem notatbøker med nye vitnesbyrd om vold. (Irland)

Sionismens utvikling

Vi må henvende oss til tre grupper proto-sionister: Sionister som etterlyser en jødisk stat før den formelt etablerte sionistbevegelsen.

Harbingers of Zionism: fra 1840-tallet til 1860-tallet var Harbingers of Zionism en gruppe høyt utdannede engelskmenn. De trodde at hvis verdens jøder flyttet til Israel for å konvertere til kristendom, da ville Messias, eller Jesu annet komme, skje. Som en del av deres arbeid ble Palestine Exploration Fund (PEF) opprettet for å utføre arkeologisk og geologisk arbeid i Det hellige land.

Rabbis al Kalai og Kalischer: Disse to rabbinerne bodde i et område i Europa med mange nasjonale bevegelser som surret rundt dem. Og likevel, som så mange andre jøder, følte de ikke at de passet inn i noen av dem. De mente at jødene skulle bosette seg i Israel for å bringe Messias tilbake. Dette var eksepsjonelt for to rabbinere på den tiden, for de fleste religiøse jøder mente at man ikke kunne flytte til Israel før Messias kom.

Moses Hess og utgivelsen av boken *Roma og Jerusalem* i 1862

Moses Hess var en viktig jødisk og sosialistisk tenker i Sentral-Europa. I sin bok skriver han at også jødene har rett til å være en nasjon med samme definisjon som andre nasjoner.

Med nasjonalisme på vei opp, så fanget også proto-sionister opp dette. For østeuropeiske jøder som fryktet fysisk fare, og vesteuropeiske jøder som fryktet total assimilering, ble sionisme et veldig seriøst svar.

Landet Israel, kalt Palestina på den tiden, ble kontrollert av det osmanske imperiet (det stammer fra dagens Tyrkia). I år 1800 bodde det 275 000 arabere og 5500 jøder der. De fleste arabiske innbyggere bodde i landlige områder, mens de fleste av de jødiske innbyggerne bodde i urbane områder, som Jerusalem, Safed, Tiberius og Hebron.

Femti år senere, i 1850, bodde det 400 000 arabere og 10 000 jøder i Palestina. Da de osmanske styresmaktene så forandringene som begynne å utfolde seg, laget de to meget viktige landreformer:

I 1858 kunne ikke-muslimske, osmanske statsborgere kjøpe land og bygge på det. I 1867 kunne ikke-osmanske innbyggere kjøpe land og bygge på det.

Dette skulle vise seg å være avgjørende for suksessen til den sionistiske bevegelsen. Før sionistene flyttet dit, bodde det to grupper jøder i landet. Den første gruppen var spanske (eller sefardiske) jøder, og den andre gruppen var de arabiske jødene, også kalt Mustaf Aravim. Den andre gruppen besto av eldre og enslige som kom for å studere Toraen og for å dø i det hellige landet.

I 1870 ble *Mikve Israel* landbruksskole opprettet for å lære unge studenter jordbruk. Den er en del av Israelsk universell skole-alliansen, etablert i Midtøsten og i Nord-Afrika. (Avraham)

Mark Twains rapport om Det hellige landet

Etter oppfinnelsen av dampbåten i det nittende århundre flommet hundrevis av amerikanske pilegrimer inn i det hellige landet, i båtlast etter båtlast. På en tid da den typiske amerikanske protestanten måtte beherske Bibelen, kjente mange amerikanere den grunnleggende geografien og navnene på de historiske stedene i det gamle Israel, til og med før de ankom det hellige landet. De første amerikanske pilegrimene nådde Palestina i 1819. Med normaliseringen av diplomatiske forhold mellom USA og det osmanske riket i 1832, ble den siste byråkratiske barrieren for den allerede vanskelige reisen fjernet.

I 1866 satte den unge forfatteren Samuel Clemens, som akkurat hadde begynt å bli kjent under pseudonymet Mark Twain, ut for selv å undersøke attraksjonene. Den raskt utviklende religiøse turistnæringen bidro til Twains naturlige tendens til latterliggjøring og satire. Han holdt seg sammen med en gruppe pilegrimer, som han hånlig kalte "de uskyldige", og gikk om bord i "Quaker City" på vei til Israels land.

Før sin avgang hadde Twain signert en kontrakt om å skrive 51 korte artikler i løpet av reisen. Brevene han skrev i Palestina ble kombinert med artikler han skrev senere, og resultatet ble *The Innocents Abroad (De uskyldige i utlandet)*, en bok som beskrev hans inntrykk av det merkelige landet han møtte.

Twain gikk lei av primitiviteten til bosetningene og veiene han møtte: *"Jo lenger vi dro, jo varmere ble solen, og jo mer steinete og bart, frastøtende og kjedelig ble landskapet ... Det var knapt et tre eller en busk noe sted. Selv oliventreet og kaktusen, de faste vennene til en verdiløs jord, hadde nesten forlatt landet."* Uttalelsen gjenspeiler hans generelle holdning til det eldgamle landet, gjennom hele reisen.

Et unntak fra regelen var byen Jerusalem, som Twain beskrev med glødende uttrykk: «Plassert på sine evige åser, hvite og kuppelformede og solide, samlet sammen innenfor høye grå murer, glitret den ærverdige byen i solen. Så liten! Den var ikke større enn en amerikansk landsby med fire tusen innbyggere ... Tårer ville ha vært malplassert. Tankene Jerusalem bringer fram er fulle av poesi, sublimitet (virkelig vidunderlig) og mest av alt, verdighet. Slike tanker finner ikke sitt passende uttrykk i barnehagens følelser."

Et sentralt motiv som veves gjennom Twains skrifter, er polariseringen mellom amerikansk fremgang og slaveriet av Det hellige land under sin egen fortid. Etter hans mening var det nettopp de tre religionenes ærbødighet mot Israels land som var ansvarlig for den elendige tilstanden han oppfattet at landet var i. I et av de skarpeste og vakreste avsnittene i boken, sier Twain at, *"Palestina er øde og uten skjønnhet. Og hvorfor skulle det være annerledes? Kan Guddommens forbannelse forskjønne et land? Palestina er ikke lengre en del av denne verdens arbeids-hverdag. Det er helliget til poesi og tradisjon - det er drømme-land."* (The Librarians)

Til tross for den forferdelige tilstanden Israels land var i, ankom de første jødiske pionerene fra Øst-Europa for å forløse det, til og med på bekostning av sine liv og alle verdslige eiendeler. En som var mye større enn dem selv drev dem ut fra sine akademiske studier og inn i jordbruksyrket, som de først ikke mestret. Selv om de fleste av dem ikke var religiøse, men sosialister, reiste deres ånd seg i dem uten deres bevissthet om det, for at de skulle gripe det løftet som er beskrevet nedenfor:

Se, jeg skal samle dem ut fra alle landene som jeg har drevet dem bort til i min vrede og harme og store forbitrelse, og jeg vil føre dem tilbake til dette stedet og la dem bo trygt. De skal

være mitt folk, og jeg skal være deres Gud. Jeg skal gi dem ett hjerte og lære dem min vei, så de kan frykte meg alle dager, så det kan gå dem vel, dem og deres barn etter dem.

Jeg skal opprette en evig pakt med dem: Jeg skal aldri vende meg bort fra dem, men gjøre vel mot dem. Jeg skal legge frykten for meg i deres hjerter, slik at de ikke skal vike fra meg. Ja, jeg skal glede meg over dem og gjøre godt mot dem, og av hele mitt hjerte og hele min sjel skal jeg i trofasthet plante dem i dette landet.

For så sier ADONAI: "Slik som jeg har ført alle disse store ulykkene over dette folket, slik vil jeg også la alt det gode komme over dem, som jeg har lovet dem. Det skal igjen bli kjøpt marker i dette landet som dere sier er blitt en ørken, uten mennesker og dyr, overgitt i kaldeernes hånd. Menn skal kjøpe marker for penger og skrive kjøpebrev og forsegle dem og ta vitner i Benjamins land og i landet omkring Jerusalem og Judas byer, både i byene i fjellbygdene og byene i lavlandet og byene i sydlandet - fordi jeg vil føre tilbake deres fangne, sier ADONAI.

— JEREMIA 32, 37–44

Gjennom opprettelsen av et fond kalt Jødisk Nasjonalfond (JNF), ble marker kjøpt og trær plantet. De kjøpte deler av sumpmark som var befengt av malariamygg, til ublu priser fra tyrkerne. De jødiske pionerene betalte en hvilken som helst pris for å oppnå lovlige rettigheter over landet som ingen andre hadde ønsket, eller investert i noe velbefinnende for. Det sies at om lag 80% av de unge jødiske mennene og kvinnene som gikk inn i sumpene for å tømme dem, døde av malaria. Landet ble ikke bare skaffet til veie i henhold til Guds mange løfter i Bibelen, men ved kjøp (til høye priser fra tyrkerne) og ved blod, ettersom mange betalte med livet for å løse det inn.

Jødisk Nasjonalfond er en ideell organisasjon som ble grunnlagt i 1901 for å kjøpe og utvikle land i det osmanske Palestina (senere det britiske mandatet for Palestina, og deretter Israel og de palestinske territoriene) for jødisk bosetting. Innen 2007 eide det 13% av det totale landområdet i Israel. Siden oppstarten sier JNF at de har plantet over 240 millioner trær i Israel. Det har også bygget 180 dammer og reservoarer, utviklet 250.000 dekar (1000 km2) land og etablert mer enn 1000 parker. I 2002 ble JNF tildelt Israelprisen for livstidsprestasjon og spesielt bidrag til samfunnet og staten Israel. (Wikipedia bidragsytere)

Det største mirakelet i det 20. århundre

Det ble akkurat slik som Theodor Herzl profeterte, nøyaktig femti år etter den første sionistiske kongressen i Basel, Sveits; "Israel skal bli et land blant nasjonene." Profeten Jesaja profeterte også at nasjonen Israel skulle bli gjenfødt på en dag.

> Hvem har hørt om noe slikt? Hvem har sett slike ting? Kan
> vel et land bli født på en dag? Kan en nasjon bli født med en
> gang? For så snart Sion fikk veer, fødte hun sine barn.

> — JESAJA 66,8

Det klart største mirakelet i det 20. århundre var etableringen av den gjenfødte staten Israel, etter 2000 år med ødeleggende eksil. Denne mirakelstaten er som en føniks som stiger opp av asken fra det nazistiske shoah (holocaust) som etterlot seg over seks millioner jøder døde, og mange flere med arr for livet. Hele familielinjer ble utslettet, og jødiske landsbyer og samfunn i nazi-Europa hadde blitt slettet ut. Ødeleggelsen av jødisk liv forårsaket av nazist-regimet, var så dyp og så grusom at det så helt umulig ut å gjenopprette det jødiske folket igjen. Det så ut som dette fryktelige sataniske regimet, ledet av Adolf Hitler, endelig hadde oppfylt satans store drøm om å eliminere jødene for alltid.

Imidlertid ble løftene fra ELOHIM til Israel manifestert i jødenes mørkeste og mest umulige øyeblikk. Israel reiste seg fra de døde, ut fra asken av shoah (holocaust), for å bli den staten Israel vi kjenner i dag, det eneste demokratiet i Midtøsten. Israel er et land som, selv om det er lite, er det første landet som sender katastrofehjelp til nasjoner i nød og finner botemidler mot plager, virus og sykdommer. Israel er en av de ledende, høyteknologiske banebrytende nasjonene i verden, et land med innovasjoner som hjelper verden til å bli bedre.

> Stå opp, bli lys, for ditt lys har kommet! ADONAIS herlighet har
> steget opp over deg. For se, mørket dekker jorden og det dype
> mørket er over folkene. Men ADONAI skal oppstå over deg,
> og hans herlighet skal åpenbares over deg. Hedningefolkene

skal komme til ditt lys, konger til glansen som er steget opp over deg. Løft øynene dine og se deg rundt, de samler seg alle sammen - de kommer til deg - sønnene dine kommer langt borte fra, døtrene dine bæres på hoften.

— JESAJA 60,1–4

De som gjenreiste Israel var for det meste overlevende fra shoah (holocaust) som hadde mistet alt. Nazi-Tyskland hadde tilintetgjort de fleste av deres familiemedlemmer, i de forferdelige gasskamrene i dødsleirene i Polen. Noen av pionerene i denne nyfødte staten så ut som skjeletter da de ankom som flyktninger til Israel, klare for å arbeide hardt, for å sikre at jødene skulle kunne rekonstruere sitt nasjonale hjemland.

Det samme FN som nå fordømmer Israel mesteparten av tiden, var det FN som stemte for å dele Palestina opp i to land, et arabisk og et jødisk. Araberne forkastet imidlertid tilbudet, mens jødene godtok det. Den 14. mai 1948, leste Israels første statsminister, David Ben Gurion, opp uavhengighetserklæringen fra en hall i byen Tel Aviv. To år senere, da det beleirede vestlige Jerusalem var sikret mot de angripende jordanske og pan-arabiske hærene, ble Israels hovedstad flyttet til den vestlige siden av dets historiske beliggenhet; Jerusalem, hovedstaden til kong David, kongen av Israel og Juda, for 3000 år siden.

Endelig hadde alle jøder i verden et hjem, tiden for den "omflakkende jøden," eller rettere sagt den "utviste og forfulgte jøden," var over. Jøder fra alle verdens nasjoner strømmet hjem, akkurat som profeten Jesaja forutså for over 2500 år siden.

ADONAIS frikjøpte skal vende tilbake og komme til Sion med jubel, med evig glede over deres hode. Fryd og glede innhenter dem, sorg og sukk må rømme.

— JESAJA 35,10

Staten Israel i landet Israel er det eneste historiske og bibelske lovede hjemmet til det jødiske folket. Det eksisterer ikke et annet land. Og det jødiske folket er det eneste folket som har kommet tilbake til sitt eget eldgamle land, etter 2000 år i eksil, og som har gjenopplivet sitt eldgamle språk, hebraisk, som også er det språket de skrev mesteparten av Bibelen på.

Gjenopplivelsen av det hebraiske språket

Den følgende biografien forklarer prosessen med denne fantastiske gjenopplivingen av det hebraiske språket.

Eliezer Ben-Yehuda (1858 - 16. desember 1922) er kjent som far til moderne hebraisk. Han var en av de første tilhengerne av sionismen, og det skyldtes først og fremst hans initiativ at hebraisk ble gjenopplivet som et moderne talespråk.*

Ben-Yehuda ble født i Luzhki, Litauen i 1858, som Eliezer Perelman. Hans far, en 'chabad ortodoks jøde, døde da han var 5 år gammel. 13 år gammel sendte onkelen ham til en yeshiva (ortodoks jødisk skole for talmud studier) i Polotsk. Lederen av yeshiva var en hemmelig tilhenger av haskalah (hebr: opplysning)

---

* Haskala, også stavet haskalah (fra hebraisk sekhel, "resonnere," eller "intellekt"), også kalt *Jødisk opplysning*, en sen 18. og 19. århundres intellektuell bevegelse blant jøder i det sentrale og østlige Europa, som forsøkte å gjøre jøder kjent med de europeiske og det hebraiske språket, samt med sekulær utdannelse og kultur som supplement til de tradisjonelle Talmud studiene (The Editors of Encyclopaedia Britannica)

-bevegelsen og gjorde Ben-Yehuda til en fritenker. Onkelen hans prøvde å redde ham fra kjetteri ved å sende ham til å studere i Glubokoye. Der møtte Ben-Yehuda Samuel Naphtali Hertz Jonas, og ble undervist i russisk av hans eldste datter, Debora, som senere ble hans kone. Hans russiske studier gjorde det mulig for Ben-Yehuda å komme inn på gymnasia (videregående skole) som han ble uteksaminert fra i 1877. Han ble snart en overbevist sionist. Den russisk-tyrkiske krigen i 1877-1878 og kampen for frigjøring fra Balkan, inspirerte Ben-Yehuda til å forme ideen om gjenoppliving av det jødiske folket i sine forfedres jord. Han mente at jødene, som alle andre folkeslag, hadde et historisk land og språk.

Han skrev i forordet til ordboken sin: "det var som om himmelen plutselig hadde åpnet seg, og et klart glødende lys blinket for øynene mine, og en mektig indre stemme hørtes i mine ører: Israels renessanse på hennes forfedres jord ... jo mer det nasjonalistiske konseptet vokste i meg, jo mer innså jeg hva et vanlig språk betyr for en nasjon ..." Han bestemte seg for å bosette seg i Israels land og startet i 1878 med å studere medisin i Paris, for å haøko omiske midler.

Ben-Yehudas plan for et nasjonalt hjem interesserte for det meste ikke hebraiske forfattere. Hans første essay, "Det brennende spørsmålet" (She'elat Hasha'ah) ble utgitt av det hebraiske tidsskriftet "The Dawn" (Hasha'har), i 1879, redigert av Peretz Smolenskin, etter at det ble avvist av andre. Det krevde utvandring til landet Israel og oppretting av et nasjonalt åndelig senter for jødene der. Dermed ble Ben-Yehuda også den virkelige

far til kultur-sionismen, senere popularisert av Achad Haam.
(Sionisme-Israel)

I Paris fikk Ben-Yehuda tuberkulose. Han avsluttet
medisinstudiene og bestemte seg for at klimaet i Jerusalem skulle
være bedre for hans sykdom. Mens han var i Paris, lærte han av
reisende at hebraisk ikke var et utdødd språk blant asiatiske jøder.
Han meldte seg også inn på lærer-seminaret i Alliance Israelite
Universelle (den universelle israelittiske allianse, grunnlagt
1860, Paris), hvor han skulle utdannes som instruktør ved
landbruksskolen Mikveh Yisrael. Han deltok på forelesninger
av Joseph Halevy, som tidligere hadde vært en talsmann for å
danne nye hebraiske ord.

Ben-Yehuda flyttet til Jerusalem i 1881, med sin nye kone
Deborah Jonas. Eliezer og Debora opprettet det første hebraisk-
talende hjemmet i Eretz Yisrael,* og deres sønn Ben-Zion (som
ble kjent under sitt pesudonym, Itamar Ben-Avi), var det første
barnet i moderne tid som ble fostret opp med hebraisk som
morsmål. Han prøvde å forkle seg som en ortodoks jøde for å
opprettholde kontakten med dem og lære hebraisk og forplante
det. Han ble imidlertid snart avvist av disse, og Ben-Yehuda ble
en aktiv antireligiøs.

Ben-Yehuda samlet venner og allierte i Jerusalem. I 1881, sammen
med Y.M. Pines, D. Yellin, Y. Meyu'has og A. Mazie, grunnla han
"Te'hiyat Yisrael" - gjenfødelsen av det israelske samfunnet basert
på fem prinsipper; arbeid med jorda, utvidelse av den produktive
befolkningen, opprettelse av moderne hebraisk litteratur og
vitenskap som gjenspeiler både en nasjonal og en universalistisk

*hebraisk, betyr "israelsk jord"

ånd, og opposisjon mot halukah-systemet (veldedighets-systemet) som opprettholdt Yeshiva* studentene økonomisk i Jerusalem.

Kort tid etter at han kom til Jerusalem, ble Ben-Yehuda lærer ved Alliance School, under forutsetning av at kursene hans ble undervist på hebraisk. Dermed ble dette den første skolen der noen av kursene ble undervist på hebraisk. Ben-Yehuda skrev for "Ha'havatzelet" (The Lily), et hebraisk litterært tidsskrift, og lanserte "Hatzvi" (The Deer), en ukeavis. "Hatzvi" var den første hebraiske avisen som rapporterte om nyheter og saker i tyrkiske Palestina. Dette var en betydelig prestasjon, gitt begrensningene i hebraisk, den tyrkiske sensuren og de drakoniske økonomiske begrensningene. Ben-Yehuda måtte danne nye hebraiske substantiver og verb for nyere moderne begreper.

Debora Ben-Yehuda, hans første kone, døde av tuberkulose i 1891. Hennes yngre søster tilbød seg snart å gifte seg med Ben-Yehuda og ta vare på hans to små barn. En frigjort kvinne med stor drivkraft og overbevisning, som gjorde det til sitt livsverk å støtte Eliezer og hans virksomhet. Hun tok det hebraiske navnet Hemdah, lærte seg raskt hebraisk, ble reporter for hans avis og ble senere redaktør, slik at mannen hennes kunne fokusere på forskningen om de tapte hebraiske ordene som den gjenfødte tunge krevde, samt å lage nye moderne ord.

Ortodokse fanatikere ble oppbragt over skildringene i Hatzvi, om korrupsjon i distribusjonen av halukah, deres veldedighets-dole (fordeler utbetalt av regjeringen til arbeidsledige). De oversatte helt bevisst den ene setningen i en hanukkah-historie i Hatzvi feil. "La oss samle krefter og gå fremover" fikk betydningen: "La oss

* Yeshiva: En ortodoks jødisk høyskole eller seminar

samle en hær og fortsette mot øst." De informerte den osmanske regjeringen om at Ben-Yehuda hadde bedt sine tilhengere om å gjøre opprør. Han ble arrestert, siktet for sammensvergelse for opprør, og dømt til et års fengsel. Jøder over hele verden reagerte voldsomt; dommen hans ble anket og han ble til slutt løslatt.

I 1904 grunnla og presiderte Ben-Yehuda sammen med Yellin, Mazie og andre "Va'ad HaLashon", forløperen til det hebraiske språkakademiet, som han senere foreslo i 1920. Han jobbet 18 timer om dagen på sin "Complete Dictionary (fullstendig ordbok) av eldgammel og moderne hebraisk." I 1910 ga han ut det første av seks bind som kom ut før hans død i 1922. Etter hans død fortsatte enken Hemdah og sønnen Ehud med å publisere manuskriptet, helt til alle de 17 bindene hadde blitt utgitt innen 1959. Ordboken omfatter alle ord som er brukt i hebraisk litteratur, fra Abrahams tid frem til moderne tid, men han unngikk omhyggelig arameiske ord og andre utenlandske påvirkninger som hadde kommet inn i bibelsk og mishnaisk (tidlig rabbinsk) hebraisk.

Ben-Yehuda ble tvunget til å forlate Palestina under første verdenskrig, da tyrkerne deporterte "fiendens statsborgere." Sammen med andre sionistiske ledere tilbrakte han tiden gjennom krigen i USA, og returnerte så til Palestina i 1919.

I november 1920 lyktes han i å vinne mot Herbert Samuel, den britiske høykommissæren i Palestina, så han kunne gjøre hebraisk til et av de tre offisielle språkene i Palestina-mandatet.

Bidraget og prestasjonen til Ben-Yehuda kan vanskelig overdrives. Hans leksiko-grafiske oppnåelser i seg selv – det å innovere et moderne språk på restene av et eldgammel og fossilisert, var monumentalt i seg selv, men det var bare et instrument i en vellykket enmannskampanje, for å gjøre hebraisk til det jødiske folkets talespråk. Takket være dette nærmest enehånds-initiativet fra ham, ble det oppnådd i løpet av et tidsrom på mindre enn 40 år. (Sionisme-Israel)

Balfour-erklæringen

På veien til den nasjonale gjenfødelsen av Israel, kan vi ikke overse det viktigste dokumentet, kalt Balfour-erklæringen.

Den 2. november 1917 skriver utenriksminister Arthur James Balfour et viktig brev til Englands mest betydningsfulle jødiske innbygger, Baron Lionel Walter Rotschild, og uttrykker den britiske regjeringens støtte til et jødisk hjemland i Palestina. Brevet skulle senere bli kjent som Balfour-erklæringen.

Storbritannias støtte til den sionistiske bevegelsen kom fra deres bekymringer angående retningen første verdenskrig tok. Bortsett fra en helt genuin tro på rettferdighet for Sion, med støtte av blant annet Loyd George m. flere, så håpet de britiske lederne på at en erklæring som støttet sionismen, skulle hjelpe dem i å oppnå støtte fra de allierte.

Den 2 november 1917 sendte Balfour dette brevet til Lord Rotchild, en prominent sionist og venn av Dr Chain Weizmann, der han kom med følgende uttalelse: «Hans Majestets regjering ser med godvilje på at det jødiske folket får sitt eget nasjonale hjem i Palestina.»

Innflytelsen fra Balfour-erklæringen på retningen «etterkrigs» hendelser tok, skjedde øyeblikkelig: Etter dette «mandatsystemet,» dannet ved Versailles- traktaten i 1919, ble Storbritannia betrodd administrasjonen av Palestina på vegne av både deres jødiske og arabiske innbyggere. (History.com Editors)

Utstedelsen av dette historiske dokumentet ble behørig oppnådd, i det minste delvis, ved at Dr. Chaim Weizmann, en enestående dyktig jødisk vitenskapsmann som til slutt ble den første presidenten i staten Israel, ble involvert i saken. Han «byttehandlet» vitenskap som hjalp de allierte å vinne første verdenskrig, mot et løfte fra den engelske tronen om at de skulle støtte opp om jødenes ønske om et eget hjemland i landet som da var kalt Palestina. Etter krigen ble Storbritannia gitt mandatet over hele Palestina, som baserte seg på dette løftet som er kjent som «Det britiske Mandatet».

Men senere, under og etter andre verdenskrig, da mange jødiske flyktninger rømte fra nazi Europa og prøvde å komme seg til landet, så stengte Det britiske mandatet dørene for titusenvis av disse «halvdøde» jødene, og deporterte dem til interneringsleire på Kypros og i Det Indiske Hav. Noen ble til og med sendt tilbake til Nazi Europa hvor de fleste av dem omkom. Britene erklærte de jødiske flyktningenes forsøk på å komme inn i Israels land under Nazi Holocaust og tiden etterpå for «ulovlig innvandring» (på hebraisk *Haapala* eller *Aliyah Bet*). Denne uheldige stengingen forårsaket unødvendig død for mange ofre og overlevende fra Holocaust.

Over 100 000 mennesker forsøkte å ta seg ulovlig inn i «Mandat Palestina.» Dette skjedde ved 142 sjøreiser, med 120 skip. Over halvparten ble stoppet av britiske patruljer. «The Royal Navy», hadde åtte skip stasjonert i Palestina, i ekstra skip som hadde som oppgave å spore opp mistenkelige fartøyer med kurs for Palestina. De fleste av immigrantene som ble stoppet, ble sendt til internerings-leire på Kypros. Noen ble sendt til «Atlit internerings-leir» i Palestina, og andre ble sendt til Mauritius. Britene holdt så mange som 50 000 mennesker fanget i disse leirene. (se: Jøder i britiske leire på Kypros). Over 1600 druknet på sjøen. Bare et par tusen kom seg faktisk inn i Palestina.

Den sentrale begivenheten i Ha'apala programmet var hendelsen med «SS Exodus» i 1947. Dette skipet Exodus ble avskåret og bordet av en britisk patrulje. Til tross for betydelig motstand fra passasjerene, ble skipet Exodus tvangssendt tilbake til Europa. Dets passasjerer ble til slutt sendt tilbake til Tyskland. Alt dette kom for en dag og ble publisert, til stor forlegenhet for den britiske regjeringen.

En beretning om «aliyah bet» (ulovlig innvadring) er dokumentert av journalisten I. F. Stone i hans bok «Underground to Palestine,» et første hånds vitnesbyrd om å reise fra Europa med fordrevne personer som forsøker å komme seg inn i deres jødiske hjemland.

Rundt 250 amerikanske veteraner fra andre verdenskrig, inkludert Murrey Greenfield (fra skipet Hatikvah), meldte seg frivillig til å seile ti skip («Jødenes hemmelige flåte») fra USA til Europa for å laste 35 000 Holocaust overlevende (halvparten av de ulovlige immigrantene til Palestina), som bare endte opp med å bli deportert til interneringsleirer på Kypros. (Wikipedia Contributors)

Det britiske mandatet favoriserte hovedsakelig araberne fremfor jødene. En annen uheldig beslutning fra britene, var å plassere Haj Amin Al Hussein som stor-mufti i Jerusalem, den høyeste muslimske lederen i landet. Han hadde en enorm innflytelse på den arabiske befolkningen som hadde vært under tyrkisk styre i 400 år, og som nå var under det britiske mandatet. Som muslimenes leder tilskyndet Amin Al Hussein til grusomme massakrer av hele jødiske samfunn i byene Yafo, Hebron, og Motsa i 1920 og i 1929. Denne mannen stod senere på Hitlers side i utslettelsen av jødene i Palestina. Han er far til det vi i dag kaller «den palestinske sak.» Jeg vil kalle det «Hitlers baby», siden dette ble født under et privat møte mellom Haj Amin Al Husseini og Adolf Hitler i Berlin i 1941. Og selv om han hadde blitt fjernet fra sin stilling som stor-mufti etter opptøyene i 1936, så fikk hans arv etter 15 år av lederskap under det britiske mandatet, posisjonert ham til å samle momentum og autoritet som har skadet Israel fram til denne dag.

Det britiske mandatet endte offisielt da Israel ble proklamert som stat den 14 mai 1948. Britene leverte fra seg nøklene til de fleste vakt-, politi- og hær-poster og festninger til den nydannede jordanske hæren, som var sterkt imot etableringen av staten Israel. De angrep den nyfødte staten mindre enn 24 timer etter dens begynnelse. Den påfølgende konflikten er kalt «Uavhengighetskrigen». Arabiske tropper beleiret Jerusalem fra desember 1947 til juli 1948. Jødene i byen sultet uten mat og ammunisjon. Israel hadde på denne tiden ennå ikke en hær som de har idag, men bare noe som lignet på militser. Mange av de ungdommene som gav sine liv på den blodige veien for å åpne opp adgangen til Jerusalem, var unge shoah (holocaust)-overlevende. De sørget for at det ble bragt inn mat til den sultende befolkningen, og våpen slik at de kunne forsvare seg selv. Britene hadde bevæpnet den jordanske hæren godt, så det unge framvoksende Israel hadde ingen sjanse mot fiendene sine – bortsett fra at Israels Gud var med dem.

> «Se, om noen angriper, kommer det ikke fra meg. Den som angriper deg, skal falle for din hånd. Se, det er jeg som har skapt smeden som puster til kullilden og lager våpen til all slags bruk. Det er jeg som har skapt ødeleggeren til å skade. Hvert våpen som er smidd mot deg, skal mislykkes. Hver tunge som taler mot deg i retten, skal du kjenne skyldig. Dette er arven HERRENS tjenere får, rettferdigheten jeg gir dem, sier ADONAI.»

> — JESAJA 54,15-17

Denne trenden av at Israel har vunnet umulige kriger etter å ha blitt angrepet av de arabiske nasjonene mot henne, har gjentatt seg igjen og igjen gjennom alle de store krigene. Arabiske nasjoner angriper vanligvis Israel først, og Israel har ingen sjanse fordi hærene til fiendene hennes er ti ganger større og bedre bevæpnet, slik som i 1948. Men likevel, på en eller annen måte, vinner Israel hver eneste krig. Dette burde ha vært nok til å få FN til å forstå at Universets Gud, også kalt Israels Gud, kjemper for Sitt folk, og at den som prøver å hindre Hans plan for deres gjenopprettelse i sitt eldgamle hjemland, vil kjempe mot en formidabel Fiende.

Innen femten år etter slutten på det britiske mandatet, om dette gedigne imperiet som det ble sagt, "solen går aldri ned over det britiske imperiet"- så fantes det ikke lengre. I dag kalles landet Storbritannia, og det finnes ikke noe britisk imperium. På hvilken måte påvirket tiltakene det britiske mandatet iverksatte mot jødene, slutten på det store britiske imperiet? Vi kan bare sitere det De hellige skriftene sier om de som enten skader eller ikke hjelper Israel. Dette er det ADONAI Tzva'ot, Hærskarenes Herre sier, Han som kjemper Israels kriger.

"For så sier ADONAI-TZVA'OT: Han har sendt meg etter sin herlighet, til de nasjonene som plyndret dere, for den som rører ved dere, rører ved hans øyensten - 'For se, jeg skal svinge hånden min mot dem, og de skal bli til bytte for sine slaver. 'Så skal du vite at ADONAI-Tzva'ot har sendt meg til deg.'
'Syng og gled deg, du Sions datter! For se, jeg kommer og jeg skal bo midt iblant deg, sier ADONAI. 'På den dagen vil mange nasjoner slutte seg til ADONAI, og de skal være mitt folk, og jeg skal bo midt iblant dere. Da skal du vite at ADONAI-Tzva'ot har sendt meg til deg. ADONAI skal ta Juda som sin del i det hellige land og vil igjen utvelge Jerusalem. Vær stille for ADONAIS ansikt, alt kjød, for han har reist seg og kommer ut fra sin hellige bolig."

— SAKARJA 2,12-17– HER ER DET SAMME AVSNITTET FRA EN ANNEN, ENKLERE OVERSETTELSE.

HERREN hersker over alt. Engelen hans sa til Israel: "Den herlige har sendt meg for å straffe nasjonene som har frarøvet deg alt. Det er fordi den som gjør ondt mot deg, skader dem som HERREN elsker og vokter. Så jeg skal løfte min sterke hånd for å slå ned fiendene dine. Deres egne slaver skal frarøve dem alt. Da skal du få vite at HERREN, som hersker over alt, har sendt meg." 'Sions folk, rop og vær glad! Jeg kommer for å bo blant dere, kunngjør HERREN. 'På den tiden skal mange nasjoner slutte seg til meg. Og de skal bli mitt folk. Jeg skal bo blant dere, sier HERREN. Da skal du vite at HERREN, som hersker over alt, har sendt meg til deg. Han skal motta

Juda som sin andel i det hellige landet. Og han skal igjen velge Jerusalem. Alle verdens folk, vær stille fordi HERREN kommer. Han gjør seg klar til å komme ned fra sitt hellige tempel i himmelen."

— SAKARIA 2,12-17

Som du kan se, er ikke Israels Gud "politisk korrekt"; Han slutter seg til Sin egen "politikk". Jeg kaller dette "bibelsk politikk."

Sannheten bak den palestinske saken

Adolf Hitler sa en gang: "Fortell en løgn, gjør den stor nok, gjenta den om og om igjen, og alle vil tro den.» (Wikipedia bidragsytere)

Denne uttalelsen gjelder også den politiske sammensetningen av den palestinske saken, et av de største bedragene som noen gang har blitt utført. Jeg kaller den palestinske sak for "Hitlers barn." Du vil snart forstå hvorfor.

Det politikere i dag kaller den palestinske saken, er et "barn" født ut av det historiske møtet mellom en av de største terrorister og slaktere som noen gang har eksistert, stor muftien i Jerusalem, Haj Amin Al Husseini, og den grusomste og ondeste mannen som noen gang har levd, kalt Adolf Hitler. Møtet fant sted i Berlin, Tyskland i 1941. Muftien bad Hitler om å bygge en hær til ham i Palestina for å anvende Hitlers endelige løsning på jødene inne i landet. Hitler fulgte denne avskyelige ideen, og forløperen til den palestinske frigjøringsorganisasjonen (PLO) ble født. Enhver annen organisasjon, inkludert Fatah, Al Qaida, Hizbollah, Hamas, Det muslimske brorskapet og alle andre terrororganisasjoner, er deriverer av Hitler's barn, som er PLO.

Den palestinske frigjøringsorganisasjonens (PLO) eneste mål er å utslette alle jødene i landet Israel. Derfor har de aldri akseptert noen "fredsplan", uansett hvor mye land og penger som blir tilbudt dem. De vil ha hele landet og ingen jøder igjen i live i det. På kartene til de såkalte palestinske myndighetene eksisterer ikke landet Israel. Hele landet har gått tilbake til å bli kalt Palestina. Jerusalem eksisterer heller ikke på kartene deres, det kalles Al Kuds.

Da romerne erobret landet Israel, endret de navnet til Palestina. De ga det navnet til Israels erkefiender, filisterne. I de fleste kristne bibler kalles Israel fortsatt Palestina, og kart-tilleggene bak i bindene bruker begrepet "kart over Palestina." Dette spiller inn i det store bedraget, og er en fornærmelse mot Israels Gud, som kaller Sitt land ved navnet Israel. Det er det evige pakts navnet. Gud har gjenopprettet Sitt jødiske folk til Sitt land og gjenopprettet navnet. Han refererer til "Mine fiender" om de som nekter å kalle Israel for 'Israel.' Hvor mange kristne har blitt Hans fiender på grunn av dette ene emnet alene?

Gud, vær ikke taus, hold deg ikke i ro, å Gud, vær ikke taus. For se, fiendene dine raser. De som hater deg, har løftet hodet. De slår en listig plan mot ditt folk og sammensverger seg mot dem du bevarer. "Kom," sier de, "la oss utslette dem som en nasjon! La ikke Israels navn huskes mer!" For med ett sinn planlegger de sammen. Mot deg inngår de en pakt.

— **Salme 83,2–6**

Det palestinske folket eksisterer ikke som en historisk nasjon. De er et "skapt" folk ved politikerne i nasjonene som bruker den palestinske saken som en trojansk hest for å ødelegge Israel. La meg forklare.

Fra det 16. til det 20. århundre styrte det osmanske riket området som da ble kalt Palestina. Området besto av hele Israel og Jordan av i dag. Under tiden for det tyrkiske ottomanske riket skjedde det mange migrasjoner av mennesker fra områder innenfor imperiet, som inkluderte området kjent som Levanten. Disse migrasjonene førte inn arabiske folk fra forskjellige nasjonaliteter til Palestina, som gjorde Palestina til sitt hjem. Det var ikke deres historiske hjemland, men som osmanske borgere kunne de bosette seg der.

Historien om migrasjon til Palestina

Den osmanske perioden 1800 til 1918

Noe egyptisk migrasjon til Palestina på slutten av 1700-tallet skjedde på grunn av en alvorlig hungersnød i Egypt, og flere bølger av egyptiske innvandrere kom enda tidligere for å unnslippe naturkatastrofer som tørke og pest, regjeringens undertrykkelse, skatter og militær verneplikt. Selv om mange palestinske arabere også flyttet til Egypt, var den egyptiske innvandringen til Palestina mer dominerende. På 1800-tallet flyktet et stort antall egyptere til Palestina for å unnslippe den militære verneplikten og tvangsarbeidsprosjekter i Nilen-deltaet under Muhammad Ali. Etter den første egyptiske-osmanske krigen, som så den egyptiske erobringen av Palestina få sin ende, ble flere egyptere brakt til Palestina som tvangsarbeidere. Etter den andre egyptiske-osmanske krigen, der Egypts styre i Palestina ble avsluttet, deserterte et massivt antall soldater under den egyptiske hærens tilbaketrekning fra Palestina for å bosette seg der permanent. Egypterne bosatte seg hovedsakelig i Jaffa, kystsletten, Samaria og i Wadi Ara. På den sørlige sletten var det 19 landsbyer med egyptiske befolkninger, mens det i Jaffa var rundt 500 egyptiske familier med en befolkning på over 2000 mennesker. Den største landlige konsentrasjonen av egyptiske innvandrere var i Sharon-regionen. Ifølge David Grossman viser statistikkene at antallet egyptiske innvandrere til Palestina mellom 1829 og 1841 oversteg 15.000, og han anslår at det var minst 23.000 og muligens opptil 30.000. I 1860 var det betydelig innvandring til Safed av mauriske (dvs. arabisk-berber) stammer fra Algerie og et lite antall kurdere, mens rundt 6000 arabere fra Beni Sakhr-stammen immigrerte til Palestina fra det som nå er Jordan for å bosette seg i Tiberias. I tillegg bosatte det seg et betydelig antall tyrkere stasjonert i Palestina for å besette landområdene der.

I 1878, etter den østerriksk-ungarske okkupasjonen av Bosnia og Hercegovina, emigrerte mange bosniske muslimer, engstelige for å leve under kristent styre, til det osmanske riket, og et betydelig antall dro til Palestina, hvor de fleste tok etternavnet Bushnak. Bosnisk muslimsk innvandring fortsatte gjennom de neste tiårene og økte etter at Østerrike-Ungarn formelt annekterte Bosnia i 1908. Den dag i dag er Bushnak fortsatt et vanlig etternavn blant palestinere med bosnisk opprinnelse.

Antallet beduiner som begynte å bosette Negev-regionen fra det 7. århundre økte betydelig under osmansk styre som et resultat av innvandring av både beduinstammer fra sør og øst og bønder (fellahiner) fra Egypt. De egyptiske fellahinene bosatte seg for det meste i regionen rundt Gaza og mottok beskyttelse fra beduiner, til gjengjeld for varer. Beduiner hadde med seg afrikanske slaver (abid) fra Sudan som jobbet for dem. For å redusere friksjoner og for å stabilisere grensene mellom beduinstammer, etablerte osmannene et administrasjonssenter i Beersheba rundt 1900, som den første planlagte bosetningen i Negev siden Nabatean og bysantinske tider. I begynnelsen av 1900-tallet var det meste av Hebron-befolkningen etterkommere av beduiner som migrerte til Palestina fra Transjordan på 1400- og 1500-tallet.

Britisk mandatperiode 1919 til 1948

I følge Roberto Bachi, leder for det israelske institutt for statistikk fra 1949 og utover, var det mellom 1922-1945 en netto arabisk migrasjon til Palestina på mellom 40.000-42.000, unntatt 9700 mennesker som ble innlemmet etter at territoriale justeringer ble gjort angående grensene på 1920-tallet. Basert på disse tallene, og inkludert tallene som er nettet av grenseendringene, beregner Joseph Melzer en øvre grense på 8,5% for arabisk vekst i de to tiårene, og tolker det slik at det lokale palestinske samfunnets vekst ble generert primært av naturlig økning.

Martin Gilbert anslår at 50.000 arabere immigrerte til mandats-Palestina fra nabolandene mellom 1919 og 1939, "tiltrukket av forbedrede landbruksforhold og økende jobbmuligheter, de fleste av dem skapt av jødene." I følge Itzhak Galnoor, selv om det meste av det lokale arabiske samfunnets vekst var et resultat av naturlig økning, var arabisk innvandring til Palestina betydelig. Basert på hans estimater immigrerte omtrent 100.000 arabere til Palestina mellom 1922 og 1948.

Basert på Jewish Agencys statistikker fra 1947, anslår Deborah Bernstein at 77% av den arabiske befolkningsveksten i Palestina mellom 1914 og 1945, der den arabiske befolkningen doblet seg, skyldtes naturlig økning, mens 23% skyldtes innvandring.

Bernstein skrev at arabisk innvandring først og fremst kom fra Libanon, Syria, Transjordan og Egypt (alle land som grenser til Palestina). (Wikipedia-bidragsytere; Büssow; Bernstein; Merry; Cohen)

I løpet av den tyrkiske regjeringstiden, og helt til det britiske mandatet, var landet Israel, som da ble kalt Palestina, befolket av forskjellige nasjonaliteter og religioner, inkludert jøder, kristne og muslimer. Under britisk styre ble de alle kalt palestinere. Det fantes ingen *nasjonaliteter*, som for eksempel i USA. Å være palestiner var ikke en nasjonalitet, det betydde bare at man bodde i Palestina under britisk styre eller tyrkisk styre under det osmanske riket. Jødene ble kalt "palestinere" og araberne ble kalt "palestinere"; og britiske menn født i Palestina ble kalt "palestinske". Det spilte egentlig ingen rolle, ettersom Palestina ikke var en nasjon, og det ikke var et palestinsk folk som bodde i det, men en blanding av mennesker som bodde i landet, uavhengig av den styrende makten. Det var ikke en felles kultur, ikke engang en felles historie eller et felles språk, og ikke en sentral myndighet for en "palestinsk" nasjon. Jødene var palestinere og araberne var også palestinere.

I min egen sefardiske jødiske familie som bodde i Jerusalem under det britiske mandatet, hadde jeg slektninger som hadde ID-kort som sa "palestinsk". Det har alltid vært et jødisk samfunn i Israels land som kan dateres tilbake til Josvas tid og erobringen av Kanaan, av de tolv stammene i Israel for rundt 3500 år siden.

Nasjonalitet begynte først ved opprettelsen av staten Israel i 1948, da de dannet Israels nasjon med en sentral regjering og med en felles hensikt; å være et nasjonalhjem for det jødiske folket, men likevel, når det gjaldt de forskjellige ikke-jødiske innbyggerne i landet, måtte de underkaste seg Israels nasjonale myndighet.

Det jødiske folket, eller rettere sagt nasjonen Israel, har vært de eneste innbyggerne i landet som, til tross for alle landflyktigheter og erobringer av forskjellige imperier, har blitt værende i landet Kanaan (gitt det nye navnet 'Israel' av Israels Gud) siden erobringen for 3500 år siden! Ingen arabere eller politiske såkalte "palestinere" har røtter i dette paktlandet. De er alle migranter fra andre muslimske land og imperier i forskjellige tidsaldre, og særlig fra den osmanske tyrkiske perioden fra det 16. til det 20. århundre.

Da Israels Gud vekte opp mange jøder fra nasjonene som de var spredt til, til å vende tilbake til Israels land, lå dette landet øde, uttørket og ødelagt – et land uten verdi. Ingen brydde seg om landet. Faktisk så hadde tyrkerne implementert en skatt på trær, som tvang folk til å betale skatt på hvert eneste tre de eide. De fleste hugget ned trærne, spesielt trær som ikke bar spiselig frukt, for å unngå skatter. Dette gjorde landet til et øde terreng. Slik fant de jødiske pionerene landet på slutten av det 19. århundre og i begynnelsen av det 20. århundre: fullt av malariainfiserte sumper, karrige berglandskap og sanddyner. Det var ikke noe "palestinsk folk" der som brydde seg om landet. Den såkalte "palestinske nasjonen" eksisterte ikke. De arabiske landsbyboerne brydde seg ikke om det, og de var ikke en "nasjon". De var en brokete samling av forskjellige nasjonaliteter under tyrkisk og deretter britisk styre. Den jødiske befolkningen var veldig religiøs, ultra-ortodoks og fattig, og bodde hovedsakelig i gamlebyen i Jerusalem, og noen få andre byer, og de var avhengige av veldedighet fra de jødiske samfunnene utenfor Palestina.

Da de sekulære jødiske pionerene kom, drenerte de sumpene på bekostning av sine liv, mange av dem døde av malaria. De etablerte jordbruks-gårder kalt *moshavim* og *kibbutzim**. De gjenerobret det gamle landet til sine forfedre med hardt arbeid, offer og jordbruk.

Mirakelet med gladiola-blomstene

Negev-ørkenen i sør utgjør over halvparten av dagens territorium i staten Israel. En internasjonal kommisjon vurderte hvordan man kunne implementere en delingsplan for landet, om enten å gi Negev til araberne eller til jødene. Kommisjonen besøkte *Kibbutz Revivim*, et kollektivt bruk, etablert med svette og tårer av unge jødiske pionerer i et tørt land med lite regn eller ferskvann. Det fantes en kilde med grunnvann som var brakkvann (litt salt) der, og de tilpasset seg til å drikke dette brakkvannet, og å jobbe under umenneskelige forhold for å vinne over den tørre, forlatte ørkenen i Israel med jordbruk. Det var ingen "palestinsk nasjon" som da begjærte den ødemarken, eller konkurrerte med dem i forsøket på å få den til å blomstre.

Da den internasjonale delegasjonen (som senere jobbet med FN) nærmet seg *kibbutzen* (en kollektiv bosetning i Israel, vanligvis en gård) langs grusveien i den brennende ørkensolen, så de en "mirage" (luftspeiling). På lang avstand strålte et fantastisk felt dekket med hvite gladiola-blomster i solen, som "smilte" til den forbløffede delegasjonen og ønsket dem velkommen til et mirakel. Delegasjonen kunne ikke tro sine egne øyne! Gladiola-blomster i denne svidde ødemarken? Umulig! De trodde at de unge jødene fra *kibbutz Revivim* bare spilte dem et puss, og "latet som om de hadde plantet" blomstene der for å imponere dem. Men nei! Dette var virkelig! De blomstrende plantene hadde også røtter; dette var en gladiola blomster-plantasje midt inne i en umulig ørken.

---

* *Moshavim* er en spesiell form for israelsk kollektiv eller bosetning, en spesiell type jordbruks samarbeids-samfunn (kooperativ) med individuelle gårder, som ble pionert fram av de såkalte arbeids-sionistene i løpet av den andre aliyah-bølgen. *Kibbutzim* er en sosialistisk versjon av *Moshavim*, hvor området kontrolleres av en styrende enhet.

Delegasjonen ble så forbauset at de bestemte seg: "Hvis jødene kan få blomster til å vokse i denne forlatte ødemarken, så la dem få Negev-ørkenen!"

Slik ble staten Israel tildelt 50% av sitt nåværende landareal! *Kibbutzniks* (de unge jødiske pionerene) forteller at dette var den eneste gangen som gladiola-plantene blomstret i feltet deres. I dag dyrker de prisvinnende oliventrær, og produserer olivenolje og annet ørkenlandbruk. Israels Gud fikk disse gladiola-plantene til å blomstre slik at de skulle gi sitt folk sitt eldgamle hjemland tilbake, stedet der Abraham og Isak bodde for tusenvis av år siden.

De forbannede sand-slettene i Gaza

Da de første jødiske bosetterne etablerte landsbyene i Gush Katif, nært ved byen Khan Yunis på Gazastripen, mottok den lokale arabiske sjeiken (en arabisk leder) dem med brød og salt, inngikk en pakt med dem og sa: "Hvis dere jøder kan få disse forbannede sand-slettene til å blomstre gjennom jordbruk, da ønsker vi dere velkommen!"

Befolkningen i Gush Katif utviklet det vakreste organiske jordbruk på dette stedet. De inntok de "forbannede sand-slettene" på Gazastripen med mye kjærlighet, svette, tårer, blod, ofre og hardt arbeid. De beste økologiske grønnsakene i Israel, og kanskje i hele verden, ble dyrket fram av dem. Denne vakre veksten varte til de nådeløst ble rykket opp derfra, for å tilfredsstille ambisjonene om en falsk fredsavtale, fremmet gjennom den demonisk-inspirerte Oslo-avtalen. Statsminister Ariel Sharon overga da dette landområdet, under press fra det internasjonale samfunnet av nasjoner, og spesielt USAs president George W. Bush. Sharon fikk hjerneslag rett etter den jødiske fordrivelsen fra Gaza, han ble liggende bevisstløs i koma i åtte år, og frisknet aldri til igjen.

Gud dømmer alle dem som prøver å utrydde Hans jødiske folk fra landet deres. På samme tid som heltene som var begravet på Gush Katifs kirkegård ble flyttet til Oljeberget, lå det kister og fløt rundt i vannet i New Orleans. De hadde blitt flyttet av den fryktelige ødeleggelsen fra orkanen Katrina. I port 12 skal vi se hvordan YHVH dømmer nasjonene på grunn av Sions sak.

I dag, i stedet for drivhus med organiske grønnsaker, har Gaza-araberne, gjennom sitt regjeringsparti og terrororganisasjon kalt Hamas, brukt det tidligere landområdet til de jødiske samfunnene til å skyte ut hundrevis av raketter, brannballonger og drager for å skade og ødelegge Israel. Hamas har gravd underjordiske tunneler inn mot jødiske barnehager og kollektive bruk for å drepe barn og uskyldige sivile. Tusenvis av jødiske barn har måttet vokse opp i bomberom, og tusenvis av jødiske sivile er gjentatte ganger blitt rammet av granatsjokk.

Året 2015 inneholdt 10-årsjubileet for to store begivenheter som skjedde i nærheten av hverandre; den israelske fordrivelsen fra Gazastripen og orkanen Katrina. På overflaten ser det ut til at de to hendelsene ikke har noen tilknytning til hverandre. Imidlertid avslører videre undersøkelser en oppsiktsvekkende guddommelig forbindelse.

Følgende artikkel er fra *Israel Breaking News*, skrevet i 2015.

Fra og med den 15. august 2005 lanserte den israelske regjeringen, ledet av daværende statsminister Ariel Sharon, en plan for å demontere alle jødiske samfunn i Gaza og overlevere territoriet til palestinerne. Over 10.000 israelere ble fordrevet på grunn av politisk press fra den amerikanske regjeringen. Den ensidige fordrivelsen ble ikke ledsaget av noen fredsavtale. Siden den gang har Gazastripen blitt vendt til et **arnested for terroraktivitet,** med tusenvis av raketter som truer den jødiske staten i løpet av de siste 10 årene.

Orkanen Katrina var utvilsomt en av de verste **naturkatastrofer** som noensinne har rammet USA. Åtte dager etter begynnelsen av uttrekkingen fra Gush Katif, rammet orkanen i kategori 5 Gulf-kysten den 23. august 2005, og forårsaket over 108 milliarder dollar i skade, og tapet av 1833 menneskers liv. Rundt 1,3 millioner mennesker ble fordrevet av flom, og mange områder, inkludert deler av New Orleans, har fortsatt ikke blitt gjenopprettet til slik de var før Katrina.

I likhet med dem som ble rammet av orkanen, har de fleste av **Gush Katif-familiene** som ble fordrevet, ikke kommet seg følelsesmessig eller økonomisk fra den menneskeskapte katastrofen. Mange lever fortsatt uten permanente boliger som var blitt lovet av regjeringen, og høy arbeidsledighet har gjort av Gush Katif-familier fortsatt lever i fattigdom. (Berkowitz)

"På tidspunktet for disse hendelsene," sier HERREN, "når jeg gjenoppretter velstanden til Juda og Jerusalem, skal jeg samle verdens hærer i Josafat-dalen. Der skal jeg dømme dem for å skade mitt folk, min spesielle eiendom, for å ha spredt mitt folk blant nasjonene, og for å dele mitt land. De kastet lodd for å bestemme hvem av folket mitt som skulle være deres slaver. De kjøpte gutter for å skaffe seg prostituerte, og solgte jenter for å få nok vin til å drikke seg full.

— JOEL 3, 1–3

Enhver "fredsplan" som har forsøkt å dele pakts-landet og å rykke opp jødiske borgere fra landet, har mislyktes i møte med dommen. Denne dommen er årsaken til at den beryktede Oslo-avtalen er borte.

2. november 1917

Kjære Lord Rothschild,

Jeg kan med stor glede formidle for deg, på vegne av Hans Majestets regjering, følgende erklæring om sympati med jødiske sionistiske ambisjoner som er blitt forelagt for, og godkjent av kabinettet.

Hans Majestets regjering ser med favør på etableringen av et nasjonalt hjem for det jødiske folk i Palestina, og vil gjøre sitt ytterste for å legge til rette for oppnåelsen av dette målet, idet det er klart forstått at ingenting skal gjøres som kan skade de sivile og religiøse rettighetene til eksisterende ikke-jødiske samfunn i Palestina, eller rettighetene og den politiske statusen som jødene hadde i noe annet land.

Jeg ville bli svært takknemlig om du ville bringe denne erklæringen til den sionistiske føderasjonens vitende.

Deres,

Arthur James Balfour (Teksten til Balfour-erklæringen)

De brutte løftene og dannelsen av Jordan

Staten Jordan eksisterte aldri før det britiske mandatet over Palestina ble etablert. Storbritannia opprettet denne kunstige staten i over 70% av landet som den gang ble kalt Palestina, og som det ifølge Balfour-erklæringen (se ovenfor) ble laget skjøte på som et "jødisk nasjonalhjem." Storbritannia brøt sitt løfte, og etablerte et land i Midtøsten som de bevæpnet, og som de kunne kontrollere for sine egne formål. Det meste av Jordan ligger i det bibelske landet tildelt stammene Ruben, Gad og halve Manasse stamme (Josva 13 og 14).

Britisk styre erstattet tyrkisk styre i Transjordan. Mandatet, bekreftet av Folkeforbundet i juli 1922, ga britene praktisk talt en fri hånd i administreringen av territoriet. I september ble imidlertid etableringen av "et jødisk nasjonalhjem" eksplisitt ekskludert fra mandatets klausuler, og de gjorde det klart at området også ville være stengt for jødisk innvandring. Den 25. mai 1923 anerkjente britene Transjordans uavhengighet under Emir Abdullahs styre, men som skissert i en traktat og grunnloven i 1928, ville spørsmål om finans, militær, og utenrikssaker forbli i hendene på en britisk "borger." De oppnådde endelig og full uavhengighet etter andre verdenskrig ved en traktat som ble inngått i London den 22. mars 1946, og Abdullah utropte seg selv til konge. En ny grunnlov ble kunngjort (erklært), og i 1949 ble navnet på staten endret til det Hashemittiske Kongeriket Jordan.

Under mellomkrigsårene hadde Abdullah vært avhengig av britisk økonomisk støtte. Britene hjalp ham også med å danne en elitestyrke kalt den arabiske legionen, bestående av beduin-tropper under ledelse av og trent av britiske offiserer, som ble brukt til å opprettholde og sikre troskapen til Abdullahs beduiner. Den 15. mai 1948, dagen etter at Jewish Agency proklamerte den uavhengige staten Israel og umiddelbart etter den britiske tilbaketrekningen fra Palestina, sluttet Transjordan seg til sine arabiske naboer i den første arabisk-israelske krigen. (Encyclopaedia Britannica; Bickerton og Irvine)

Ikke bare opprettet britene Jordan ulovlig, men de bidro til å finansiere og trene militæret deres, kjent som den arabiske legionen, som deretter ondskapsfullt angrep den nye staten Israel i 1948.

Oppgivelse av landområder

Etter at de arabiske nasjonene avviste FNs plan om å dele Palestina 29. november 1947 inn i en arabisk og en jødisk stat, ba de de arabiske innbyggerne i Palestina om å forlate landområdene sine.

De arabiske lederne sa: "Jødene skal nå etablere sin stat, og de kommer til å drepe dere alle, så *flykt!* Dere kommer til å komme tilbake i seier når hærene våre beseirer den sionistiske staten."

De trodde de svake jødene, overlevende fra Holocaust, uten penger og uten en organisert hær, ikke ville ha en sjanse mot alle de arabiske nasjonene som omringet dem. De tok totalt feil! Israel har vunnet alle sine kriger siden da, når de har blitt angrepet av hærene til sine arabiske naboer. Hadde ikke Israels Gud vært med dem, kunne de aldri overlevd!

Hadde ikke ADONAI vært med oss da mennesker reiste seg mot oss, så ville de slukt oss levende da vreden deres flammet opp, så hadde vannet skylt over oss, flommen strømmet over oss, så hadde det veldige vannet strømmet over oss. Velsignet er ADONAI, som ikke ga oss til rov for deres tenner! Vi slapp fri som fuglen fra jegerens snare. Snaren røk, og vi slapp fri. Vår hjelp er i ADONAIs navn, han som skapte himmel og jord.

— SALME 124,1–8

Selvfølgelig fører kriger alltid til tap, og grusomheter kan noen ganger begås av begge sider. Imidlertid hadde Israel ikke med vilje til hensikt å utvise de 700 000 araberne som flyktet. De forlot landområdene sine på grunn av frykt, drevet av rykter og propaganda-løfter fra sine egne ledere.

Her er et sitat fra en artikkel i The Guardian.

En langt større andel av de 700.000 arabiske flyktningene ble beordret eller rådet av sine med-arabere til å forlate hjemmene sine enn jeg tidligere hadde registrert. Det fremgår av den nye dokumentasjonen at den palestinske ledelsen i prinsippet motsatte seg den arabiske flukten fra desember 1947 til april 1948, samtidig som den oppmuntret eller beordret mange landsbyer til å sende bort sine kvinner, barn og gamle, slik at de kunne være beskyttet fra fare. Hele landsbyer, spesielt på den jødedominerte kystsletten, ble også beordret til å evakuere. Det er ingen tvil om at moralen hos mennene som ble igjen sank da familien deres hadde dradd, og dette banet vei for at de også kunne forlate området.

Når vi ser på det store bildet, kan ikke det enkle arabiske argumentet unngås, "Ingen sionisme - ikke noe palestinsk flyktningproblem." Men å vedta et slikt slagord betyr å godta synspunktet om at en jødisk stat ikke burde ha blitt etablert i Palestina (eller antageligvis, heller ikke noen andre steder). Heller ikke kan man unngå denne standard sionistiske tilbakevisningen: "Ingen krig - ingen palestinske flyktningproblemer", noe som betyr at problemet ikke ble skapt av sionistene, men av araberne selv, og det stammet direkte fra deres voldelige angrep på Israel. Hadde palestinerne og de arabiske statene avstått fra å starte en krig for å ødelegge den fremvoksende jødiske staten, hadde det ikke blitt noen flyktninger, og ingen flyktninger ville eksistert i dag. (Morris)

Jordan/Palestina

De arabiske landsbyboerne flyktet til Jordan, inkludert det de kalte "Vestbredden", Gaza og andre arabiske territorier slik de ble beordret av sine egne ledere. En palestinsk nasjon eksisterte aldri! Dette var arabere med forskjellige nasjonaliteter, som irakiske, tyrkiske, egyptiske, libanesiske og lignende. De hadde bodd i Palestina siden tiden for tyrkisk og britisk styre, men deres lojalitet var mot de arabiske klanene og nasjonalitetene som de stammet fra. Derfor adlød de lederne sine og *flyktet* fra den nylig oppståtte staten Israel. De *forlot* land og hus i panikk, og trodde løftet fra lederne deres om at de skulle komme tilbake i seier. Riktignok, dette løftet kunne aldri bli holdt, ettersom de arabiske nasjonene tapte uavhengighetskrigen, som de startet for å ødelegge den fremvoksende staten Israel i 1948.

Når du signerer en leieavtale i USA, står det at hvis leietaker forlater lokalene i mer enn en uke, kan utleier fjerne alle eiendelene hans, og de kan avslutte leieavtalen. Israel ble utleier (herre/eier) av sitt eget land etter 2000 år av eksil, lidelse og forfølgelse. De fleste arabiske landsbyboere forlot sitt land og landsbyer i 1948.

Ansvaret til de arabiske nasjonene

Siden starten på den israelsk-palestinske fredsprosessen på begynnelsen av 1990-tallet, har den palestinske ledelsen krevd at Israel både aksepterer ansvaret for dannelsen av flyktningeproblemet og aksepterer flyktningenes "rett til å vende tilbake", slik det er nedfelt i FNs generalforsamlingsresolusjon 194 fra desember 1948. Fra juni til august 1948 godkjente det israelske kabinettet en politikk om å hindre en retur, og argumenterte for at en massetilbakevending av de som hadde kjempet og prøvd å ødelegge den jødiske staten, ville være en dødelig trussel mot statens eksistens.

Dette argumentet er like gyldig i dag som det var i 1948. Israel har i dag fem millioner jøder og mer enn en million arabere. Det er 3,5 til 4 millioner palestinske flyktninger - antallet som er oppført i FN-folketellingen – som oppmuntres til å returnere umiddelbart til israelsk territorium. Resultatet av denne tilbakevendingen ville være utbredt anarki og vold. Selv om tilbakevendingen ble spredt over flere år eller til og med tiår, ville det endelige resultatet, gitt arabernes langt høyere fødselsrate, være det samme: gradvis ville det føre til konvertering av landet til en arabisk majoritetsstat, som de (gjenværende) jødene ville utvandre gradvis fra. Ville jøder ønske å leve som annenrangs borgere i en autoritær muslimsk-dominert, arabisk styrt stat? Dette gjelder også ideen om å erstatte Israel og de okkuperte områdene med en enhetlig binasjonal stat, en løsning som noen blinde eller hykleriske vestlige intellektuelle har utbasunert. (Morris)

Disse flyktningene og deres etterkommere har ikke returrett. De forlot landsbyene sine; for det meste, med noen få unntak, utviste Israel dem ikke. Det er deres arabiske regjeringer som har opprettholdt dem som flyktninger, og spilt sitt eget folk som et "politisk kort." På toppen av det, kalles mer enn 70% av det landområdet som Balfour-erklæringen lovet det jødiske folket som hjemland - kalt Palestina under det britiske mandatet - Jordan i dag. Hvis "palestinerne" insisterer på å "få tilbake Palestina" eller returnere til "Palestina," er Jordan deres sted. De arabiske nasjonene er ansvarlige for all elendighet hos sitt folk, og de har spilt dette politiske spillet lenge nok. De har valgt side med "Hitlers barn", og nå dømmer YHVH, Israels Gud. Han dømmer Syria,

Libanon, Egypt og Jordan. Det de kalte "den arabiske våren", har blitt et arabisk mareritt med død, fattigdom og flyktninger.

Israel er den første som hjelper til og med sine fiender

Du har hørt det er sagt: "Du skal elske din neste" og hate din fiende. Men jeg sier, elsk deres fiender, velsign de som forbanner dere, gjør godt mot dem som hater dere, og be for dem som mishandler dere og forfølger dere. Slik kan dere være barn av deres far i himmelen. For han lar sin sol gå opp over onde og gode, og lar det regne over rettferdige og urettferdige...

— MATTEUS 5,43–45

Til tross for alt hatet fra fiender som går mot henne, fortsetter Israel å behandle de sårede fra alle land langs grensene hennes, inkludert Libanon, Syria, Gaza og Jordan.

Gå og fortell dette til FN, som uavbrutt har fordømt Israel, i stedet for å fordømme de arabiske landene som misbruker, dreper og ødelegger sitt eget folk.

Syv sårede - to barn, fire kvinner og en mann - ventet i smerte på at mørket skulle falle slik at de kunne krysse inn i fiendens territorium. Under det svake måneskinnet førte det israelske militærmedisinske korpset pasientene hurtig over den fiendtlige grensen mot pansrede ambulanser på vei til sykehus for intensivbehandling.

Det var en scene som har gjentatt seg siden 2013, da det israelske militæret begynte å behandle syriske sivile såret i kamp bare noen få kilometer unna. Israel sier at de i stillhet har behandlet 3000 pasienter - et antall som de forventer skal vokse raskt når kampene blir kraftigere i nabolandet Syria i kjølvannet av et kjemisk angrep og, som gjensvar, et enestående amerikansk missilangrep.

Mens tallene er en liten brøkdel av de hundretusener av døde og sårede i den seks år lange Syria-krigen, sier både leger og pasienter at programmet har endret holdninger og bidratt til å lette spenningen over den fiendtlige grensen. (McNeil)

Israel er den første nasjonen som reagerer og gir hjelp til land som er imot henne og stemmer mot henne i FN.

Et første responsteam etter det ødeleggende jordskjelvet i Haiti; tiår med humanitær bistand og kapasitetsbygging i Afrika; medisinsk nødhjelp og overføringer inn til Gaza: den israelske regjeringen og dens folk viser eksemplariske nivåer av humanitær hjelp, både internasjonalt og lokalt.

Selv etter år av provokasjon, rakettangrep og bomber, trosser Israel terrororganisasjoner og arbeider for å opprettholde de høyeste standarder for hjelp og støtte til sivile overalt, enten det er i Asia, Afrika, Europa, Irak eller Vestbredden og Gaza.

Israel har en høy følelse av humanitær bevissthet og ansvar. Med hjelpeteam som var klare til å respondere i kjølvannet av naturkatastrofer eller menneskeskapte katastrofer hvor som helst i verden, var Israels 200-mann store hjelpeteam det første på stedet i januar 2010 etter at jordskjelvet rammet Haiti. Israel bidro til å redde tusenvis av liv. I mars 2011, etter de ødeleggende jordskjelvene i Japan, var Israel et av de første landene som sendte bistand i henhold til den japanske regjeringens behov og forespørsel, og en av de første statene som sendte et medisinsk team og opprettet en feltklinikk.

Under tragiske forhold er Israel verdensledende innen håndtering av masseulykker. Ingen andre land kan sende søke- og redningsteam og feltsykehus like raskt og effektivt.

Israelsk innsats inkluderer også hjelp til New Orleans etter orkanen Katrina, og første responshjelp i kjølvannet av tsunamien i 2004 med 60 tonn internasjonal hjelp til Indonesia, og 82 tonn hjelp til Sri Lanka alene. (Israels utenriksdepartement)

Israel er en velsignelse for nasjonene

American Israel Public Affairs Committee (komiteen for Amerikanske Israelske offentlige anliggender) (AIPAC) skriver følgende.

Israelsk teknologi opplever fremgang angående viktige landbruksteknikker

Fordi Israel er 60 prosent ørken, har bøndene og landbruksforskere lenge fokusert på å utvide både størrelsen og kvaliteten på avlingene, samt å gjøre landbruket mer effektivt generelt.

Drypp-vanning har blitt populær blant frukt- og grønnsaksprodusenter i tørre vær-områder, fra Sør-California til Midtøsten. Verdens første anlegg for overflate drypp-vanning ble utviklet på 1960-tallet i Kibbutz Hatzerim nær Beersheba.

Israelske leger har utviklet livreddende behandlinger og medisiner

I løpet av Israels historie har israelske leger og forskere produsert utallige medisinske fremskritt. Enten de er oppnådd gjennom uavhengig forskning eller felles prosjekter med USA, forbedrer de medisinske oppdagelsene som den jødiske staten har gjort, livet til millioner av amerikanere og andre over hele verden.

Israelsk høyteknologisk utvikling brukes over hele verden

Israels høyteknologiske sivile innovasjoner har satt et viktig preg på hjem, kontorer og bedrifter over hele verden.

Mange kontorer har nå datastyrte telefoner som kobles til Internett, og utnytter Voice over Internet Protocol eller VoIP. «VocalTec Communications» i Herzliya, Israel, utviklet den første praktiske programvaren for internettelefoner. På samme måte kan de som liker å chatte med venner over Internett, kanskje være interessert i å vite at dette online fenomenet har sitt opphav i Israel. Selv om teknologien nå tilhører AOL, utviklet Israels Mirabilis det første populære internett chatte-programmet, ICQ.

Hver dag ser millioner av amerikanere på online streaming av video for underholdning eller pedagogiske formål. Metacafe, verdens tredje mest populære videodelings nettsted, ble grunnlagt i Israel. Likeledes husker teknologikyndige amerikanere over 30 år den opprinnelige IBM Personal Computer på begynnelsen av 1980-tallet. Det de kanskje ikke vet er at hjernen, Intel 8088-prosessoren, ble utviklet ved Intels Israel-divisjon. Mer nylig ble også Pentium M-serien av prosessorer for bærbare datamaskiner som bruker Intel Centrino-plattformen, samt noen av Intels nyeste prosessorer (Yonah, Merom, Woodcrest) designet av Intel Israel. I tillegg kommer mye av Amazon.coms Kindle e-leser sin suksess fra teknologi utviklet i Israel.

Israel bidrar til en renere verden

I en tid med blomstrende befolkninger, krympende ressurser og miljøforringelse, er Israel ledende i verden på slike kritiske felt som solenergi og avsaltning av sjøvann. Når nasjoner sliter med å utnytte ressursene best mulig, lover Israels banebrytende teknologier å forbedre helse- og levestandarden til hundrevis av millioner over hele verden, samtidig som industrien blir mer effektiv og minimerer miljøpåvirkningen fra menneskelige aktiviteter.

Israels plan for å bryte seg løs fra bensinavhengighet gir struktur og forutsigbarhet til markedet, og kombinerer langsiktig offentlig satsing med regulert stabilitet for å sende et klart budskap om at innovasjon skal ha et hjem i Israel. Gjennom investeringer i grunnleggende vitenskap og industriell FoU, og lansering av pilotprogrammer og full skala-ups for lovende teknologi, tar Israel ledelsen når det gjelder å møte et av de mest presserende sikkerhetsspørsmålene i vår tid. Som et land med under 8 millioner innbyggere, kan ikke Israel alene avslutte bensinens globale monopol eller stoppe Vestens avhengighet av fiendtlige olje-regimer. Men sammen med internasjonale partnere kan Israel tjene som en generator av intellektuell eiendom og et testbed for innovative løsninger, og utfordre den økonomiske og sikkerhetsmessige sårbarheten som USA og Israel begge møter gjennom bensinavhengighet.

Israel har også satt et nasjonalt mål som samsvarer med Københavnsavtalen om å øke sin andel fornybar energi i kraftproduksjon til 10 prosent innen 2020. I samme periode planlegger Israel å redusere sitt strømforbruk med 20 prosent. (Aipac.org Redaktører)

Det ville være umulig for meg å liste opp alle de israelske innovasjonene og medisinske oppdagelsene som har forbedret livet til ethvert menneske på planeten jorden. Og til tross for dette fordømmer FN Israel mer enn noe annet land, og ignorerer det faktum at Israel hjelper nasjonene mer enn noe annet land, til tross for hennes lille størrelse.

Hatikva – Israels nasjonalsang

Så lenge som inne i hjertet,

Den jødiske sjelen lengter,

Og mot østens kanter, videre

Et blikk stirrer mot Sion—

Håpet vårt er ennå ikke tapt,

Håpet som er to tusen år gammelt,

Å være en fri nasjon i vårt land

Sions land, Jerusalem.

En omvendelsesbønn for fiendtlighet mot Israel

Kjære Far i himmelen, jeg kommer foran Deg i dag med oppriktig omvendelse for meg selv, mine forfedre og menneskene jeg representerer og står i gapet for. Jeg ber Deg om å tilgi oss for å ha krenket Sion, enten ved å ta lett på Israel eller ved å forbanne henne. Jeg omvender meg fra å ha stolthet i tale, hjerte og sinn, og jeg ber Deg om å gjøre Israel til min største glede (Sal 137: 6). Jeg forplikter meg til å velsigne henne, ettersom de som velsigner henne blir velsignet, og de som forbanner henne blir forbannet. I Yeshuas navn, amen!

For videre lesing anbefaler jeg boka mi *Stormy Weather (Stormfullt Vær).*

---

*   www.kad-esh.org/shop/stormy-weather/

DOMMEN OVER NASJONENE

Jeg vil velsigne de som velsigner deg, og jeg vil forbanne den som forbanner deg, og i deg (Abram) skal alle familier på jorden bli velsignet.

—1.MOSEBOK 12,3

D et finnes en nøkkel som "får verden til å gå rundt", og jeg kaller den *Abrahams nøkkel*. Den avgjør forbannelsen eller velsignelsen for hvert land, regime, imperium og nasjon. Israels Gud har gjort sannheten om denne nøkkelen til grunnlaget for Hans forhold til hele nasjoner, folkeslag og enkeltpersoner.

Jeg har forklart denne nøkkelen tidligere, men vil gjenta den i dette kapittelet for å friske opp hukommelsen vår.

La oss nå studere dette verset fra hebraisk:

Ordet for velsignelse her er *bracha*. *Lebarech* fra ordet *bracha* betyr "å erklære et ord om liv, godhet, gunst, helse, suksess og velstand over noen." Denne velsignelsen blir etterfulgt av mange fantastisk positive løfter, hendelser og muligheter som gir stor glede, lykke, helhet, velstand, storhet, overflod, fruktbarhet og *oppfyllelse!* (5. Mos. 28,1-14).

265

Imidlertid kommer dette ordet fra ordet *berech* som betyr "kneet" på hebraisk. Så la meg omskrive dette verset for deg: Jeg (Israels Gud) vil bøye Mitt kongelige kne for å løfte og favorisere de som bøyer ned *sine* knær og ydmyker seg for å ære, tale godt om, forsvare og gjøre godt mot Mitt folk Israel (1 Mos 12,3a).

YHVH Tzva'ot, Hærenes Herre, Universets Gud, Skaperen av himmel og jord, har forpliktet Seg ved sitt ufeilbarlige og uforanderlige Ord til å bøye Sitt kongelige kne for å velsigne, favorisere og opphøye de som ydmyker seg og bøyer *sine* knær for å opphøye og ære Israel! Men, hvis de ikke gjør det, forplikter Han seg på samme måte til å forbanne dem.

Jeg vil forbanne de som forbanner deg ...

— 1.MOSEBOK 12,3

Det er to ord som brukes i det hebraiske verset for ordet *forbanne*. Et av dem er *klala*, og det andre er *meera*. *Klala* kommer fra ordet *kal*, som betyr "lett" (motsatt av tung). *Meera* er det hebraiske ordet for "en erklæring og et dekret for ødeleggelse." Så, dette verset refererer til de som tar lett på Israel og ikke ærer eller respekterer henne som Hans utvalgte. Skriften bruker det samme ordet for de som forbanner sin far eller mor.

Den som forbanner sin far eller mor, skal dø.

— 2.MOSEBOK 21,17

De som ikke respekterer foreldrene sine, skal dø! Å ta lett på foreldre, håne dem, ikke lytte til instruksjonene deres eller ikke respektere dem bringer onde hendelser til ens liv. Gud likner Israel med en forelder, en mor, nasjonenes mor. Gud kaller nasjonene til å hedre henne som mor. Han befaler oss å hedre foreldrene våre - også i deres ufullkommenhet - og livene våre avhenger av det.

> **Du skal hedre din far og din mor, som ADONAI din Gud har befalt deg, så du kan leve lenge, og det kan gå deg vel i det landet ADONAI din Gud gir deg.**
>
> — 5.MOSEBOK 5,16

Hvis vi ikke ydmyker oss for å hedre foreldrene våre selv i deres ufullkommenhet, vil det ikke gå bra med oss, fordi når vi tar lett på dem, (*kal-klala*), så kommer forbannelsen, som er *meera*.

Den Allmektige ser på Israel som nasjonenes mor. Hun er den som gav verden Bibelen, Messias og evangeliet. Uten Israel ville det ikke finnes frelse for noen nasjon, på samme måte som du ikke kunne blitt født uten din naturlige fødselsmor. Dette alene er nok til å få deg til å *ære* og være takknemlig for moren din, selv i hennes ufullkommenhet. Hun ga livet til deg! Israel ga liv til alle nasjonene. Messias er jødisk, og frelsen kommer fra jødene.

> **Dere tilber det dere ikke kjenner, men vi tilber det vi kjenner, for frelsen kommer fra jødene.**
>
> — JOHANNES 4,22

Husk at *meera* betyr "å erklære et dekret om fullstendig ødeleggelse", etterfulgt av mange onde hendelser som vil bringe kval, nød, sorg, sykdom, forvirring, tap, mangel, konkurs, ensomhet, strid, avvisning,

nytteløshet, frykt, fiasko, terror, selvødeleggelse og total utslettelse. (Se
5. Mosebok 28,14-68)

Dom banker på døren til alle nasjoner som velger side sammen med
den palestinske sak for å utslette Israel, og prøver å utslette navnet Israel
slik at det ikke huskes mer. All ubibelsk politisk korrekthet har blitt,
blir og skal bli straffet av den Allmektige. Han har det travelt med
å holde Sitt Ord etter 2000 år av eksil, for å gjenopprette hele det
landområdet som ble lovet ved pakten til Abraham, Isak og Jakob. Og
dette landområdet omfatter hele området fra elven Nilen i Egypt til
elven Eufrat i Irak.

Enhver plan som kaller på en tostatsløsning har mislyktes. Oslo-
avtalene er nå døde. De prøvde i nesten tjue år å dele Guds land. FN
underla seg konseptet om å dele opp landet i to stater allerede den
29. november 1947. Det var en veldig ufordelaktig plan for jødene,
som fikk tildelt bare en flik av landet, og likevel godtok jødene planen
mens araberne avviste den, på tross av at planen favoriserte araberne.
Araberne er ikke interessert i noen slags fred. De var ikke interessert i
1948, og de er ikke interessert i dag - de har omfavnet Satans plan om
å utslette Israel.

Her er en alvorlig advarsel i Skriften om dom over denne onde planen.

**Så sier HERREN om alle de onde naboene som rører ved den
eiendommen jeg har gitt mitt folk Israel: Se, jeg rykker dem
opp fra jorden deres, og Judas hus rykker jeg opp midt iblant
dem.**

— JEREMIA 12,14

Og til FN og alle de som er enige om å fordømme Israel dag og natt, sier Han dette.

Gud, hold deg ikke i ro, vær ikke taus og stille, Gud! For se, dine fiender er i opprør, de som hater deg, løfter hodet. De legger lumske planer mot ditt folk, de rådslår sammen mot dem du verner: «Kom, la oss utslette dem som folk, så ingen lenger minnes Israels navn!»

— Salme 83,2-5

Han er ikke, og skal ikke forbli stille. Det Hvite Hus sin korrespondent William Koenig oppsummerer dette i sin opplysende bok *Eye to Eye*, utvidet utgave av 2017.

Mer enn hundre milliarder dollar, rekord-store katastrofer og/eller hendelser skjedde mens de amerikanske presidentene George H. W. Bush, Bill Clinton, George W. Bush, Barack Obama og Donald Trump presset eller ba Israel om å dele opp sitt paktland.

De mest kostbare forsikrings-hendelsene, de mest kostbare orkanene, de største tornado-utbruddene, den "Perfekte storm", terrorhendelsene 11.september, og orkanen Katrina overensstemte med press på Israel fra Det hvite hus om å dele opp landet.

- USA, FN og EU har ikke myndighet til å dele Guds paktland.

- Å kalle de israelsk-palestinske samtalene for

"freds-forhandlinger i Midtøsten" gir et falskt bilde.

- Jøder har en tre tusen år gammel historie med Jerusalem, og kristne har en to tusen år gammel historie.

- Det bibelske hjerte-landet i Israel - Judea, Samaria og Øst-Jerusalem - skal ikke være en del av en arabisk stat.

- Bibelen erklærer at Jerusalem skal bli en tyngende stein, og forsøk på å dele byen og landet vil føre til Harmageddon, den ultimate kampen om Jerusalem.

- Israels Gud vil fortsette å irettesette disse lederne og deres nasjoner fordi de forsøker å dele opp Hans land! (William)

En av de viktigste definerende hendelsene for USA var flyttingen av ambassaden fra Tel Aviv til Israels hovedstad, Jerusalem. Mange presidenter før Donald Trump hadde lovet flyttingen helt siden den gikk igjennom som en resolusjon i Representantenes hus på 1960-tallet. Imidlertid utsatte hver president regelmessig flyttingen og beholdt den amerikanske ambassaden i Tel Aviv. Kan du forestille deg den forakten og mangel på respekt som amerikanere ville føle, hvis alle verdens nasjoner hadde ambassadene sine i New York i stedet for i Washington DC? Det ville representere en total mangel på respekt for USA som en suveren nasjon! Dette var tilfelle frem til 14. mai 2018, da alle verdens nasjoner hadde ambassadene sine i Tel Aviv, selv om Jerusalem hadde vært den offisielle hovedstaden i Israel siden 1950 - faktisk siden kong Davids regjering for 3000 år siden. Israelere og amerikanere feiret denne betydningsfulle flyttingen, og israelere hyllet president Trump som en helt på bannere på gatene og murene i Jerusalem. USA gjorde endelig det rette; Donald Trump var den første presidenten som gjorde det. Noen få andre land fulgte Trumps ledelse, mens andre har vist at de vil følge etter.

Men det mest avslørende skjedde imidlertid før Donald Trump bestemte seg for å gjøre godt med kampanjeløftet hans om å flytte ambassaden. Trump, som alle presidenter før ham, så ut til å stanse og forsinke flyttingen. Det amerikanske folket valgte ham i november 2016, og det tok ham nesten to år å oppfylle sitt ord.

Orkanen Irma, september 2017

Vi var i St. Augustine, Florida på den tiden, og forble i bønn og kringkasting via internett helt til siste øyeblikk. Som en jødisk israelsk apostel for denne nasjonen, sto jeg i gapet og søkte tilgivelse fra Israels Gud på vegne av president Trump for di han hadde stoppet flyttingen av den amerikanske ambassaden til Jerusalem, slik hans forgjengere også hadde gjort. Jeg visste at denne flyttingen var den viktigste faktoren angående Amerikas velvære, ifølge Abrahams nøkkel (1 Mos 12,3). Guvernør Rick Scott beordret alle til å evakuere. Jeg skal ikke glemme ordene hans:

"Irma kan ødelegge hele staten Florida. Regjeringen kan ikke hjelpe dere; dere må flykte."

Irma skulle ha ødelagt hele staten Florida, men jeg ba Faderen om en sjanse til for at president Trump skulle gjøre det som var riktig, å flytte ambassaden. Under bønnemøtet vårt, sendt online, ble orkanen redusert til en tropisk storm. Den 11. september, i anledning jubileet for 9\11, nedjusterte Gud det til en kategori en storm.

Jeg skal aldri glemme meteorologene da de utbrøt ting som: "Dette er utrolig, Tampa skulle ha forsvunnet under flommen, men vannet trekker seg tilbake ..." (vi har vår sønn og barnebarn i Tampa) eller, "Dette er utrolig, Irma har gått fra kategori 4 til 3, og nå er det en tropisk storm,"..." Vi forstår ikke hvordan dette skjedde! "

Det forvirret mennesker; værfagfolk var forvirret og sjokkert. Jeg var ikke det. <u>Israels Gud hadde svart på bønnene våre en gang til og hadde gitt president Trump et tidsvindu for å gjøre det som er riktig og å flytte ambassaden til Jerusalem.</u>

Dagen etter orkanen gikk jeg ut på leilighets-balkongen vår, og jeg så en edderkopp som hadde overlevd orkanen. Straks ga Den Hellige Ånd meg en bok å skrive for å advare president Trump, kalt *The Spider that Survived Hurricane Irma (Edderkoppen som overlevde orkanen Irma)*. Det var en advarsel om å flytte den amerikanske ambassaden til Jerusalem så fort som mulig.

Jeg ropte på mannen min og ba ham fjerne edderkoppen og nettet, og på mindre enn et halvt minutt hadde han sprayet det, og det drepte edderkoppen. Florida var som den edderkoppen: vi overlevde orkanen Irma, men hvis USA ikke gjør det som er riktig angående Israel, kan vi være borte like raskt.

Orkanen Irma var den kraftigste orkanen i Atlanterhavet registrert i historien. Den var en kategori 5-storm da den landet på Barbuda 6. september 2017. Vindene var nesten 300 km/t i 37 timer. Et uoffisielt vindkast ble registrert til 320 km/t. Disse vindene strakte seg 80 km fra stormens sentrum.

Tropiske stormvinder strakte seg nesten 300 km fra stormens sentrum. Dens kyststorm- bølger var 6 meter over normalt tidevannsnivå. Over gjennomsnittet høye havtemperaturer på 30 grader Celsius opprettholdt stormen. Disse temperaturene forverres på grunn av global oppvarming.

Irma inneholdt 7 billioner watt med energi. Det er dobbelt så mye som alle bomber som ble brukt under andre verdenskrig. Styrken var så kraftig at jordskjelv-seismometre registrerte den. Den genererte den mest akkumulerte syklonenergien i en 24-timers periode.

Samtidig med Irmas angrep skjedde det for første gang på 100 år at 2 stormer med Kategori 4 eller høyere traff USAs fastland samme år. Orkanen Harvey ødela Houston den 25. august 2017.

Tidslinje

President Trump erklærte nødsituasjon i Florida, Puerto Rico og De amerikanske Jomfruøyene. 6. september beordret Floridas guvernør innbyggerne i Florida Keys å evakuere.

- **6. september 2017**: Irma traff Leeward-øyene med vind over 290 km/t. Statsministeren i Antigua og Barbuda beskrev Barbuda som "knapt beboelig."

- **7. september**: Irma etterlot seg hundrevis uten strøm i Puerto Rico. Den traff den nordlige delen av Haiti og Den Dominikanske republikk med nesten 40 cm regn.

- **8. september**: Irma forble en orkan i kategori 5 med vind på 280 km/t. Det påvirket Turks- og Caicosøyene og det østlige Bahamas. Stormen passerte over vann som var varmere enn 30 grader Celsius. Barbudas regjering utstedte et varsel for orkanen Jose.

- **9. september**: Irma påvirket nordkysten av Cuba og flommet over Havana. Vind på omkring 240 km/t og bølger på opptil 11 meter. Vindkast på 88 km/t rammet sørøst i Florida. Stormen ble nedgradert til en kategori 3, men ble anslått å gjenvinne styrke før den traff Florida.

- **10. september**: Irma ble oppgradert til en kategori 4. Den traff Cudjoe Key, 32 km nord for Key West, og deretter Napoli. Miami fikk ikke Irmas sentrum, men fikk likevel livstruende forhold. Florida Keys fikk omtrent 30 cm regn og en 3-meters stormflod. I gjennomsnitt var nedbøren mellom 25 og 40 cm.

- **11. september**: Irma ble nedgradert til en orkan i kategori 1 da den satte kursen mot Tampa. Tolv millioner mennesker var uten strøm. Irma ble nedgradert til en tropisk storm da den traff Georgia. Det var 1,5 millioner mennesker som mistet strømmen. Staten hadde beordret folk til å begynne å evakuere 9. september.

- Irmas dødstall var 129 mennesker. Florida-tjenestemenn beordret 6,5 millioner mennesker til å evakuere. Det var 77 000 mennesker fordelt på 450 tilfluktsrom. (Amadeo)

I etterkant av Irma som truet med å utslette Florida fra kartet, flyttet USA ambassaden til Jerusalem. Tre måneder senere, den 6. desember 2017, endte det som hadde vært en udefinert utsettelse og forsinkelse helt siden 1960-tallet.

Den 6. desember 2017 kunngjorde USAs president Donald Trump **USAs anerkjennelse av Jerusalem som Israels hovedstad** og beordret planlegging av flytting av den amerikanske ambassaden i Israel fra Tel Aviv til Jerusalem. Benjamin Netanyahu, Israels statsminister, ønsket beslutningen velkommen og berømmet kunngjøringen. Den 8. desember presiserte utenriksminister Rex Tillerson at presidentens uttalelse "ikke viste noen endelig status for Jerusalem" og "var veldig tydelig på at den endelige statusen, inkludert grensene, ville bli overlatt til de to partene for forhandling og avgjørelse."

Et flertall av verdens ledere avviste Trumps beslutning om å anerkjenne Jerusalem som Israels hovedstad. FNs sikkerhetsråd holdt et krisemøte 7. desember, hvor 14 av 15 medlemmer fordømte Trumps avgjørelse, men USA la ned veto mot forslaget. (Fassihi)

Storbritannia, Frankrike, Sverige, Italia og Japan var blant landene som kritiserte Trumps avgjørelse på krisemøtet. Andre land støttet flyttingen: Guatemala sa at de vil følge opp og også flytte sin ambassade; Paraguay, Tsjekkia, Romania og Honduras sa at de vurderte flytting. EUs utenrikspolitiske sjef Federica Mogherini sa at alle regjeringer i EUs medlemsland var forent om spørsmålet om Jerusalem og bekreftet på nytt deres forpliktelse om en palestinsk stat med Øst-Jerusalem som hovedstad. Representanter fra 32 land var til stede ved åpningen av ambassaden, inkludert EU-medlemmene Østerrike, Tsjekkia og Romania. (Sandhu)

Til alle de som kommer imot YHVHs plan om å gjenopprette sitt utvalgte jødiske folk til Sitt land, se hva Han sier i Skriften.

Min Gud, la dem bli som tisteldun, som halmstrå for vinden! Som ilden brenner opp en skog og flammene setter fjell i brann, slik må du jage dem med din storm og skremme dem med dine stormkast. Fyll ansiktet deres med skam så de spør etter ditt navn, Herre. La dem bli slått av skam og skrekk for alltid, la dem bli vanæret og gå til grunne! Måtte de skjønne at ditt navn er HERREN, du alene er Den høyeste over hele jorden.

— SALME 83,14-19

COVID-19 og delingen av Israel

Selv om president Donald Trump har vært den mest støttende amerikanske presidenten noensinne angående Israel, så trår han på veldig farlig mark når han prøver å implementere en hvilken som helst fredsplan som deler paktslandet – og gir bort en hvilken som helst del av det, på hvilken som helst måte, eller form til Israels fiender. Israels Gud tåler ikke kompromisser angående dette emnet. Han tillater ingen, hverken stor eller liten, å definere grensene som Han allerede har definert for løftelandet slik Han erklærte dem overfor Abraham, Isak og Jakob, og som Han sverget for tusen generasjoner.

Jeg skal la landegrensene dine nå fra Sivsjøen til Filisterhavet, fra ørkenen til Eufrat (elven). For jeg vil gi dem som bor i landet, i din hånd, og du skal drive dem bort foran deg.

— 2.MOSEBOK 23,31

Han er ADONAI vår Gud, lovene hans gjelder over hele jorden. Han husker sin pakt til evig tid, ordet han ga, i tusen slektsledd, pakten han sluttet med Abraham, og eden han sverget til Isak. Dette satte han opp som en forskrift for Jakob, som en evig pakt for Israel. Han sa: «Jeg gir deg landet Kanaan til arv og eiendom.»

— Salme 105,7–11

Coronavirus-pandemien følger det samme mønsteret som ble beskrevet av Det hvite hus-korrespondent William Koenig i boken hans *Eye to Eye*, der han viser til 127 hendelser av anti-bibelsk politikk mot Israel ved å tilslutte seg til delingen av landet, tostatsløsningen og defineringen av grenser ved amerikanske presidenter. I hvert tilfelle skjedde det en forferdelig katastrofe eller storm innen 24 timer, som forårsaket milliarder av dollar i skade og tap av mange liv. Noen av disse er velkjente hendelser, som 9\11, og orkanen Katrina, som rammet USA etter at de støttet den palestinske saken ved å dele landet eller rykke opp israelske bosetninger (i tilfellet med Gush Katif i Gaza). Innen 24 timer rammet katastrofer USA.

For se, i de dager og på den tid, når jeg vender skjebnen for Juda og Jerusalem, da vil jeg samle alle folkeslag og føre dem ned i Josjafats dal. Der vil jeg holde rettergang med dem om Israel, mitt folk og min eiendom, som de spredte blant folkene. De delte mitt land og kastet lodd om mitt folk, de ga en gutt for en hore og solgte en jente for vin, og den drakk de opp.

— Joel 3,6-8

I et talkshow arrangert av pastor Sam Rohrer fra *Stand in the Gap Today (stå i gapet idag)*, var Bill Koenig gjestetaler påskeaften 8. april 2020. Han nevnte:

Den 28. januar 2020 presenterte president Donald Trump Midtøsten-planen som han kalte "Århundrets avtale". Han presenterte også et *kart* som definerte Israels grenser i planen sin. På dette kartet ville 70% av det bibelske landområdet i Judea og Samaria være under en palestinsk stat.

I løpet av få timer etter at han presenterte fredsplanen om delingen av Israel, ble Miami rammet av et jordskjelv på 7,7 på Richter-skala.

Et kraftig jordskjelv på styrke 7,7 rammet sør for Cuba og nordvest for Jamaica på tirsdag, fortalte den amerikanske geologiske undersøkelsen. Skjelvet kunne merkes i Miami, og politiet sa at noen bygninger ble evakuert i byen. (NBC News; Rohrer)

Innen 24 timer diskuterte den amerikanske administrasjonen hva de skulle gjøre med koronavirus-pandemien som spredte seg etter at den ble oppdaget i Wuhan den 31. desember 2019. Den 30. januar erklærte Verdens helseorganisasjon utbruddet som en folkehelsekrise av internasjonale dimensjoner; dette skjedde bare to dager etter at fredsplanen om å dele Israel ble lagt fram den 28. januar 2020, og ble akseptert av statsminister Benjamin Netanyahu.

I mellomtiden gjentok EU og det internasjonale samfunnet sin lojalitet mot delingen av Israels land. De insisterte på at Israel skulle vende tilbake til grensene de hadde før 1967, før seksdagerskrigen. Det internasjonale samfunnet insisterte på å definere grensene til det lovede land som Israels Gud allerede definerte for tusenvis av år siden.

COVID-19-pandemien ble en dom over hele verden, og satte det meste av verdens befolkning i karantene og påvirket økonomien til alle - spesielt USA og Israel, ettersom statsminister Benjamin Netanyahu gikk med på en plan som ikke er Guds plan for Israel. På toppen av dette lyktes statsminister Netanyahu ikke med å danne en regjering etter valget i mars, inntil koalisjons-avtalen som ble undertegnet med Ganz den 20. april 2020.

Bill Koenig tror (og det gjør jeg også) at koronaviruset er en dom over hele verden, av to årsaker:

- For at de prøver å dele Israels land i to stater ved å definere anti-bibelske grenser og tegne kart som er en fornærmelse mot den levende Gud.
- Ved ulydighet mot Guds moralske lover og bud.

Det er sannsynlig at ytterligere forsøk på å gjennomføre en hvilken som helst fredsplan, for å dele Israel og etablere en palestinsk stat i strid med pakten, vil slynge verden inn i det Bibelen kaller Guds vrede. COVID-19 kommer til å se ut som en barnehage i forhold. Han vil straffe hele verden fordi de går imot Hans landpakt med Israel, og for all umoral, opprør, homofili, drap, aborter og grådighet (Rom. 1,18-32).

Guds vrede åpenbares fra himmelen over all ugudelighet og urett hos mennesker som holder sannheten nede i urett.

— Romerne 1,18

I dag er vi i et veikryss i en tid da nasjoner og enkeltpersoner må ta et valg om de skal adlyde Gud eller bli feid bort av Hans sinne.

Gå, mitt folk! Gå inn i dine rom og lukk dørene etter deg! Hold deg skjult et øyeblikk til harmen er gått over! Og se, Herren går ut fra sitt sted for å kreve dem som bor på jorden, til regnskap for deres synd. Jorden skal vise fram sitt blod og ikke lenger skjule de drepte.

— Jesaja 26,20-21

På grunn av anti-sionist hodet i det femhodede monsteret av antisemittisme, er hele verden moden for dom

Mens jeg skriver disse linjene, er hele Israel og det meste av USA i karantene på grunn av pesten av koronavirus. Nasjoner som ikke omvender seg fra å være anti-sion, og som tilslutter seg delingen av landet gitt av YHVH til Hans folk Israel, vil bli ødelagt. De fleste medlemsland i FN hviler akkurat nå i vektskålen.

> Kom og hør, dere folkeslag, lytt, dere folk! Jorden og alt som fyller den, skal høre, verden og alt som spirer der! For ADONAI er harm på alle folk, han er vred på hele deres hær. Han har slått dem med bann og gitt dem over til slakting. De drepte blir slengt til side, stank stiger fra likene, og blod flyter på fjellene. Oppløst blir hele himmelens hær, som en bokrull blir himmelen rullet sammen. Hele dens hær skal visne som løvet på vinstokken visner og frukten på fikentreet skrumper inn.
>
> For mitt sverd har drukket seg utørst i himmelen, nå farer det ned over Edom til dom over folket jeg slår med bann. ADONAI har et sverd fullt av blod, det drypper av fett, av blod fra lam og bukker, av nyrefett fra værer. Det er offerslakting for HERREN i Bosra, stor nedslakting i Edom. Sammen med dem skal villokser falle, unge stuter og sterke okser. Jorden skal drikke seg utørst av blod og støvet gjødsles med fett.
>
> Det er hevnens dag for ADONAI, gjengjeldelsens år i striden om Sion (engelsk: for fiendtligheten mot Sion).
>
> — JESAJA 34,1-8

Yeshua, den jødiske Messias vil Selv kjempe mot alle nasjonene som kommer mot Hans folk, Israel, Hans land, og byen Jerusalem. Han skal Selv dømme alle nasjonene for hvordan de har behandlet Israel.

Før Han kommer tilbake, vil vi se denne kampen bli voldsom. Han kommer ikke til å sitte på Sin trone på Tempelhøyden i Jerusalem før Han har underlagt seg alle nasjonene som har stått imot Hans plan om å gjenopprette Sitt jødiske folk til hele landet som er lovet Abraham, Isak og Jakob. Han kommer ikke til å akseptere at noen trekker opp grensene igjen; ingen politikere vil kunne overtale Ham eller få Ham til å gå tilbake på Sitt Ord.

> HERREN skal dra ut og føre krig mot disse folkeslagene slik han før har ført krig på stridens dag. Den dagen skal han stå med føttene på Oljeberget, som ligger rett mot Jerusalem, i øst. Oljeberget skal revne i to fra øst til vest, og det skal bli en veldig dal. Den ene halvparten av fjellet viker mot nord og den andre mot sør. Da skal dere flykte gjennom min fjelldal, for dalen mellom fjellene skal nå helt til Asal. Dere skal flykte slik dere flyktet for jordskjelvet i de dager da Ussia var konge i Juda. Da skal HERREN min Gud komme, og alle de hellige med ham.
>
> — SAKARJA 14,3–5

Hvor skal du være den dagen da Han kommer tilbake? Skal du være blant de nasjonene som kjempet mot Hans plan? Skal du være en som trosser planen Hans om å gjenopprette Hans jødiske folk til deres lovede land, og bli ansett som en fiende av den jødiske Messias, Løven av Juda? Eller skal du være Hans venn og blant de hellige som kommer med Ham for å herske og regjere fra Jerusalem?

Ditt forhold til Ham og Hans plan om å gjenopprette Israel i sin helhet - folket og landet - vil avgjøre om du skal være Yeshuas venn eller fiende.

En livsforvandlende bønn

Himmelske Far, tilgi meg for all uvitenhet, apati eller motstand mot Din guddommelige plan om å etablere det jødiske folket i landet som Du lovet og ga til dem for evig. Jeg forplikter meg til å støtte planen Din - å gjenopprette Israel i hele landet gitt til Abraham, Isak og Jakob. Jeg vil ikke være "politisk korrekt" og stå sammen med anti-sionister, men "bibelsk" korrekt for å forsvare Din pakt med Israel på enhver måte som det er mulig å gjøre det. Jeg fraskriver meg det anti-sionistiske hodet til anti-MESITOJUZ åndsfyrsten, og befaler alle tanker og demoner fra anti-sionismen om å forlate meg og aldri komme tilbake, i Yeshuas navn, amen!

For ytterligere lesing om effektene av anti-sionisme, anbefaler jeg at du leser boken min, *Stormy Weather (Stormfullt vær).**

---

*   www.kad-esh.org/shop/stormy-weather/

AVSLUTTENDE ORD

For Gud er ikke uordens, men fredens Gud,
som i alle de helliges menigheter.

— 1.KORINTERBREV 14,33

Å skrive denne boka var veldig vanskelig for meg. Jeg visste at Faderen utfordret meg til å avsløre dette fryktelige blodtørstige monsteret av erstatningsteologi, anti-MESITOJUZ-åndsfyrsten. Dette betydde at jeg måtte gå tilbake og studere kristen antisemittisme gjennom tidene og frem til vår moderne tid. Dette er smertefullt for en jøde og spesielt for denne jøden, som både er en som tror på Messias, en som forkynner til Hans kropp, og en jøde som har lidd under kristen antisemittisme både personlig og i min familie. Jeg hadde foretrukket at YHVH hadde gitt dette arbeidet til noen andre. Jeg hadde ønsket å forkynne om noe "penere" og "lettere å fordøye." Men Den Hellige Ånd har "sittet på meg" i årevis for å avsløre og beseire dette blodtørstige monsteret. Jeg kan føle at hjertet Hans er tynget av dyp kval - et ønske om å sette Sin brud helt fri fra dette, å redde henne fra den kommende dommen på grunn av fiendtligheten mot Sion

(Jes 34,8,) og å bli åpenbart gjennom Sin brud som en seirende jødisk Messias som lengter etter å bringe forløsning til Sitt elskede Israel.

Min bønn og mitt håp når jeg er ferdig med denne håndboken er at du nå vil dele alt som presenteres her, slik at vi kan redde mange fra dette forferdelige, gamle bedraget. Dommen står allerede ved portene til mange menigheter og over kristne i hele verden på grunn av at de ikke har omvendt seg fra denne synden av antisemittisme og anti-sionisme - forankret i erstatningsteologi, hedenske høytider og umoral som er født frem fra Toraløshet eller lovløshet (Mat 5: 17-19 , 7: 23-24).

> **Mange skal si til meg på den dagen: 'Herre, Herre! Har vi ikke profetert ved ditt navn, drevet ut onde ånder ved ditt navn og gjort mange mektige gjerninger ved ditt navn?' Da skal jeg si dem rett ut: 'Jeg har aldri kjent dere. *Bort fra meg, dere som gjør urett (engelsk: dere som bryter Guds lover)!'***

> — MATTEUS 7,22-23

Han lengter etter at Hans brud skal kalle Ham ved Hans paktsnavn Yeshua, og ved dette gjenopprette Hans jødiskhet. Dette vil bringe "liv fra de døde" til den nyplantede Rosen, til Hans nylig innpodede brud (Romerne 11,15) når den siste *Tredje dags vekkelse* skal bryte ut, og bringe inn den siste og største innhøstingen av hedningenes fylde. Da vil «hele Israel bli frelst», slik det står skrevet! (Rom 11: 25-27)

Sann omvendelse fra de villedende religiøse teologiene og å gi oppreisning mot Israel, Hans jødiske folk, er presserende nødvendig for å omgjøre dommen og sikre seieren for det sanne evangeliet fra Sion. Det vil avdekke den jødiske Messias, i all sin prakt som jøde, gjennom Hans herliggjorte brud, som vil få sin identitet gjenopprettet slik dronning Ester fikk sin identitet gjenopprettet. Deretter vil Yeshua være klar til å komme tilbake, og lande på Oljeberget til lyden av Israels jublende velkomst, klar til å etablere Sin tusenårige regjering - og vi skal regjere sammen med Ham.

> **For jeg sier dere: Fra nå av skal dere ikke se meg før dere sier:**
> *'Velsignet er han som kommer i HERRENS navn!'*

> — MATTEUS 23,39

Baruch HaBah Beshem ADONAI, som på hebraisk betyr: «Velsignet er Han som kommer i YHVHs navn.»

> **På dette fjellet skal HERREN over hærskarene gjøre i stand for alle folk et festmåltid med fete retter, et festmåltid med gammel vin, med fete, margfulle retter og gammel, klaret vin. På dette fjellet skal han sluke sløret som tilslører alle folk, dekket som tildekker alle folkeslag. Han skal sluke døden for evig. HERREN Gud skal tørke tårene fra hvert ansikt. Han skal ta bort sitt folks vanære fra hele jorden.**

> —JESAJA 25,6-8

Jeg er veldig takknemlig for at du har lest frem til dette punktet, og jeg ønsker å holde kontakten med deg.

Hvis du vil kontakte oss, kan du sende oss en e-post på shalom@zionsgospel.com, eller skrive til 52 Tuscan Way, Ste 202-412 St. Augustine, FL 32092, USA. Du kan besøke nettstedet vårt for Globalt Re-utdannings Initiativ på www.against-antisemitism.org for å fortsette studiene.

Gå og fortell: Den etterlengtede vekkelsen er avhengig av omvendelse fra dette eldgamle identitetstyveriet av den jødiske Messias.

For Løven av Juda — apostel Dr. Dominiquae Bierman, president for *Kad-Esh MAP Ministries og De forente nasjoner for Israel.*

Å LEVE ET LIV AV GODTGJØRING

Han skal fjerne alle fornærmelser og hån mot sitt land og folk,

— JESAJA 25,8

D et du gjør for å ta del i Hans plan for å for evig fjerne *alle fornærmelser og hån mot hans land og folk*, vil utgjøre en betydelig forskjell i en verden som har blitt mer og mer antisemittisk. Det er nettopp dette som vil fjerne plager, gjenopprette glede og sikre Guddommelig favør.

Enhver kristen i verden blir kalt til å gjøre godtgjøring for syndene til mange generasjoner av kristne *og alle nasjoner,* mot det jødiske folket gjennom tidene. Godtgjøring har makt til å omgjøre dommer. Det vrir om Abrahams nøkkel i låsen, og åpner døren til guddommelig favør. Å gi godtgjøring bringer det siste knyttneve-slaget som sikrer at den demoniske fem-hodede åndsfyrsten, hvis gift hadde infisert hele jorden, aldri vil reise seg igjen!

Godtgjøring er det rette å gjøre
for enhver kristen på jorden

Vi inviterer deg til å "gi det videre" med dine gaver, slik at vi kan fortsette oppdraget vårt av å gjøre denne Globale Re-utdannings Initiativ (GRI) plattformen gratis for alle. Du kan gå til www.against-antisemitism.org og betale for at dette oppdraget skal gå framover med din sjenerøse støtte.

Det følgende er et brev skrevet av pastor Cesar Silva i Tamaulipas, Mexico.

Gjenopprettelse av ære til Israel

Måtte vitnesbyrdet mitt om Hans godhet og trofasthet mot Sitt hellige Ord være til velsignelse for alle. Det begynner med at det plutselig gikk opp for meg at det å gjenopprette Israels ære *hastet* like mye som det var *nødvendig* for helbredelsen av byen min, nasjonen min, livet mitt og familien min. Jeg innså at det ikke lengre var tid til å forbli åndelig, fysisk, økonomisk og følelsesmessig konkurs, fordi alt dette fører til det samme: tomhet og ødeleggelse.

Denne prosessen av å gjenopprette ære begynner med den vidunderlige undervisningen vi har mottatt fra tjenesten til Apostel Dominiquae Bierman, som gjennom åpenbaringen om den kraftfulle Abrahams Nøkkel (som åpner dørene), sådde det såkornet inn i hjertet mitt som nå bar frukt inn i, og rundt livet mitt.

En dag ga Ruach (Den Hellige Ånd) meg en drøm. I den drømmen så jeg at jeg hadde forlatt kjøretøyet mitt ved inngangen til byen Rio Bravo (der jeg bor), og langs denne gaten rant det en elv av blod (på grunn av dødsfall forårsaket av narkotikahandelen). Jeg så at elven nådde nesten fram til oss. Jeg gikk hurtig tilbake til kjøretøyet mitt, fordi jeg visste at inne i det lå det offeret som menigheten hadde gitt for at det skulle sendes til Israel – og jeg visste at dette offeret ville bringe gjenopprettelse – det eneste som kunne få denne elven av blod til å avta og så forsvinne helt. Så jeg åpnet hurtig lastebilen for å sjekke at dette offeret lå der. Ruach HaKodesh sa også til meg at dette offeret i sannhet var det som ville stoppe denne elven av blod. Og takket være HERREN – så lå offeret der!

I den nordlige delen av Mexico pågår det en konstant krig mellom narko–karteller og de væpnede styrkene. Det er en konstant fare for å havne midt i en skuddveksling. Det var derfor Ruach gjennom denne drømmen fortalte meg at vi må gjenopprette ære til Israel gjennom offergaver, som sammen med bønn og det å ydmyke oss for den hatet som jordens nasjoner har vist mot Israel. Denne strategien bringer frihet fra død og elven av blod. Dette vil utgjøre en forskjell, fordi det er den mektige Abrahams Nøkkel som blir satt ut i handling – det er nøkkelen til besvarte bønner, og til at barmhjertighet skal bli utgytt istedenfor vrede.

På den tiden som jeg drømte dette, så talte vi om, bad for, og velsignet Israel, med oppriktige sanne handlinger og gaver. Da begynte vi å se at bønnene våre om beskyttelse for byen ble besvart, og at en atmosfære av fred begynte å kjennes. Og den kriminelle aktiviteten til kartellene avtok.

Gjenopprettelse av ære – dette er et bud fra Toraen!

HERREN talte til Moses og sa: "Hvis noen synder og handler troløst mot HERREN ved å lyve mot sin neste om noe som er blitt betrodd ham, eller om noe han fikk til forvaring, eller om et tyveri, eller om han har tatt noe fra sin neste ved utpressing, eller om han har funnet noe som var mistet og lyver om det, og sverger falskt – om hvilken sak det enn er som en mann kan synde i – da skal det skje, siden han har syndet og er skyldig, at han skal gi tilbake det han har stjålet, eller det han har tatt ved utpressing, eller det som ble betrodd ham, eller det som var mistet og han fant, eller hva det enn er som han har sverget falskt om. Han skal erstatte den fulle verdien av det, legge til en femtedel og gi det til den som eier det, den dagen han ofrer skyldofferet sitt. Han skal føre skyldofferet sitt fram til Herren, en lyteløs vær av småfeet, en du har fastsatt verdien på, som skyldoffer til presten. Så skal presten gjøre soning i hans sted for Herrens ansikt, og han skal bli tilgitt hva som helst av alt det han måtte ha gjort seg skyldig ved".

— 3.Mosebok 5,21-26

Akkurat slik som vi ønsker å bli gjort hel igjen når noen fornærmer oss, eller stjeler fra oss, eller bakvasker oss, slik behøver vi, verdens nasjoner, å innse hvordan vi står i gjeld til det velsignede Israels folk. Løftet i 1. Mosebok 12,3 står fremdeles – "Jeg vil velsigne dem som velsigner deg og forbanne dem som forbanner deg".

Det Globale Re-utdannings Initiativet (GRI), ledet av Apostel Dominiquae Bierman, er ikke bare *nødvendig*, men det *haster!* For de syke som kommer til å dø vil bli regnet i millioner blant de plagene som kommer til å tukte jorden uten ende, om ikke Herren finner noen som fullt ut forstår hva det å gjenopprette ære til Israel består i. Godtgjøring er mer enn å be om tilgivelse! Det første vi må gjøre når vi vet at vi har gjort noe galt, er å be om tilgivelse, men for å *gjenopprette æren til noen* må vi gjøre mer enn bare å be om unnskyldning.

I historien finner vi at når det ble stilt spørsmålstegn om en manns *ære,* så ble det laget en avtale for å avgjøre tvistemålet, og de sa: "Jeg utfordrer til duell den ridderen som setter min ære i tvil". Da var det kjent at uansett hvem som kom for å forsvare hans ære, så viste det at hans ære stod høyere enn all bakvaskelse mot ham.

Vi, verdens nasjoner, har vanæret Israel stort ved å bruke bakvaskende og løgnaktige ord mot henne, og vi har tilsmusset hennes ære. Så, nå er det tid for å omvende seg, be om tilgivelse og å gjenopprette *Hennes* ære.

I 3. Mosebok 5,5, når et offer ble gitt for bakvaskelsessynd, så anerkjente personen skaden, og ba om tilgivelse med sitt soningsoffer til HERREN. Men så var det tid for å *gjenopprette,* og da står det disse ordene her:

...Han skal gi det tilbake med full verdi og legge til en femtedel. Samme dag som hans skyld blir kjent, skal han gi det til eieren.

— 3.MOSEBOK 5,24

I 3. Mosebok 7,7 legger Gud til at offeret skal bli gitt til presten.

Med skyldofferet skal det være som med syndofferet. Samme lov gjelder begge. Den presten som gjør soning med det, han skal ha det.

— 3.MOSEBOK 7,7

I tillegg til å omvende seg, gi full erstatning for skaden, og legge til en femtedel (tilsvarende 20%), var det nødvendig å gi det til presten – så vi må legge det fram for den som kan be for oss om barmhjertighet fra den Evige.

Noen ganger reiser vi oss opp imot den *eneste personen som vil høre.* Vet du hvem det er som har dørene åpne for å be ADONAI om å ha barmhjertighet med oss? Jo, svaret er *det Jødiske folk av idag.* De er

Hans utvalgte, nasjonenes lys – de er våre prester som vil åpne veien for at ADONAI skal tilgi oss, og for at vederkvikkelsen fra Hans nærvær skal komme. (Apostlenes gjerninger 3,19)

De Hebraiske ordene *shuv* og *shalem* redegjør for konseptet av godtgjøring.

Ordet "gi tilbake" (i 3. Mosebok 5,23) er det hebraiske ordet *shuv*, som vi utleder ordet *teshuvah* fra, som betyr å «*snu eller vende tilbake*», eller «omvende seg for en mektig gjenopprettelse». Og ordet "gjenopprette" i 3. Mosebok 5:24 er ordet *shalam*, dets betydning her er «*å gi betaling*», og det kommer fra ordet *leshalem* som betyr «å gjøre en betaling». Så, for å skape fred, trenger du å gjøre *en betaling av godtgjøring.* Yeshua nevnte dette i Matteus 5, versene 21 til 26:

> "Dere har hørt at det er sagt til fedrene: 'DU SKAL IKKE SLÅ I HJEL', og 'Den som slår i hjel, blir skyldig for dommen'. Men Jeg sier dere at den som blir vred på sin bror uten grunn, blir skyldig for dommen. Og den som sier til sin bror: 'Tomskalle!' skal bli skyldig for rådet. Og den som sier: 'Din tufs!' skal bli skyldig til helvetes ild. Derfor, hvis du kommer på at din bror har noe imot deg, så la gaven din ligge der foran alteret og gå derfra! Bli først forlikt med din bror, kom så og bær fram gaven din! Bli raskt enig med den du ligger i strid med, mens du ennå er på veien med ham, så ikke den du ligger i strid med, skal overlate deg til dommeren, og dommeren overlate deg til rettstjeneren, og du bli kastet i fengsel. Sannelig sier Jeg deg: Du skal ikke komme ut derfra før du har betalt til siste øre".

> — MATTEUS 5,21-26

Hele dette skriftstedet taler om kraften av godtgjøring, men la oss gå litt dypere inn i måten anti-jødedom opererer på. Det er på grunn av antisemittisme at det har vært død, hat og krigshærer mot det jødiske folket. Mye av dette hatet er "under kristenhetens dekke", som påberoper seg å gi og motta søndags offer til Gud. Men mitt spørsmål er dette: vil den Evige YHVH av Israel se med velvilje på disse ofrene, som med den ene hånden blir ofret til Ham og med den andre hånden holder en kniv av hat, vrede og endati et dødsønske mot Israels folk? Svaret er enkelt - Han tar ikke imot disse gavene! Så Yeshuas råd er å gå og forsone deg med din bror Juda først og skape fred. Så, gjenopprett og skap fred.

Alt handler om gjenopprettelse av ære for Israel!

I ethvert kongedømme er det kjent at kronprinsen er kongens sønn – han vil en dag bli konge. Dette er sant i et hvilket som helst kongedømme vi fremdeles kjenner til. Og det er meget interessant at YHVH er Kongen, og at Han kalte en av Abrahams etterkommere for "*Min førstefødte*" (2. Mosebok 4,22). Den ene kjent som *Min prins* var opprinnelig kalt Jakob, men ADONAI bestemte at navnet hans skulle være kjent som Israel, som betyr *"Prinsen fra ELOHIM".* For en forskjell – for en enorm forskjell! Men hvilken bunnløs avstand fra hvordan verdens nasjoner snakker til Israel – de sier at det bare er en av nasjonene på jorden, som enhver av våre andre nasjoner. Men, i den Levende ELOHIMS øyne er de ikke bare en hvilken som helst nasjon – de er *"Hans prins".*

I dag møter jeg mange mennesker som snakker om Guds Kongerike: Manifestasjonen av Guds Rike, hvordan de søker Guds Rike, og om hvordan deres oppgave er å utvide YHVH's Rike. Men de snubler over dette *prinsippet.* Det er derfor de kontinuerlig spinner rundt i sine hjul som hamstre, bare ord og flere ord, uten noen resultater. Og etableringen av YHVHs Rike kommer ikke til syne blant dem.

Hvorfor? Fordi de snubler over snublesteinen. Men den som tror ELOHIMS Ord skal elske og omfavne denne Prinsen, som er Israel. For dem vil det være "som en skygge av en mektig klippe i et uttørket land" (Jesaja 32,2), mens den som tar lett på det, "vil bli knust til biter ... spredt som støv". (Matteus 21,44)

Konklusjon:

Verdens nasjoner står i gjeld til Israels folk, fordi de ga oss Toraen, paktene, løftene, åpenbaringen av den Levende ELOHIM, og de ga oss Yeshua HaMashiach (`Messias` på Hebraisk).

Idag må vi vende oss fullstendig til *Ham*: elske Hans Torah (som er Yeshua legemliggjort) og gjenopprette æren for Israel, deres Prins. Jeg er et vitne om Hans godhet, for i sannhet mener HERREN det Han sier:

Jeg vil velsigne den som velsigner deg, og jeg vil forbanne den som forbanner deg.

— 1.MOSEBOK 12,3

Med all min kjærlighet i Yeshua HaMashiach
— **Pastor César Silva, Rio Bravo, Tamaulipas, México**
Nasjonal Delegat for *De Forente Nasjoner for Israel (UNIFY)*
www.UnitedNationsForIsrael.org

MER INFORMASJON

Ta online kurset GRI mot antisemittisme

Ta Globalt Re-utdannings Initiativ (GRI) mot antisemittisme online kurset som er inkludert når du kjøper denne boken, ved å gå til www.against-antisemitism.com. Logg inn med passordene som du brukte når du kjøpte denne boken. Å kjøpe denne boken fra et annet nettsted, for eksempel Amazon, vil ikke låse opp kurstilgangen. For å låse opp kurstilgang, må du skaffe deg en e-bok med en minimumsavgift på $ 17 fra nettstedet vårt.

Andre bøker av Dr. Dominiquae Bierman

Bestill online: www.kad-esh.org/no/butikk/

Restoring the Glory – Volume I: The Original Way
De gamle stier gjenoppdaget

MAP Revolusjonen (Gratis e-bok, finnes også på norsk)
Finn ut hvorfor vekkelsen ikke kommer...enda!

Røttenes helbredende kraft (Finnes også på norsk)
Det er et spørsmål om liv og død!

Grafted In
Tilbakevendingen til storhet

Sheep Nations
Det er på tide å ta nasjonene!

Stormy Weather
Dommen har allerede begynt, vekkelse banker på døren

Yeshua er navnet (Finnes også på norsk)
Den viktige gjenopprettelsen av det opprinnelige hebraiske navnet
til Messias

The Bible Cure for Africa and the Nations
Nøkkelen til gjenopprettelsen av hele Afrika

The Key of Abraham
Velsignelsen...eller forbannelsen?

Yes!
Apostel Dominiquae Bierman's dramatiske frelses-vitnesbyrd

Eradicating the Cancer of Religion
Hint: Alle mennesker har det

Restoration of Holy Giving
Forløse den sanne 1000 folds velsignelsen

Vision Negev
Den utrolige gjenopprettelsen av de sefardiske jødene

Defeating Depression
Denne boken er et kyss fra himmelen

From Sickology to a Healthy Logic
Produktet av 18 års vandring gjennom psykiatriske sykehus

ATG: Addicts Turning to God
Den Bibelske måten å hanskes med misbrukere og misbruk

Kvinne faktoren av Rabbi Baruch Bierman (Finnes også på norsk)
Frihet fra kvinnefobi

The Spider That Survived Hurricane Irma
Guds kall for at Amerika skal omvende seg

Den tredje dags vekkelse (Gratis e-bok, finnes også på norsk)
Tilbakevendingen til Yeshua den jødiske Messias

Bli utrustet & bli en partner

Musikk album
www.kad-esh.org/no/butikk/
The Key of Abraham
Abba Shebashamayim
Uru
Retorno

Global Revival (Vekkelse) MAP (GRM) Israelsk bibelskole
Ta denne omfattende video bibelskolen som fokuserer på å rive
ned erstatningsteologien, på nettet (online).
For mer informasjon eller for bestilling, vennligst kontakt oss:
www.grmbibleschool.com
grm@dominiquaebierman.com

Forente Nasjoner for Israel bevegelsen

Vi inviterer deg til å bli med oss som medlem og partner med $25 pr måned. Dette støtter utbredelsen av denne endetidsvisjonen som vil bringe ekte enhet til Messias kropp. Vi vil se ett nytt menneske (One New Man)-formes, være vitne til gjenopprettelsen av Israel og ta del i fødselen av saue-nasjoner. I dag er det en spennende tid å tjene Ham!

www.unitednationsforisrael.org
info@unitednationsforisrael.org

Bli med på våre årlige Israel-turer

Reis gjennom Det hellige land og se
De hebraiske hellige skriftene bli levende.
www. kad-esh.org/no/israel-turer-og-arrangementer/

Send offer og gaver for å støtte arbeidet vårt

Din hjelp gjør at dette oppdraget av gjenopprettelse når vidt og bredt.
www.kad-esh.org/no/gaver/

KONTAKT OSS
Apostlene Dominiquae & Baruch Bierman
Kad-Esh MAP Ministries | www.kad-esh.org | info@kad-esh.org
Forente Nasjoner for Israel | www.unitednationsforisrael.org
info@unitednationsforisrael.org
Zion`s Gospel Press | shalom@zionsgospel.com
52 Tuscan Way STE 202-412, St. Augustine, Florida, 32092, USA
+ 1-972-301-7087

ANTI-AMALEK BØNN

Fordi du ikke hørte på Yahveh og ikke fullførte hans vredesdom over amalekittene, derfor har HERREN nå gjort dette mot deg.

— 1.Samuel 28,18

Proklamer denne bønnen morgen og kveld og så mange ganger som du føler deg ledet til i løpet av dagen. Den har brakt teamet mitt og meg mye frihet siden vi begynte å erklære denne anti-Amalek-bønnen høyt. Jeg ber og håper den kan gjøre det samme for deg!

Abba Shebashamayim (Far i himmelen) Mektige ELOHIM, YHVH Tzva'ot (Allhærs Gud), vi erklærer at Du har en kamp mot Amalek fra generasjon til generasjon og vi ber Deg å føre denne kampen i dag, i vår generasjon, slik at Du kan utslette navnet Amalek fra under himmelen!

Hineni (her er jeg) YHVH, for å føre krig mot Amalek som har vært en svært ond angriper mot våre liv og Israel med bakholds-angrep, og han har sneket seg inn mot de svake, barna, kvinnene og alle våre svake punkter. Vår kamp er ikke mot kjøtt og blod, og vi fører Din krig mot Amalek med våre åndelige våpen av bønn, faste og lovprisning. Du kjemper denne kampen og vi sier, `la

YHVH stige fram og la alle Dine fiender, amalekittene og alle deres venner og allierte være spredt på sju veier bort fra oss, fra Din brud og bort fra Israel i Yeshuas Mektige navn!

YHVH, vi ber deg om å rette Din brennende vrede mot Amalek i dag, og vi retter Din brennende vrede mot Amalek i dag. Vi utsletter og ødelegger deg totalt, Amalek, fra alle våre liv, familier, arbeidsliv, økonomi, Tjenester, menigheter og hele Israel, i Yeshua's mektige navn! Vi erklærer at vi vil forfølge, og vi vil utvilsomt innhente deg og ta tilbake alt det du har stjålet, Amalek! Med det tveeggede sverdet (Guds Ord) i våre hender og jublende lovprisning av ELOHIM i våre munner, så binder vi deg Amalek med kjettinger, og alle dine venner og allierte legger vi i lenker av jern - vi utmåler straffen og gjennomfører dommen og hevnen som allerede er skrevet mot deg Amalek, i dag! I Yeshua's navn.

Vi gjenoppretter alle sjeler som har falt som bytte for deg Amalek i erstatningsteologiens kristendom! Vi gjenvinner hele Israels land som har blitt stjålet gjennom den falske Oslo-avtalen og "Land for fred" avtaler; for Du YHVH har en Land pakt med Israel opp til 1000 generasjoner! Vi gjenvinner all rikdom som har blitt stjålet på grunn av antisemittisme, anti-jødedom og forfølgelse mot jødene gjennom de kristne korstogene, den spanske inkvisisjonen, pogromer, Nazi- Shoa (Holocaust) og lignende!

Vi forfølger, vi overtar og vi gjenvinner alle områder som er stjålet i våre liv, våre familier, våre Tjenester (nevn din tjeneste), UNIFY og Kad-Esh MAP Ministries. Vi bryter din makt Amalek, som du har på grunn av bedraget av erstatningsteologi, i alle den Levende YHVH's forsamlinger i Israel og i alle nasjoner! Vi rykker erstatningsteologien opp med roten i alle våre liv, Tjenester og over hele Messias' kropp, slik at selve navnene Amalek og erstatningsteologi vil bli utslettet på jorden og under himmelen. Vi tar tilbake alle de troende som er fanget i erstatningsteologien, i Yeshua's mektige navn!

Vi rykker deg opp med roten og utsletter deg Amalek i vår økonomi, vår helse, våre barn og våre ekteskap! Vi utfører YHVHs brennende vrede mot deg Amalek på ethvert område av våre liv og tjenester! Vi utfører YHVHs brennende vrede og total utslettelse over alle Amalek induserte sykdommer, som Lyme sykdom, fibromyalgi, kreft, hjertesykdommer, blodtrykk, diabetes, demens, MS, Parkinson, depresjon, bipolar lidelse, ADHD, schizofreni og alle deres derivater som angriper menneskets svake steder!

Vi forløser YHVHs brennende vrede mot deg Amalek over hele Israels land, (og min by og mitt land), i det vi rykker opp med roten all terror, skjult terror, terror celler i Gaza, Samaria, Judea og hele det israelske territoriet fra Nilen i Egypt, til den store elven Eufrat i Irak, og til Middelhavet.

YHVH, forfølg Du Amalek og alle hans venner med Din storm og fyll deres ansikter med skam, slik at alle kan vite at Ditt navn, YHVH Elohim, er Det Høyeste over hele jorden! Vi utøver Din brennende vrede mot Amalek i de styrende organer i menigheten og i vår nasjon [ditt land], og i hver nasjon som er representert i de Forente Nasjoner for Israel, og vi tar tilbake våre regjeringer og nasjoner og gjør dem til saue-nasjoner, tilbedere av Yeshua og elskere av Israel!

Vi utøver Din brennende vrede mot Amalek i de Forente Nasjoner (FN), og vi utsletter selve navnet på Amalek og alle hans venner innenfor hvert råd/organ og i hver delegat/ansatt som er anti-Israelsk eller anti-Sionistisk, i Yeshua's mektige navn. YHVH, utøv Du Din brennende vrede mot Amalek i islam, og rykk opp og utslett minnet om islam fra under himmelen, og vi tar tilbake alle sjeler som har vært fanger under Amalek-Islam, i Yeshuas mektige navn.

YHVH, utøv Du Din brennende vrede mot Amalek i alle forfølgere av de Messianske Apostoliske Profetiske jødene og innpodede (hedninger) i Israel og i alle nasjoner, spesielt fra andre kristne eller Messianske som går imot Din endetids-bevegelse av gjenopprettelse - inkludert Yad L'achim organisasjonen som søker å ødelegge de Messianske jødene som er sanne etterfølgere av Messias. VI forløser Din brennende vrede, YHVH, mot Amalek og enhver ånd av anti-Messias i jødedommen, kristendommen, islam og enhver religion og religiøst system, i Yeshuas mektige navn!

Vi bryter din makt Amalek, i Negev, Beer Sheva, Eilat, fjellene i Edom, Mevaseret Zyon, Yerushalayim, Herzlya, Raanana, Kfar Saba, St Augustine Florida (skriv din by her) og over hele Israel, og vi lar det ikke bli noen rest tilbake! I Yeshuas mektige navn ber vi, proklamerer vi, utøver vi, rykker vi opp og vinner tilbake alt som har blitt stjålet av deg Amalek i våre liv, våre familier, Tjenester, økonomi, relasjoner, arbeidssituasjoner, menigheter, nasjoner og hele Israel, og vi legger mye anstrengelser i å fremme YHVH's Rike med overflødende visjon, forsørgning, helse, velvilje og suksess, i Yeshua HaMashiach`s (Messias) mektige kraftfulle navn!

Hvis du ønsker å se grunnlaget fra Skriftene for denne bønnen, se 1. Mosebok 36:12,16, 2.Mosebok 17:8-16, 4. Mosebok 13:29, 24:20, 5. Mosebok 25:17-20, Josva 1:4, Dommerne 3:13, 5:14, 1. Samuel 15:2-20,28:18, 1. Samuel 30, Salmene 83:7, 105:8-11, 149:5-9, Matteus 18:18-20, Lukas 10:19, Efeser brevet 6:10-18

Hør Israel, Ordet fra Elohim som sier til deg «Du skal søke dem og ikke finne dem, de mennene som kjemper med deg. De som strider mot deg, skal bli som ingenting, ja, som om de ikke er til lenger. For Jeg, YHVH din Gud, er den som har grepet din høyre hånd, den som sier til deg: "Frykt ikke, Jeg hjelper deg." «Frykt ikke, dere Israels små. Jeg hjelper deg", sier YHVH, din Forløser, Israels Hellige.

— Jesaja 41,12-16

VEDLEGG IV

LITTERATUR-LISTE

24NYT. *Ny Dansk Bibel oversettelse renser bort Israel | 24NYT.* 19 April 2020. 18 May 2020. <https://24nyt.dk/new-danish-bible-translation-removes-israel/>.

Aipac.org Editors. *Israel's Achievements.* 2013. The American Israel Public Affairs Committee. 19 May 2020. <https://www.aipac.org/resources/about-israel/israels-achievements>.

Amadeo, Kimberly. *Hurricane Irma Facts, Damage, and Costs.* 8 September 2017. The Balance. 19 May 2020. <https://www.thebalance.com/hurricane-irma-facts-timeline-damage-costs-4150395>.

Anti-Defamation League (anti-ærekrenkelsesliga) *Extremist "Zoombombing" Hijacks Meetings; Swastika hits Sanders Campaign Office; Antisemitic Pastor Blames Jews for COVID-19.* https://www.adl.org/blog/extremist-zoombombing-hijacks-meetings-swastika-hits-sanders-campaign-office-antisemitic 2020. ADL. 18 May 2020.

Anti-Defemation League (anti-ærekrenkelsesliga). *2017 Audit of Anti-Semitic Incidents.* 2020. Anti-Defamation League. 20 5 2020. <https://www.adl.org/resources/reports/2017-audit-of-anti-semitic-incidents#major-findings>.

Avraham, Samantha Ben. *The First Aliyah to Israel.* 14 April 2016. 18 May 2020. <https://www.samanthaisraeltours.com/the-first-aliyah-to-israel/>.

Avrutin, Eugene M., Jonathan Dekel-Chen and Robert Weinburg. "Ritual Murder in Russia, Eastern Europe, and Beyond: New Histories of an Old Accusation." Avrutin, Eugene M. *Ritual Murder in Russia, Eastern Europe, and Beyond: New Histories of an Old Accusation.* Bloomington: Indiana University Press, 2017. 39-40.

Büssow, Johann. "The Ottoman Empire and its Heritage: Hamidian Palestine." *Hamidian Palestine: Politics and Society in the District of Jerusalem 1872-1908.* Vol. 46. BRILL, 2011. 195.

Bachner, Michael. *Polish crowd beats, burns Judas effigy with hat, sidelocks of ultra-Orthodox Jew.* 21 April 2019. 18 May 2020. <https://www.timesofisrael.com/polish-crowd-beats-burns-judas-effigy-featuring-anti-semitic-tropes/>.

—. *Spansk Inkvisasjon | Definisjon, Historie, & Fakta | Britannica.* 2020. 18 May 2020. <https://www.britannica.com/topic/Spanish-Inquisition>.

Berkowitz, Adam Eliyahu. *Scary Divine Connections Between Gush Katif and Hurricane Katrina Revealed On 10 Year Anniversary.* 24 August 2015. 18 May 2020. <https://www.breakingisraelnews.com/47546/10-year-anniversary-scary-connections-between-gush-katif-hurricane-katrina-revealed-jewish-world/>.

Bernstein, Deborah S. "SUNY series in Israeli Studies: Constructing Boundaries." *Constructing Boundaries: Jewish and Arab Workers in Mandatory Palestine.* 2000, SUNY Press. 20-21.

Bickerton, Ian J. and Verity Elizabeth Irvine. *Jordan.* 2 May 2020. Encyclopædia Britannica, inc. 18 May 2020. <https://www.britannica.com/place/Jordan>.

Bibelen 2011. Bibel.no. Bibelselskapet

Burleigh, Michael and Wolfgang Wippermann. "The Racial State."
Burleigh, Michael. *The Racial State*. Reprint. Cambridge
University Press, 1991. 40.

Cline, Austin. *Adolf Hitler on God: Quotes Expressing Belief and Faith*.
7 August 2007. Learn Religions. 18 May 2020. <https://www.
learnreligions.com/adolf-hitler-on-god-quotes-248193>.

Cohen, Philip J. "Eugenia & Hugh M. Stewart '26 Series: Serbia's
Secret War." *Serbia's Secret War: Propaganda and the Deceit of
History*. Reprint. Vol. 2. Texas A&M University Press, 1996.
123.

Encyclopaedia Britannica. *The Colonial and Postcolonial Middle East*.
Ed. Bailey Maxim. First. Rosen Publishing, 2016.

Fassihi, Farnaz. *Fourteen of 15 Security Council Members Denounce US
Stance on Jerusalem*. 9 December 2017. The Wall Street Journal.
24 May 2020. <https://www.wsj.com/articles/fourteen-
of-15-security-council-members-denounce-u-s-stance-on-
jerusalem-1512777971>.

Florida Center for Instructional Technology. *Map of Jewish expulsions
and resettlement areas in Europe*. 2013. 18 May 2020.

Fordham University. *Internet History Sourcebooks Project | Medieval
Sourcebook: Constantine I: On the Keeping of Easter*. 1996. Paul
Halsall. 18 May 2020. <https://sourcebooks.fordham.edu/
source/const1-easter.asp>.

Gaines, Adrienne S. *Todd Bentley's New Wife Breaks Silence*.
2009. Charisma Magazine. 18 May 2020. <https://
www.charismamag.com/site-archives/570-news/
featured-news/7046-todd-bentleys-new-wife-breaks-silence>.

Gerstenfeld, Manfred. *The Origins of Christian Anti-Semitism*. 25 November 2012. 18 May 2020. <https://jcpa.org/article/the-origins-of-christian-anti-semitism/>.

Goldhagen, Daniel J. *Hitler's Willing Executioners: Ordinary Germans and the Holocaust*. Vintage, 2007.

Gottesman, Itzik. *When Christmas Was a Time of Fear for Jews*. 18 December 2019. 18 May 2020. <https://forward.com/yiddish/436870/when-christmas-was-a-time-of-fear-for-jews/>.

Haaretz.com. *Hundrevis av jøder massakrert i Praha i Påsken*. 2019. 18 May 2020. <https://www.haaretz.com/hblocked?returnTo=https%3A%2F%2Fwww.haaretz.com%2Fjewish%2F.premium-1389-hundreds-of-jews-massacred-in-prague-on-easter-1.5432665>.

Harries, Richard. *After the Evil: Christianity and Judaism in the Shadow of the Holocaust*. Oxford University Press, 2003.

Hay, Malcolm. *Roots of Christian Anti Semitism*. Anti Defamation League of Bnai, 1984.

Heschel, Susannah. "The Aryan Jesus." Heschel, Susannah. *The Aryan Jesus: Christian Theologians and the Bible in Nazi Germany*. Princeton University Press, 2010. 20.

History.com Editors. *Balfour Declaration letter written*. 16 November 2009. 18 May 2020. <https://www.history.com/this-day-in-history/the-balfour-declaration>.

—. *Pogromer*. 21 August 2018. A&E Television Networks. 18 May 2020. <https://www.history.com/topics/russia/pogroms>.

Hitler, Adolf. "Mein Kampf." *Mein Kampf*. 1926. 60.

Ireland, Corydon. *Pogromet som forvandlet det 20.århundrets jødedom*. 9 April 2009. Harvard Gazette. 18 May 2020.

<https://news.harvard.edu/gazette/story/2009/04/
the-pogrom-that-transformed-20th-century-jewry/>.

Israels Utenriksdepartement. *Israels humanitære bistandsinnsats*. 2014.
19 May 2020. <https://mfa.gov.il/MFA/ForeignPolicy/Aid/
Pages/Israel_humanitarian_aid.aspx>.

Joslyn-Siemiatkoski, Daniel. *Why Good Friday was dangerous for Jews
in the Middle Ages and how that changed*. 15 April 2019. 18
May 2020. <https://theconversation.com/why-good-friday-
was-dangerous-for-jews-in-the-middle-ages-and-how-that-
changed-114896>.

Keter Books. "Israel Pocket Library: Anti-Semitism." *Israel Pocket
Library: Anti-Semitism*. Jerusalem: Keter Books, 1974.

Koyzis, Nancy Calvert. *Paul, Monotheism and the People of God*.
Continuum International Publishing Group, 2004.

Liardon, Roberts. *God's Generals: Smith Wigglesworth*. Whitaker
House, 2001.

Luther, Martin. *On The Jews and Their Lies*. Ed. Coleman Rydie. Trans.
Martin H. Bertram. Coleman Rydie, 2008.

—. *On The Jews and Their Lies, Luthers Works*. Trans. Martin H.
Bertram. Vol. 47. Fortress Press, 1971.

MacCulloch, Diarmaid. *Reformation: Europe's House Divided 1490-
1700*. Penguin UK, 2004.

Marans, Noam E. *On Luther and his lies*. 11 October 2017. 18
May 2020. <https://www.christiancentury.org/article/
critical-essay/on-luther-and-lies>.

McNeil, Sam. *Israel treating thousands of Syrians injured in war*.
8 April 2017. The Independent. 19 May 2020. <https://
www.independent.co.uk/news/world/middle-east/

israel-syria-assad-treating-airstrikes-military-wounded-injured-war-a7673771.html>.

Merry, Sidney. "How the State Controls Society." *How the State Controls Society*. Null. Lulu.com, 2008. 220.

Michael, Robert. *A History of Catholic Antisemitism: The Dark Side of the Church*. 1. Palgrave Macmillan US, 2011.

Morris, Benny. *What caused the Palestinian refugee crisis?* 14 January 2004. The Guardian. 19 May 2020. <https://www.theguardian.com/world/2004/jan/14/israel>.

NBC News. Ed. Janelle Griffith. NBC News. 28 January 2020. Talk Show.

Nicholls, William. "Christian Antisemitism: A History of Hate." Nicholls, William. *Christian Antisemitism: A History of Hate*. 1. Lanham, Maryland, Boulder, Colorado, New York City, New York, Toronto, Ontario, and Oxford, England: Rowman & Littlefield Publishers, Inc., 1993. 178-187.

Nirenburg, David. "The Rhineland Massacres of Jews in the First Crusade." Nirenburg, David. *The Rhineland Massacres of Jews in the First Crusade: Memories Medieval and Modern*. Cambridge University Press, 2002. 279-310.

Outler, Albert C. "Augustine: Confessions Newly translated and edited." *Augustine: Confessions Newly translated and edited*. 1. Prod. Texas Southern Methodist University Dallas. Dallas, n.d. 18 May 2020. <https://www.ling.upenn.edu/courses/hum100/augustinconf.pdf>.

—. "Panteon (Religion)." Wikipedia, Wikimedia Foundation, 31 July 2020, <https://en.wikipedia.org/wiki/Pantheon_(religion)>.

Percival, Henry R. "The Nicaean & Post-Nicaen Fathers." *The Nicaean & Post-Nicaen Fathers*. Vol. XIV. T. & T. Clark Publishers, 1979. 54-55.

Rohrer, Sam. *4/8/20 - Connecting COVID-19 and God's Message to the World*. 8 April 2020. 19 May 2020. <https://subsplash.com/americanpastors/lb/mi/+hjfspf6>.

Süss, René and Martin Luther. *Luthers theologisch testament*. 2. VU University Press, 2010, n.d.

Sandhu, Serina. *The 32 countries that support the US embassy moving to Jerusalem*. 15 May 2018. inews. 19 May 2020. <https://inews.co.uk/news/world/the-32-countries-that-support-the-us-embassy-moving-to-jerusalem-291611>.

Sasse, Martin. *Martin Luther and the Jews*. CPA Books, 1998.

Seltman, Muriel. *The Changing Faces of Antisemitism*. Troubador Publishing Ltd, 2015.

Telegraph.co.uk. *Århundrer av kristen antisemittisme førte til Holocaust, landemerke Church of England-rapporten konkluderer*. The Telegraph. 5 May 2020. November 21 2019. < https://www.telegraph.co.uk news/2019/11/21/centuries-christian-anti-semitism-led-hol caust-landmark-church/>

Tekst til Balfour-erklæringen 2020. 24 May 2020. <https://www.jewishvirtuallibrary.org/text-of-the-balfour-declaration>.

The Darker Side of Martin Luther. *Constructing the Past: The Darker Side of Martin Luther*. n.d. Emily Paras. <https://www.iwu.edu/history/constructingthepastvol9/Paras.pdf>.

The Editors of Encyclopaedia Britannica. *Haskala | Judaic movement | Britannica*. 2020. 18 May 2020. <https://www.britannica.com/topic/Haskala>.

The Jerusalem Post. *Et amerikansk Holocaust? Antisemittisme i det 21.århundre, del en av tre.* 16 March 2014. David Turner. 18 May 2020. <https://www.jpost.com/Blogs/The-Jewish-Problem---From-anti-Judaism-to-anti-Semitism/An-American-Holocaust-Antisemitism-in-the-21st-Century-Part-One-of-Three-363922>.

—. *Traineer fra Kirkenes Verdensråd bruker antisemittisk retorikk, talsmann for BDS.* 14 January 2019. Lahav Harkov. 18 May 2020. <https://www.jpost.com/diaspora/antisemitism/world-council-of-churches-trainees-use-antisemitic-rhetoric-advocate-bds-577256>.

The Librarians. *Mark Twain in Palestine - "A Hopeless, Dreary, Heart-Broken Land."* 5 November 2018. 18 May 2020. <https://blog.nli.org.il/en/mark-twain-in-palestine/>.

The Sabbath Sentinel. "Council of Laodicea – 364 AD." *The Sabbath Sentinel*, The Sabbath Sentinel, 10 Nov. 2016, <https://www.sabbathsentinel.org/2016/11/10/council-of-laodicea-364-ad/amp/>.

TIME.com. *Religion: Luther Is to Blame.* 6 November 1944. 18 May 2020. <http://content.time.com/time/magazine/article/0,9171,803412,00.html>.

UN Watch. *2019 UN General Assembly Resolutions Singling Out Israel – Texts, Votes, Analysis - UN Watch.* 19 November 2019. 18 May 2020. <https://unwatch.org/2019-un-general-assembly-resolutions-singling-out-israel-texts-votes-analysis/>.

USAs utenriksdepartement. *Defining Anti-Semitism - United States Department of State.* 6 March 2020. 18 May 2020. <https://www.state.gov/defining-anti-semitism/>.

VU University Press. *Luthers theologisch testament*. 2018. 18 May 2020. <https://www.vuuniversitypress.com/product/luthers-theologisch-testament/>.

Wikipedia Contributors. *Aliyah Bet*. 14 April 2020. Wikimedia Foundation. 18 May 2020. <https://en.wikipedia.org/wiki/Aliyah_Bet>.

—. *Antisemittisme i kristendommen*. 3 May 2020. 18 May 2020. <https://en.wikipedia.org/wiki/Antisemitism_in_Christianity#Church_Fathers>.

—. *Benjamin Disraeli*. 15 May 2020. Wikimedia Foundation. 18 May 2020. <https://en.wikipedia.org/wiki/Benjamin_Disraeli>.

—. *Stor løgn*. 2 May 2020. Wikimedia Foundation. 18 May 2020. <https://en.wikipedia.org/wiki/Big_lie>.

—. *Palestinas demografiske historie (region)*. 2 May 2020. Wikimedia Foundation. 18 May 2020. <https://en.wikipedia.org/wiki/Demographic_history_of_Palestine_(region)#cite_ref-44>.

—. *Første korstog*. 16 May 2020. 18 May 2020. <https://en.wikipedia.org/wiki/First_Crusade>.

—. *Identitets Tyveri*. 4 May 2020. Wikimedia Foundation. 18 May 2020. <https://en.wikipedia.org/wiki/Identity_theft>.

—. *Jødisk deizid*. 12 April 2020. Wikimedia Foundation. 24 May 2020. <https://en.wikipedia.org/wiki/Jewish_deicide>.

—. *Jødisk Nasjonal Fond*. 3 March 2020. Wikimedia Foundation. 2020 May 2020. <https://en.wikipedia.org/wiki/Jewish_National_Fund>.

—. *Liste over FNs resolusjoner angående Israel*. 17 March 2020. Wikimedia Foundation. 18 May 2020. <https://en.wikipedia.org/wiki/List_of_United_Nations_resolutions_concerning_Israel>.

William, Koenig R. *Eye to Eye: Facing the Consequences of Dividing Israel*. Revised. Christian Publications, 2017.

Wood, Christopher S. "Albrecht Altdorfer and the Origins of Landscape." Wood, Christopher S. *Albrecht Altdorfer and the Origins of Landscape*. London: Reaktion Books, 1993. 251.

World Israel News. *WZO report: 18% spike in global anti-Semitism*. 20 April 2020. <https://worldisraelnews.com/wzo-report-18-spike-in-global-anti-semitism/>.

YashaNet. *Anti-Semitism of the "Church Fathers."* 2019. 18 May 2020. <http://www.yashanet.com/library/fathers.htm>.

Zionism-Israel. *Zionism & Israel Information*. 2020. 14 April 2020. <http://www.zionism-israel.com/bio/E_Ben_Yehuda_biography.htm>.

—. *Zionism & Israel Resources*. 2020. 14 April 2020. <http://www.zionism-israel.com/bio/echad_haam.htm>.

.